贵州省哲学社会科学规划重点项目：全媒体时代贵州高校意识形态面临的新机遇、新挑战及对策研究（20GZD30）最终成果；

贵州师范大学"习近平新时代中国特色社会主义思想进教材建设研究基地"阶段性成果；

贵州省高校人文社科基地"贵州师范大学贵州阳明文化研究院"阶段成果。

|博士生导师学术文库|
A Library of Academics by
Ph.D. Supervisors

全媒体时代高校网络意识形态建设研究
基于贵州八所高校的实证调查

伍志燕 著

光明日报出版社

图书在版编目（CIP）数据

全媒体时代高校网络意识形态建设研究：基于贵州八所高校的实证调查 / 伍志燕著． -- 北京：光明日报出版社，2023.8
　ISBN 978-7-5194-7404-1

　Ⅰ．①全… Ⅱ．①伍… Ⅲ．①高等学校—互联网络—意识形态—建设—研究—贵州 Ⅳ．①B022

　中国国家版本馆 CIP 数据核字（2023）第 155694 号

全媒体时代高校网络意识形态建设研究：基于贵州八所高校的实证调查

QUANMEITI SHIDAI GAOXIAO WANGLUO YISHI XINGTAI JIANSHE YANJIU：JIYU GUIZHOU BASUO GAOXIAO DE SHIZHENG DIAOCHA

著　　者：伍志燕	
责任编辑：杨　茹	责任校对：杨　娜　贾　丹
封面设计：一站出版网	责任印制：曹　净

出版发行：光明日报出版社
地　　址：北京市西城区永安路 106 号，100050
电　　话：010-63169890（咨询），010-63131930（邮购）
传　　真：010-63131930
网　　址：http://book.gmw.cn
E - mail：gmrbcbs@gmw.cn
法律顾问：北京市兰台律师事务所龚柳方律师

印　　刷：三河市华东印刷有限公司
装　　订：三河市华东印刷有限公司

本书如有破损、缺页、装订错误，请与本社联系调换，电话：010-63131930

开　　本：170mm×240mm
字　　数：230 千字　　　　　　　　　印　　张：15
版　　次：2023 年 8 月第 1 版　　　　印　　次：2024 年 1 月第 1 次印刷
书　　号：ISBN 978-7-5194-7404-1
定　　价：95.00 元

版权所有　　翻印必究

目 录
CONTENTS

导 论 ··· 1
 第一节 研究缘起及意义 ·· 1
 第二节 国内外研究现状及动态 ·· 4
 第三节 研究思路及方法 ·· 8
 第四节 学术思想及观点 ··· 10

第一章 媒介信息生成传播与高校意识形态的耦合 ············· 13
 第一节 全媒体概念的提出、内涵和特征 ························· 13
 第二节 全媒体传播形态的变化与意识形态功能 ················· 18
 第三节 全媒体场域高校网络意识形态的生成逻辑及运行机理 ··· 24
 第四节 全媒体传播与高校意识形态建设的耦合 ················· 31

第二章 全媒体环境下高校网络意识形态的现状调查
    ——基于贵州八所高校的实证分析 ····················· 37
 第一节 问卷调查设计与样本的选取 ································ 38
 第二节 全媒体时代高校网络意识形态调查结果分析 ············ 45

第三章 全媒体时代高校网络意识形态面临的新机遇与新挑战 ······ 84
 第一节 全媒体时代意识形态在高校的传播、渗透及博弈 ······ 84
 第二节 全媒体时代高校网络意识形态面临的新机遇 ············ 94
 第三节 全媒体时代高校网络意识形态面临的新挑战 ··········· 103

第四章　网络党建与高校意识形态引领机制强化 111
第一节　高校网络党建与红色文化资源建设 111
第二节　高校网络党建与意识形态风险防控机制构建 118
第三节　高校师生党员网络意识形态管理机制强化 124

第五章　网络德育与高校意识形态工作内容创新 129
第一节　拓宽网络德育载体　优化高校意识形态工作内容 129
第二节　打造数字化网站智库　拓展高校意识形态工作内容 137
第三节　搭建数字平台　创新高校意识形态工作内容 147

第六章　网络舆情引导、社会思潮批判与高校意识形态阵地打造 152
第一节　加强网络舆情引导　促进高校校园网络舆情净化 152
第二节　批判网络社会思潮　打造高校意识形态高地 164
第三节　打通两个舆论场　筑牢网上网下同心圆 170

第七章　校园网络文化培育与高校意识形态环境优化 174
第一节　弘扬中国特色社会主义意识形态　提升校园网络文化育人环境 174
第二节　培育民族文化和红色文化　提升网络育人环境 180
第三节　整合校园网络教育资源　优化网络育人环境 188

第八章　网络能力提升与高校意识形态工作者队伍建设 195
第一节　提升对以高校师生为主的网络虚拟社群的驾驭能力 195
第二节　强化高校网络意识形态理论话语创新、宣传和传播能力 199
第三节　提升把握、管控和引领网络意识形态的能力 204
第四节　提升统筹意识形态工作与教学事务性工作的能力 210

参考文献 218

后　记 232

导 论

习近平总书记说过:"意识形态工作是党的一项极端重要的工作。"① 高校作为意识形态建设的重要阵地,直接关系到"培养什么样的人、如何培养人、为谁培养人"的根本问题。当前处于全媒体时代,网络信息技术迅疾铺展、传统媒体与新媒体融合互通、信息传播手段层出不穷、意识形态渗透与反渗透日益复杂,高校网络意识形态既面临新的发展机遇也面临严峻挑战。因此,加强全媒体时代高校网络意识形态建设具有重要而深远的意义。

第一节 研究缘起及意义

一、研究缘起

随着全媒体时代的到来,新兴媒体和传统媒体更新迭代,"互联网+"作为网络和传统高校联结的新型模式,促进线上校园和线下校园紧密融合,可谓是"万物互联""万物皆媒"。近些年,互联网技术发展迅猛,产生了各种各样的新生媒体,特别是智能手机的出现,上网的形式不仅仅局限于台式或手提电脑,各种 App 客户端,如微信、微博、抖音、短视频、快手、网易,网络大 V、意见领袖纷纷出现,加大了网络意识形态管理的难度;更值

---

① 中共中央宣传部. 习近平总书记系列重要讲话读本 [M]. 北京:学习出版社,人民出版社,2016:192.

得一提的是，互联网技术还衍生出了云计算和大数据，并被各行各业广泛运用。据第49次《中国互联网络发展状况统计报告》，"截至2021年12月，我国网民规模达10.32亿，手机网民规模达10.29亿，我国IPv6地址数量为62052块/32，我国网络视频（含短视频）用户规模达9.75亿，我国网民用户数全球领先"①。我国网民规模已经覆盖我国绝大多数人口，构成了我国数字社会"众生群像"。再者，与网络技术相伴而生的，还有各种垃圾信息、网民舆论、民意表达、网络社会思潮等也随之在网络空间迅疾铺展、肆意蔓延、不断发酵、逐渐升级和传播，由于网络本身的虚拟性、自由性和"去中心化"以及因网而生的各种智媒体、融媒体、自媒体等新兴媒体，加速了网络空间的无序性和无界性，更加剧了网络舆论和网络思潮的迅速传播。在现实空间，国际局势变幻莫测，部分国家、地区战火硝烟未散又起，霸权主义、恐怖主义阴霾难除，各种敌对势力想方设法企图孤立、分裂和肢解中国。并且大量黄毒信息、赌博吸毒、游戏走秀不断向网络渗透，网络生态环境不断遭到破坏，严重危害网民的身心健康和广大网络消费者的利益，为了规避网络上的错误言论、反动思潮、垃圾信息、不良行为等引起高校广大师生网民价值误导、思想扭曲，必须采取行之有效的方法加强对高校网络意识形态建设。

由此，全媒体时代网络意识形态建设受到党和国家的高度关注。自党的十八大以来，习近平总书记就网络意识形态、全媒体相关主题多次发表讲话并召开重要会议，一再要求，"要创新改进网上宣传，运用网络传播规律，弘扬主旋律，激发正能量"，"把握好网上舆论引导的时、度、效，使网络空间清朗起来"。② 2015年12月，在世界互联网大会上，习近平主席强调维护我国网络空间安全必须坚持四项基本原则和五点主张；2016年11月，我国举办的第三届世界互联网大会的主题就是"携手共建网络空间命运共同体，如何维护网络安全"；2016年，在网络安全与信息化工作座谈会上，习近平总书记强调要"网

---

① 中国互联网络信息中心. 第49次《中国互联网络发展状况统计报告》[R/OL]. 中国互联网络信息中心网站，http://www.cnnic.net.cn/hlwfzyj/hlwxzbg/hlwtjbg/202202/t20220225_71727.htm.
② 习近平. 习近平在网络安全和信息化工作座谈会上的讲话[N]. 人民日报，2016-04-26（2）.

上网下形成同心圆"来为广大网民营造"清朗的网络空间";在党的十九大报告中,再次强调网络意识形态建设的重要性,要求"加强互联网内容建设,建立网络综合治理体系,营造清朗的网络空间"①。此外,2019年,中央政治局就全媒体时代和媒体融合发展举行第十二次集体学习时,习近平总书记更加具体地指出,"传统媒体和新兴媒体不是取代关系,而是迭代关系","要形成资源集约、结构合理、差异发展、协同高效的全媒体传播体系"。②

"四全媒体"的迅猛发展,也给高校网络意识形态建设带来新机遇和新挑战。网络的自由性、开放性、快捷性使得高校广大师生热衷于网络,甚至部分大学生沉溺于网络不能自拔。随着高校广大师生在网络空间的社会交际、学习生活、文化娱乐、消费购物、政治参与等日益频繁,以及网络舆情、社会思潮、意识形态导向问题在网络上更加复杂,全媒体时代高校网络意识形态建设引发广泛关注与研究。

二、研究意义

(一) 学术价值

在全媒体时代,高校网络意识形态工作是高校工作者贯彻落实好党中央、国务院"稳就业""保民生"重大战略决策部署的前提和保障。加强本课题研究,有助于认识和把握全媒体背景下高校网络意识形态运行的内在机理、生成逻辑及建设规律,为牢牢把握高校网络意识形态面临的新机遇、新挑战、新对策提供学理依据。同时,加强本课题研究,有利于高校始终坚持马克思主义在意识形态领域的指导地位,加强意识形态理论创新,筑牢"三微一端"等阵地,优化舆情监测、研判、报告、处置等流程,着力构建以"教学第一课堂、实践第二课堂、网络新课堂、社会大课堂"为主题的课程思政框架,从而进一步拓展高校意识形态工作理论视域,丰富高校思想政治工作理论体系。

---

① 习近平. 决胜全面建成小康社会 夺取新时代中国特色社会主义伟大胜利:在中国共产党第十九次全国代表大会上的报告[N].人民日报,2017-10-28(1).
② 习近平.习近平谈治国理政:第3卷[M].北京:外文出版社,2020:318.

（二）应用价值

全媒体时代高校网络意识形态问题研究，直接关系到高校的办学方位、教学目标、教育宗旨等关键问题。加强本课题研究，有助于贯彻落实《关于新时代振兴中西部高等教育的若干意见》《"十四五"时期教育强国推进工程实施方案》《关于加快构建高校思想政治工作体系的意见》《关于加强和改进新形势下高校思想政治工作的意见》等重要文件精神，确保高校人才培养的质量，确保高校的社会主义办学方向，推动中国特色社会主义教育事业薪火相传。同时，加强和改进全媒体时代高校网络意识形态建设，有助于抵御西方敌对势力的意识形态渗透，净化高校舆论生态环境，为确保高校网络意识形态安全稳定、高校深化改革和高质量发展创造良好的舆论氛围，从而为新时代高校形成"三全"育人格局、高质量的人才培养提供帮助。

第二节　国内外研究现状及动态

一、国外相关研究及动态

在国外，尚未发现关于全媒体时代高校网络意识形态建设专题研究。相关问题域重点集中在意识形态及意识形态元问题、全媒体时代的意识形态问题、全媒体语境下高校网络意识形态问题等方面。

（一）意识形态及意识形态元问题

西方学者对意识形态及意识形态元问题研究主要涉及两个方面。一是围绕"意识形态"概念的演变，从知识社会学、政治学、文化心理学、语言学等视角对意识形态相关问题展开研究。如意识形态的概念、性质、范围、类型，意识形态的源流及其与科学、语言的关系，社会性格、社会心理与意识形态的关联性等。二是从意识形态的结构、功能方面对意识形态领导权进行阐述。如格奥尔格·卢卡奇、卡尔·科尔施、安东尼奥·葛兰西分别强调了阶级意识、革命哲学和文化领导权在无产阶级革命中的地位及作用①；路易·阿尔都塞将"意识形态"等同于"国家软机器"并强调作为国家软机器的意识形态具有"询唤"功能②；欧内斯特·拉克劳、查特尔·墨菲从"中产阶级"的假设和"霸权"的普遍性进一步强调在社会主义革命和建设中掌握意识形态领导权的重要性③。以上研究侧重意识形态元问题研究，学理性阐释较多，应用型研究较少。

（二）全媒体时代的意识形态问题

随着网络社会的崛起，政府公民角色的转变以及数字化媒介的推动，全媒体时代带来的意识形态问题愈加凸显。相关研究涉及互联网的意识形态功能及特性，语言意识形态与媒介传播，网络受众的互动性、人造性和网络化交往对虚拟政治的影响，网络匿名用户的身份信息重构与政治民主及政治认同，智能科技与信息技术对网络政治、经济、文化和日常生活的介入。并且，部分研究还涉及新媒体、媒体文化与意识形态的关联性，如现代传播媒介与景观意识形态，媒体奇观、媒介文化与发达资本主义社会意识形态运作，全媒体的意识形态属性与未来权力的转移。上述研究揭示了传统媒介、新媒体传播与意识形态之间的逻辑关联，彰显了全媒体语境下意识形态传播方式及手段的现代化、复杂化、多样化。

（三）全媒体语境下高校网络意识形态问题

尽管西方学者没有直接提及全媒体时代高校意识形态问题，但多数研究涉及网络意识形态教育和管理问题。乔治·科兹（George S. Counts）提出，学校必须重视学生价值观的培养，甚至将观念强加给学生，主张教育过程中的"意识形态灌输"；米彻尔·艾珀（Michael W. Apple）认为，意识形态的再生产离不开教育者的参与，学校课程、规章制度、校园环境是进行意识形态灌输的有效方式。并且，有些研究关系到高校网络意识形态管理问题，

---

① 侯惠勤等. 国外马克思主义意识形态研究著作评析 [M]. 北京：中国社会科学出版社，2015：48-50.
② 汪行福、俞吾金、张秀琴. 意识形态星丛：西方马克思主义的意识形态理论及其最新发展态势 [M]. 北京：人民出版社，2017：267.
③ Ernesto Laclau and Chantal Mouffe. *Hegemony and Socialist Strategy*, Verso, 2001, PP118-119.

如虚拟网络中的言论表达自由及学校制度化管理，数字技术与线上人权，数据权利、网络治理规则的确立，校园网络的"在线监视""数据监管"，大数据与意识形态风险监测，但比较零散，不成系统。

二、国内相关研究及动态

在国内，学界对全媒体时代高校意识形态问题研究起步较晚，多数成果出现在网络新媒体兴起之后。纵观现有成果，尚未发现以高校为个案的网络意识形态问题研究，相关研究主要涉及如下问题。

（一）全媒体时代高校意识形态工作的地位及作用

大部分学者认为，高校意识形态工作是强化思想引领、立德树人、培根铸魂之根本。譬如，王炳林、郝清杰将高校意识形态工作领导权与意识形态话语权、主导权紧密联系在一起，并把领导权看作增强话语权、主导权的"关键"，是"灵魂"[①]；杨建武强调高校网络意识形态治理具有重要的政治功能，是政治安全的现实需要与历史必然，是培育青年群体政治认同的有力举措，是引领高校网络社会思潮的重要保证[②]；黄蓉生指出，高校意识形态工作要坚持党管意识形态原则，党管意识形态是"必然遵循"和"关键命题"[③]。

（二）传统媒介、新媒介对高校意识形态的影响问题

目前，主要有媒介传播说、网络技术说及文化思潮说等观点。媒介传播说聚焦于媒介双向互动的传播模式、"差异化""分众化"的传播渠道、以媒介语言为切入点的传播途径对高校意识形态的"双重效应"进行剖析（闫方洁，2018）；网络技术说立足于对互联网发展、数字网络技术的意识形态功能、信息技术"后现代化"给高校意识形态带来的后果进行阐述；文化思潮说则基于媒介场域、社会思潮、多元文化、价值观念嬗变为高校意识形

---

① 王炳林、郝清杰.意识形态建设是高校思想政治工作的灵魂[J].国家教育行政学院学报.2017（01）：3-4.
② 杨建武.意识形态本质和高校网络意识形态治理[J].教育探索.2021（02）：45.
③ 黄蓉生、唐登然.论高校坚持"党管意识形态"的必然遵循[J].国家教育行政学院学报.2018（01）：14.

态带来的机遇和挑战展开分析。上述研究从多维界面分析了传统媒体、网络媒体特别是新媒体给高校意识形态带来的机遇和挑战，但对影响高校主流意识形态媒介传播的决定性因素及非决定性因素之间的相关性、网络媒介意识形态工作领导权功能弱化等问题有待深度研究。

（三）全媒体时代如何应对高校意识形态"机遇及挑战并存"问题

当前学界存在四种观点。一是机制论。如以媒体舆论为视角，从舆情监控、动态追踪、拟态防御等方面强化高校意识形态工作机制。二是策略论。如从高校意识形态面临的机遇和挑战问题出发，从教育、管理、监督、归责等方面提出相应策略。三是网络党建论。如从党的政治、思想、组织、作风、制度、反腐倡廉以及网络党建平台等方面迎"挑战"，抓"机遇"（代金平、辛春，2016）。四是系统论。如从高校意识形态安全的要素、层次性、网络综合治理体系（王承哲，2018）等方面进行系统研究。上述多向度探讨，彰显了问题导向，注重高校意识形态运行机制和策略建构，但在师生受众的属性差异、价值认同，网络舆情的存在样态、表达方式、传播衍化，以及高校意识形态协同治理等方面研究稍显阙如。

三、国内外相关研究评价

综上所述，虽然全媒体时代高校意识形态建设问题已经引起了一定程度的学术关注，但仍然存在进一步完善之处。

（一）从研究视域来看

目前，多数研究趋向从宏观层面分析高校意识形态以及全媒体对高校意识形态的双重影响，较少从微观视域剖析媒介信息生成与现实物理世界的意识形态互动，对全媒体环境下高校网络意识形态运行的内在机理、生成逻辑亟须细化研究。

（二）从研究内容来看

目前，多数研究着眼于高校网络意识形态的内涵及重要性、高校网络意识形态的机遇及挑战等方面提出"问题—回应"，较少结合高校师生网民的思想动态、受众心理、价值归属、网络角色、利益诉求的差异性，全媒体领域意识形态渗透与反渗透的博弈方式及影响力状况来研究高校网络意识形态建设。如何立足于全媒体时代高校网络意识形态现状，深入挖掘其影响因素，从网络党建、德育、舆情引导及思潮引领、校园网络文化培育、网络能力提升等多维度提升高校主流意识形态的媒介传播途径和意识形态治理效能有待深入研究。

（三）从研究方法来看

目前，学界多数成果重在理论性论证和个案分析，定性研究较多，定性与定量相结合的实证研究较为阙如。

第三节　研究思路及方法

一、基本思路

本课题首先从理论层面入手，阐述媒介信息传播和高校意识形态的耦合，厘清全媒体的概念、全媒体的意识形态功能、全媒体背景下高校网络意识形态的形成机理和运行机制，把牢高校网络意识形态的理论根基；其次通过实证和个案分析的方法，调查全媒体环境下贵州八所高校网络意识形态的现实状况，重点调研高校师生在政治认同、网络素养、传统文化、教育方式、意识形态治理、网络生活等方面的状况，当前西方国家利用全媒体在高校进行意识形态渗透状况，高校师生在媒介受众心理、空间感受、参与角色、价值冲击、归属意识方面状况，高校思想政治理论课的数字化平台建设、电子化教学素材、网络化教学状况，高校网络党建、网络德育、校园网络文化以及网络社群的建设状况，高校意识形态工作者利用全媒体进行意识形态宣传、管理、教育的现状，等等；再次从问题入手，阐述全媒体时代高校网络意识形态面临的机遇与挑战，其中面临的机遇涉及有利于高校意识形态全方位共时域传播、进一步拓宽高校意识形态的新领域新载体、促进高校意识形态手段方法创新、促使高校意识形态工作队伍能力提升，面临的挑战包括全媒体使传统高校意识形态治理方式滞后、媒体负面舆论和信息垃圾消解高校意识形态导向、媒介监管不力增加了网络意识形态安全风险；最后从网络党建、网络德育、舆情引导、思潮引领、校园文化培育、意识形态工作能力提升等方面探讨全媒体时代高校网络意识形态建设的对策及建议。（见图1）

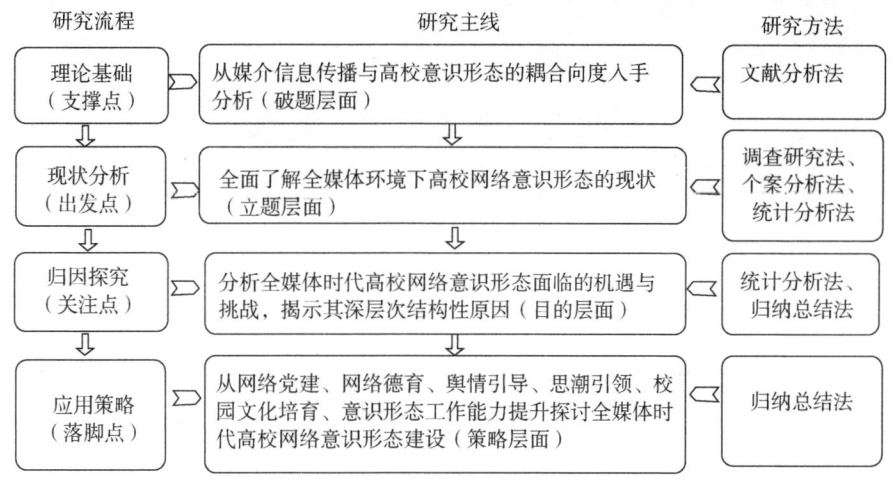

图 1

二、研究方法

1. 文献分析法。从文献考证和文本剖析入手，搜集、鉴别、梳理传统媒介、新媒介和高校网络意识形态文献，分析全媒体时代高校网络意识形态相关理论。

2. 调查研究法。采用多阶段随机抽样法，拟选取贵州大学、贵州师范大学、贵州医科大学、贵州财经大学、贵州民族大学、安顺学院、遵义师范学院、凯里学院等八所高校，在校园网、校务微博、微信公众号、校园网络论坛（BBS）、QQ、博客等平台抽取2500名左右的师生网民进行问卷调查，选取200名左右的师生网民（含网络大V、数字化社群）进行个案访谈，获取全媒体环境下高校网络意识形态的现实状况，分析全媒体时代影响高校网络意识形态的诸因素。

3. 个案分析法。选择具有代表性的高校媒介事件和意识形态个案，把握高校网络意识形态现状，探究全媒体境遇下高校网络意识形态建设困境及归因。

4. 运用频数分析、因子分析，通过柱形图、折线图、散点图、饼图、雷达图等形象地分析全媒体环境下高校网络意识形态现状及影响因素。

5. 归纳总结法。从高校网络意识形态带来的新机遇、新挑战中总结归纳其影响因素，从网络党建、德育、舆情引导及思潮引领、校园网络文化培育、网络能力提升等多维度探讨全媒体时代高校网络意识形态建设。

第四节　学术思想及观点

一、学术思想

1. 较以往意识形态研究场域、载体的广泛性，受众对象的不确定性不同，本课题将意识形态研究定位在"高校"这一重要阵地，结合近年来高校网络意识形态领域出现的新情况、新问题，认为高校网络意识形态问题研究，必须紧密结合全媒体传播给高校网络意识形态带来的新机遇、新挑战进行研究，这一研究重在化"挑战"为"机遇"，充分利用全媒体这一有利条件，加强高校网络意识形态建设。

2. 较以往研究多从"目标、原则、路径"提出高校网络意识形态建设"宏观"策略不同，本研究认为，高校网络意识形态建设要从网络党建、网络德育、舆情引导及思潮引领、校园网络文化培育、网络能力提升等多维度细化，全方位、系统化加强高校网络意识形态建设。

3. 较以往研究多局限于物理世界层面来研究高校意识形态问题不同，本课题指出，高校网络意识形态建设需要做到"线上与线下""虚拟与现实"相结合，特别要注重运用网络化、信息化、媒介化成果，推动媒体高度融合，做大做强主流舆论，以巩固高校广大师生的理想信念、价值理念和道德观念，进而巩固高校全体师生的共同思想基础。

二、主要观点

1. 高校是两种道路、两种制度、两种文化角力的主阵地，高校党委

（党组）必须牢牢掌握网络意识形态工作领导权。

第一，高校必须加快搞好顶层设计，旗帜鲜明地坚持社会主义办学方向，打造具有强大影响力、竞争力的校园网络媒体，及时供给真实客观、立场鲜明、观点正确的信息内容，打通高校广大师生和校园主流媒体两个舆论场，牢牢掌握高校网络意识形态领域的主导权和话语权。

第二，高校党委（党组）要克服"本领恐慌"问题，坚持党性和人民性相统一，找准网络意识形态工作的突破口，不断改进主流意识形态的网络阐释宣传、运用好全媒体这一工具，把握好网络舆论、网络社会思潮的"时、度、效"，举旗帜、凝人心、聚力量，使校园空间清朗起来。

2. 要深刻认识全媒体时代给高校网络意识形态带来的新机遇、新挑战。既要全面、客观地看到全媒体给各大高校带来的新挑战，更要看到全媒体给广大师生网民带来的新机遇，利用好全媒体的传播优势和传播特点，化"危"为"机"。

第一，高校网络意识形态教育宣传工作部门要因势而谋、应势而动、顺势而为，加快推动高校媒体融合发展，增强校园主流媒体的引领力、传播力、公信力、影响力，促进高校广大师生形成网上网下"同心圆"。

第二，高校网络意识形态建设，必须充分利用传统媒介、新媒体、人工智能、数字化平台信息传播和高校自身的优势，结合广大师生的思想动态、现实需求，强化政治领导、思想引领、话语主导，立德树人、培根铸魂。

3. 全媒体时代高校网络意识形态建设，必须抓好网络党建、网络德育、舆情引导及思潮引领、校园网络文化培育、网络能力提升，正确处理好防与攻、疏与堵、监与治、批与建的关系，打赢高校网络意识形态工作攻坚战。

第一，在网络党建方面，高校要充分利用好红色文化资源，将红色基因融入高校网络党建工作中；发挥大数据的作用，成立高校网络意识形态风险防控数据库，形成高校广大师生党员网络意识形态风险预警、风险评估、风险排查和风险处置机制；推进高校党委（党组）网络意识形态工作内容创新、话语创新、方法创新，将网络意识形态责任制落到实处。

第二，在网络德育方面，发挥好高校思想政治理论课的作用，开发电子化教学素材，利用慕课（MOOC）、翻转课堂、微课等手段，优化马克思主义数字化、网络化教学方式，促进高校思想政治理论课线上线下相融合；构建数字化网站和数字化智库，如马克思主义理论研究和建设工程网站、"青马工程"数字化网站、中国特色社会主义理论体系研究中心数据库等，拓宽高校网络意识形态工作内容；搭建数字化平台，如高校哲学人文社会科学数字平台、人文讲座论坛、学术研讨会数字平台、心理健康教育与咨询数字平台，创新高校网络意识形态工作内容。

第三，在舆情引导方面，高校要加强校园网和校务微博的管理，加强校园数字广播、电视、宣传栏、网络论坛（BBS）、公众号、手机应用（App）的净化，特别是加强手机自媒体、微信、微博、QQ、邮箱和微博客的管理；优化网络议程设置，做好校园网络意见领袖、网络推手、网红的思想工作，打通网络新闻客户端和高校广大师生自媒体的"两个舆论场"。

第四，在思潮引领方面，要筑牢思想宣传阵地，对极具社会影响力的各种网络社会思潮（尤其是民粹主义、民族主义、泛娱乐化、历史虚无主义）的理论渊源、主要观点、本质特点、社会危害等要有深刻认识，并且本着"守土有责、守土担责、守土尽责"意识，敢于"亮剑"；打造主流意识形态教育网络平台，用形象化的语言、生动的先进人物故事、场景模拟等方式，提高思想宣传的趣味性和吸引力。

第五，在校园网络文化培育方面，要将社会主义核心价值观、"四史"教育、爱国主义、社会主义道德融入校园文化，构建能勇担中华民族伟大复兴历史使命的校园网络文化，铸牢中华民族共同体意识；充分认识红色文化和地方高校民族文化的育人功能，整合红色文化资源和民族文化资源，以文化人、以文育人，不断增强育人功效；充分利用现有网络教育资源，整合高校校园媒体阵地、加强校史校训的宣传和教育、强化师德师风和创新校园文化活动、加强优秀文化作品的创作、增强高校学术氛围和教师团队建设，优化校园网络育人环境。

第六，在网络能力提升方面，应大力提升高校网络意识形态工作队伍对网络虚拟社群的驾驭能力，提升高校网络意识形态理论及话语创新、宣传和传播能力，提升把握、管控和引领网络意识形态能力，提升统筹意识形态工作与教学事务性工作能力，进而使高校网络意识形态工作者队伍能力得到提升。

第一章

媒介信息生成传播与高校意识形态的耦合

任何信息的生成都要借助于一定的外在环境,并依赖于一定的媒介进行传播。不同社会不同时代,信息生成和传播有着不同的环体、介质和载体。近年来,随着信息技术迅疾铺展和数字经济规模不断扩大,出现了"全媒体"这一新的传播形态,这种全媒体发展已成为媒介信息传播样态的一项重大变革,带来了巨大影响,传播方式、媒体格局、舆论生态等方面发生了深刻变化,给意识形态领域的研究提供了全新的信息生态环境,也给高校的网络意识形态工作带来了新的机遇和挑战。

第一节 全媒体概念的提出、内涵和特征

一、全媒体概念的提出与演进

"全媒体"概念在20世纪末就已经出现,但是那时概念的内涵与今天概念所赋予的内涵有着很大不同。1999年6月,《中国经济时报》提出"全媒体"这一概念,其中提及"重享受的发烧友追求全媒体、全数字的声音和图像效果"[①]。这里的全媒体,主要指的是媒体传播方式中的声音与图像的展

---

① 编辑部. 消费真无热点吗?[N]. 中国经济时报,1999-06-30(A01).

现，与真正意义上的"全媒体"相去甚远。之后数年，"全媒体"也在多篇文章中出现过，但都是一闪而过，并没有过多的诠释与拓展，说明此时人们对全媒体的认识与信息技术的发展一样，还没有取得较大的突破。2007年，"全媒体"这一术语被更多的人了解和运用，当时有文章介绍Xtel统一通信平台功能齐全，它是一种"全媒体通信，支持音频、视频、即时消息、手机短信、应用共享等各种媒体形式"①。2008年7月，"全媒体"的实践样态更加丰富多样，当时作为新闻出版总署批准试点的首家全媒体采编系统——烟台日报传媒集团正式上线运营，从此，传统媒介逐步退化，诸多传媒集团开始通过全媒体形态向多个媒体终端发布信息。② 随着网络信息技术的日新月异，我国媒介融合方兴未艾。一方面，以报纸、杂志、广播、电视为主要形态的旧传统媒体影响日渐式微，但是也有固定的传播渠道和特定的受众，拥有一定的人力、物力资源优势以及丰富的经验，并且也在积极探索转型；另一方面，微信、微博、短视频、网络直播等各种新兴网络媒体平台不断涌现，构成了与以往不同的新媒体传播环境和新的社会舆论格局。在这样的背景下，学界提出了"全媒体"的概念并进行了多维度的解读：一是形式论，将"全媒体"看成是所有媒介载体形式的总和；二是过程论，将"全媒体"看作传播过程全程信息媒介化；三是主体论，将"全媒体"理解为不同性质媒介的集合。这些认识固有合理的一面，但是认识的视角比较狭窄，概括性不够全面。2019年1月25日，习近平总书记在中共中央政治局第十二次集体学习的讲话中明确提出"全媒体"的概念，并进一步用全程媒体、全息媒体、全员媒体、全效媒体这个"四全"进行诠释。"四全媒体"，即关于全媒体的权威提法和崭新阐释，将全媒体的认识提升到了一个更全面、更完整、更丰富的层次。从"全"字可以看出，媒介信息传播的形态发生了巨大的改变，这种变化不是体现在一个方面或一个领域，而是全方位、立体式、多方面的，展现出了新的传播特征和传播规律，各种结构要素叠加融合，构成了一种全新的媒体发展态势。

---

① 罗鑫. 什么是"全媒体"[J]. 中国记者，2010（3）：82.
② 石长顺，景义新. 全媒体的概念建构与历史演进[J]. 编辑之友，2013（5）：51.

二、全媒体的内涵

习近平总书记在《加快推动媒体融合发展》一文中指出,"全媒体不断发展,出现了全程媒体、全息媒体、全员媒体、全效媒体,信息无处不在、无所不及、无人不用"①。这是对全媒体内涵、特点和辐射力的高度概括,"全程、全息、全员、全效"概括出了全媒体的内涵和特征,"无处不在、无所不及、无人不用"意指全媒体的影响力。上述内容主要从时间、空间、主体、效能等维度对全媒体进行全方位诠释。

第一,全程媒体。这是从时间维度展现和彰显全媒体的内涵。由于计算机技术的飞速发展和网络通信技术迭代升级,使得媒介信息基本上可以被同步记录、传输,新闻报道、图文信息、视频传播突破了时间的限制,出现了信息无时不有、无处不在的现象,实现了事件信息的全过程记录,几乎同步传播,事态发展每时每刻都可以处在一条信息传播线上。一旦某个地区发生某一事件的时候,从事情的起因、发酵、升级、结果,从舆论表达到官方回应,都处在一条新闻舆论信息化生产传播链条上,无论何时何地都可以全面呈现受众全面性、关联性的信息化全过程。

第二,全息媒体。这是从空间维度展现和彰显全媒体的内涵。这里的全息媒体指的是物理信息源的失真误差能够大幅度减小,信息可以标准化、数据化的方式进行记录,信息能够从多角度、多方位重现,新闻报道、信息传播通过声音、文字、图片、影像等多种形式全方位、多视角地展现事件的来龙去脉,以立体化、动态化的方式传播给大众,也就是几乎实现了信息或物体在空间的全方位呈现和多角度同步传播。

第三,全员媒体。这是从主体维度展现和彰显全媒体的内涵。由于计算机、手机等智能终端的普及应用和信息技术的发展,宽带和移动网络流量费用明显降低,进入媒介传播的门槛大大降低,参与媒介传播的主体数量快速增加,媒介传播主体变得多元化、复杂化。原来的一元主导、强力引导的单向传播格局被打破,变成了多元共治、柔性制衡的多向传播格局,多向互动

---

① 习近平. 习近平谈治国理政:第3卷[M]. 北京:外文出版社,2020:317.

取代了单向传播、同频共振,人人都可以是传声筒,人人都可以是信息源。据第49次《中国互联网络发展状况统计报告》,近年来,我国网民数量排名稳居世界第一,"截至2021年12月,我国网民规模达10.32亿,成为全球唯一一个10亿规模网民的国家,互联网普及率达73.0%"。① 由此可见,全员媒体可谓是名副其实。

第四,全效媒体。这是从效能维度展现和彰显全媒体的内涵。全效媒体是指多媒体载体、信息技术的广泛使用,使得媒体能够更广泛、更深入地给受众体验、认知,释放出更强大的效能。在信息化时代,网络技术的推动,媒体传播途径与方法、内容与形式、载体和环体均发生了质的变化,平台功能也更加齐全,媒体的影响愈加宽广而深远,逐渐呈现出"蝴蝶效应"。相对于传统媒体来说,全效媒体由注重传播信息的整合,逐渐转变为重视信息传播的针对性、完整性,并且更加重视信息受众对于信息的接收、反馈、影响,达到一种多元开放、享建一体化的全效传播。

三、全媒体传播的特征

全媒体构建了一个"全程、全息、全员、全效"的传播场域,展现出了诸多与传统媒介传播不同的特征,概括起来主要有以下四个方面。

(一) 传播数字化

全媒体媒介传播是凭借网络信息技术作为传播的基础,而网络信息又是以数字化传播作为主要形式和样态呈现;或者说,全媒体信息传播是以数字化技术为手段,体现数字化传播特点的信息传播。在网络空间中,各种信息都是以数字信息的形式展现出来的。具体来看,这些数字信息是以二进制,即"0""1"的排列组合形式,相对稳定地穿梭于网络时空,在不断地被记录、浏览、复制、编辑、传播、存储或更新着,之后再转换为可视化形式展现在公众面前。

---

① 中国互联网络信息中心. 第49次《中国互联网络发展状况统计报告》[R/OL]. 中国互联网络信息中心网站, [2022-02]. http://www.cnnic.net.cn/hlwfzyj/hlwxzbg/hlwtjbg/202202/t20220225_71727.htm.

(二) 传播多元化

全媒体场域下,信息不是"自上而下"的垂直、单向传播,多种信息出现在开放的网络空间中。在信息技术的赋权之下,普通民众也拥有一定的话语权,他们使用台式机、移动终端等,在通信网络的传输下,通过微信、微博、抖音等多种数字平台实现跨媒介传播,尤其是网络还有超链接功能,能够实现图片、文字、声音、视频的无缝连接与跳转。这就使得各种信息在网络空间传播时呈现出多元化态势。

(三) 现实与虚拟的统一性

全媒体场域下,人们的物理生活世界与网络生活世界紧密相连,信息线下线上传播轻易转换。在现实生活中,网民有各种利益诉求,有时并不一定在线下表现出来,而是通过网络行为和话语表达宣泄出来,网络逐渐变成了网民政治参与的重要载体。不仅如此,网民亦会在网络中生成看待网络世界的思想观念和体系,用来表示网民在网络上的世界观、人生观、价值观。网民生活在现实空间中,他们的现实利益是真实的,从这个意义上来看,全媒体是具有现实性特征的。但是,网民在网络上的一系列活动,是依靠网络上虚拟ID身份在虚拟空间中产生的信息形态,又具有虚拟性的特征。所以说,全媒体体现了虚拟与现实的辩证统一。

(四) 可控与难控的统一性

一方面,全媒体媒介传播的物质基础设备和信息流量可以在一定范围内加以控制。第一,全媒体媒介传播需要以计算机、移动通信终端等机器作为运行的设备基础,以电力作为运行的能源基础,而这些都是具体的物质基础,具有一定的可控性。第二,全媒体传播对网络信息技术具有高度的依赖性,网络信息反映网民看待网络世界的那部分比特流,单独从理论上来讲,这些"比特流"尽管仅仅由"0"和"1"按照一定的排列组合而成,但是可以通过网络信息技术对其进行更改或过滤。从这种意义上来讲,全媒体媒介传播是具可控性的。另一方面,在一定意义上,网络信息是网民看待网络世界的有机的思想体系,网民的思想意识本身会受到众多因素的影响,具有不稳定性和随机性。显然,在网络世界中,要想完全控制网络信息是很困难的。从这个意义上来看,全媒体具有可控与难控辩证统一的特点。

第二节　全媒体传播形态的变化与意识形态功能

全媒体时代的媒介信息传播概念尽管与传统社会媒介信息传播概念没有区别,但传播方式与途径已经发生了质的变化。全媒体引发了媒介主体、方式、内容等诸多方面深刻的变化,与此相适应,全媒体时代意识形态的功能也随之受到了影响。全媒体意识形态的主要功能是信息传播,除此之外还有其他多种功能,如多元价值观念传播功能、舆论监督功能、舆论导向功能、宣传教育功能和公共外交功能等。

一、全媒体传播形态的变化

(一) 传播主体范式的转变

在传统社会,媒介传播信息主要是单向度的一元性传播,广大受众通过杂志、报纸、电视、广播被动地接受媒介信息。但是网络的发展,尤其是全媒体时代的到来,新媒介技术拉平了传统媒介接受者与传播者的权力和地位,两者的角色呈现交互运动与转化,"参与型文化"与"产消者"的理念应运而生。① 第49次《中国互联网络发展状况统计报告》显示,截至2021年12月,我国网民规模达10.32亿,其中网络视频用户规模达9.75亿,互联网普及率达73.0%,网民的人均每周上网时长为28.5个小时②。这些数据的变化并不是网民人数简单地增加,用网时长简单地增加,而是主体、时间、频率等多重因素叠加的效果,是一种数量积累引起质量变化的范式改变,人们获取信息和传播信息、生产信息和消费信息的形态已经发生了巨大

---

① 胡沈明. 全媒体时代媒介素养理念重构探讨 [J]. 中国编辑, 2019 (8): 14.
② 中国互联网络信息中心. 第49次《中国互联网络发展状况统计报告》[R/OL]. [2022-02]. http://www.cnnic.net.cn/hlwfzyj/hlwxzbg/hlwtjbg/202202/t20220225_71727.htm.

的变化，线下信息传播极容易转变为网络媒介信息传播，网络上进行信息的生产、融合、传播、消费已经浑然一体，网络深度嵌入人们的生活中，"无人不网、无时不网"的场域已然构成。在网络场域中，信息网络技术赋予大众话语权，大众已不是被动的信息接收者，大众通过微博、微信公众号、短视频发布信息，从单纯的消费媒介消息，到参与生产信息，再到传播信息，并且能够在一定区域中拥有话语权、发挥主导作用，比如，随着自媒体的发展，一些"大V"或"网红"拥有数千万个甚至上亿个"粉丝"，其发布的或转发的话题能够引起极大的关注，引起巨大的网络舆论。

（二）传播形式发生巨大变化

从历史发展过程来看，媒介传播经历了口述传播、图文传播、影像传播等发展阶段。网络时代，媒介传播进入了一个新的阶段，尤其是全媒体传播。全媒体时代的媒介传播形式发生了巨大的变化，这种变化并不是简单地消除了以往的传播方式，而是在新技术的基础上整合了传统的传播方式，形成并构建了一种更高阶的综合的网络传播方式。全媒体时代的媒介传播是建立在网络技术、计算机技术、通信传播技术基础上的一种"混合媒介"，它能够将台式计算机、移动计算机、移动通信终端、电视、广播电台等多种平台相连接，并且对语音、文字、图片、影视、广播等多种数据进行综合并双向或多向传播。所以，全媒体时代媒介传播的途径和方式发生了巨大的变化，这种强大的传播体系被视为继广播、电视、报纸之后的"第四媒介"，并且这种媒介既是组织传播或人际传播的新型媒介，又是大众传播媒介。全媒体时代的媒介传播深度嵌入人们的学习、娱乐、生活、生产、交往等活动中。

（三）构建了多元化的数字众生画像

全媒体时代又被称为"万物皆媒"的时代，互联网、物联网、云计算、大数据和人工智能等信息技术相继而生，智能手机就是最常用的传播平台，人人都能输送、传播信息。媒介传播形式愈加快捷、多元、立体，并且极富有个性化的用户体验。网民的学习、生活、娱乐、消费等方式均产生了巨大的变迁。第一，网络深度嵌入人们的生活世界中，在线公共服务进一步便利

19

民众。全媒体时代，全民的学习阅读、生活休闲、娱乐餐饮、医疗购物方式由线下慢慢转为线上。第 49 次《中国互联网络发展状况统计报告》显示，截至 2021 年 12 月，我国有 8.42 亿人进行网络购物，5.44 亿人使用网络外卖，3.97 亿人使用在线旅行预订，2.98 亿人使用在线医疗①。第二，网民的娱乐生活方式线上化，视频（包括短视频）、直播（包括多种直播方式）、网络游戏等形式成为网民娱乐生活的重要内容。"截至 2021 年 12 月，我国网络直播用户规模达 7.03 亿，占网民整体的 68.2%，其中，电商直播用户规模为 4.64 亿，游戏直播的用户规模为 3.02 亿。"② 第三，网络分层现象愈加明显，各个年龄段对网络需要的重点有所不同。50 岁及以上网民群体占比由 2020 年 12 月的 26.3% 提升至 26.8%，老年网民最常用的分别为即时通信、网络视频、互联网政务服务、网络新闻、网络支付，使用率分别达 90.6%、84.8%、80.8%、77.9% 及 70.6%③；20~29 岁年龄段网民对网络音乐、网络视频、网络直播等应用的使用率在各年龄段中占比最高，分别达 84.1%、97.0% 和 73.5%；30~39 岁年龄段网民对网络新闻类应用的使用率最高，达 83.4%。

二、全媒体意识形态功能

综上分析，全媒体时代的到来促使媒介传播形态产生了质的变化，全媒体的意识形态功能也随之发生改变。概言之，某事物的功能是指它能够满足人们需求的属性，是对事物特征的一般性表述和展示。全媒体意识形态的基础功能是信息的传播，在此基础上还有多元价值观念传播功能、宣传教育功

---

① 中国互联网络信息中心. 第 49 次《中国互联网络发展状况统计报告》[R/OL]. [2022-02]. http://www.cnnic.net.cn/hlwfzyj/hlwxzbg/hlwtjbg/202202/t20220225_71727.htm.

② 中国互联网络信息中心. 第 49 次《中国互联网络发展状况统计报告》[R/OL]. [2022-02]. http://www.cnnic.net.cn/hlwfzyj/hlwxzbg/hlwtjbg/202202/t20220225_71727.htm.

③ 中国互联网络信息中心. 第 49 次《中国互联网络发展状况统计报告》[R/OL]. [2022-02]. http://www.cnnic.net.cn/hlwfzyj/hlwxzbg/hlwtjbg/202202/t20220225_71727.htm.

能、舆论导向功能、舆论监督功能和公共外交功能等。

(一) 多元价值观念传播功能

由于全媒体具有"四全"的优势，很容易打破信息的垄断，各种思想和观念容易在网络上进行传播，并且媒介信息的传播方式多样，可以采用文字、声音、图片、视频等综合视听表现手段，利用报纸、杂志、广播、电视、电影等不同介质方式，通过融合广电网络、电信网络等网络传播，这就使得信息能够超越时空的限制，以立体化、全领域的方式进行传播，使得受众很容易接受丰富多元的信息，但随之而来的就是意识形态的多元化，各种被遮蔽的意识形态以普通信息的形式渗透传播，进入受众群体的思想之中，在这样的信息环境下，个人愈加难以识别和对抗意识形态的传播，个体价值观念普遍受到影响。在全媒体背景下，随着网络公共论坛、微博、微信、短视频平台等公共空间的形成，人们表达自己观点和偏好的途径得以拓展。不同社会意识具有不同的价值取向，这些社会意识随着网络受众的交流涌入网络并发声。譬如，官方主流媒体往往借助于网络传播主流价值和弘扬正能量；大型企业或互联网公司会通过数据模型来分析什么样的方式展示能够获得高点击量，哪些信息最能够吸引公众眼球，然后通过掌握网络受众的数据来传播相关的信息，以达到商业和消费价值引导的目的；也有一小撮网民群体会通过网络平台，传播各种未曾预料到的信息；还有西方意识形态和社会思潮中也以隐性的或显性的形式出现在网络中，在此背景下，人们意识形态也随之出现多元化趋势。

(二) 宣传教育功能

全媒体具有意识形态宣传教育的功能。在全媒体背景下，信息通过网络快速传播，网络信息内容丰富、容量大，并能够通过文字、图片、音频、视频等多种立体化形式进行信息传播，在个人喜好的算法夹持下，网民容易沉迷于全媒体营造的虚拟空间场景中，并会不断接受同一类型的信息，这样受众从思想意识到行为实践都容易受到潜移默化的影响，即接受了意识形态的宣传和教育。意识形态反映的是一定阶级的利益、政治主张、价值观念，在全媒体背景下，系统化的意识形态理论学说不一定以理论的形态出现，通常以网络化、娱乐化、碎片化、隐性化的方式表现出来，以网络化的概念、范畴等话语载体表达出来。在全媒体背景下，互联网成为意识形态话语斗争的主阵地，谁占据网络宣传的制高点，谁就容易引导舆论的发展，从而影响人们的思想和行为，因此，多方力量都在进行网络宣传教育、渗透，试图影响网民的价值观念、抢占思想文化阵地、夺取话语权。从这个意义上来看，作为意识形态生产重要场地的高校，理应强化人才培养和教育的功能，以此提供持续强大的智力资本支持，充分发挥意识形态的功能，加强意识形态的建设，发挥宣传教育的效果。

（三）舆论导向功能

全媒体由于"四全"的特征，具有明显舆论导向功能。在中国古代，"舆论"一词含有"众人之论"之意。随着时代变化，"舆论"一词的内涵日益丰富，通常指公众对某一人或事物所表现出的带有倾向性的、有一定影响力的言论或意见。全媒体场域下的舆论就是处于全媒体背景下的民众，所持有的一些比较相似或接近的共同想法和意愿。一方面，全媒体并没有否认传统渠道的舆论导向，广播、电视、报刊等传统媒体在舆论导向中仍然具有不可或缺的作用；另一方面，各种搜索引擎、即时通信等新兴媒体也在第一时间，以透明、公开的方式发布相关信息，对舆论的形成和走向具有至关重要的影响。不同的舆论反映的是不同的行为准则、思想观念、文化意蕴和道德规范等，或者说，不同舆论包含着不同的乃至截然相反的意识形态导向。当前学界提得比较多的一种划分，是依据意识形态所属地位来划分网络意识形态种类，将网络意识形态划分为"主流网络意识形态"和"非主流网络意识形态"，如果官方媒介不加以引导，媒介市场有可能将舆论导向"主流网络意识形态"，也有可能将之导向"非主流网络意识形态"。因此，在全媒体场域中，主动对主流意识形态的宣传和传播是极为关键的一个环节，在一定程度上会对意识形态建设的整体产生巨大影响，如果主流意识形态没有占据主导位置，那么非主流意识形态就有可能乘机而起。所以，充分彰显"主流意识形态"对网络舆论的导向功能，实现"两个巩固"，对于全媒体场域具有十分重要而深远的意义。

（四）权力监督功能

有人将媒体称为"第四种权力"，这说明媒体被赋予了一定的权力，同时也可以认为是监督权力的权力。在全媒体背景下，这种权力监督功能得到了更大的彰显和体现。全媒体时代，基于"四全"媒体的效果，网民的知情权、参与权、表达权和监督权构成了一个整体，在互联网的技术优势下，网络公共空间为网民提供低成本、高效率的利益诉求平台，既可以让广大网民自由地传递信息、发表言论、释放情绪，又可以使他们有序地参政议政，并能够对权力持有者和公共信息资源的掌控者施加压力，推动"信息公开""政务公开"。具体来说，第一，全媒体下网络病毒扩散式的持续和广泛的群体监督，具有人多势众和持续追踪的优势，能够形成较稳定的监督舆论生态；第二，全媒体使得"人人皆媒体"，来自网民的监督更加接地气、更加感性、更加生动，更加关注民生领域和对公共权力的监督；第三，网络监督举全网之力，形成公共舆论场的监督力量，能够渗透到更加全面的领域；第四，网络草根和精英共同发声，形成多方合力，使全媒体舆论的问责功能更趋理性、更近法理。

（五）公共外交功能

中国全媒体的发展，其实也是数字经济实力、基础工业体系硬实力和文化软实力的彰显。全球化时代，各国经济文化方面合作交流推动了媒体间的公共外交，促进价值观念在国际传播，一方面，在全媒体的语境下，可以更好地发挥中国媒体在世界文化交流和互鉴中的桥梁作用，推动中国优秀文化和价值观念走向全球，在国际舞台上讲出生动的中国故事，发出强劲的中国声音，表达富有张力的中国文化，增强我国的国际影响力和国际话语权；另一方面，推动全媒体公共外交，提升媒介在本国的政治影响力和在他国的公众舆论力，取得有利于我国社会主义现代化建设的国际舆论环境。简言之，在全球化的时代，全媒体的发展不仅影响国内，更有可能产生国际影响。

第三节　全媒体场域高校网络意识形态的生成逻辑及运行机理

全媒体场域高校网络意识形态的生成有其现实的根源。全媒体场域高校网络意识形态的生成与社会经济的发展、网络信息技术的推动、网络文化的基础、高校师生的利益需要有着密切的联系。要弄清楚全媒体场域高校网络意识形态的生成逻辑，必须探讨全媒体媒介传播与高校网络意识形态之间的逻辑关联性。

一、全媒体场域高校网络意识形态的生成逻辑

（一）根本基础：社会经济的发展

高校意识形态是社会观念上层建筑的重要组成部分，是社会生产力发展到一定阶段的产物。据此，可以说，社会经济的发展是高校网络意识形态生成的根本基础。一方面，社会经济的发展为全媒体场域高校网络意识形态的生成提供了坚实的物质基础。从根源上说，一个国家或地区只有拥有足够的经济实力，方能不断促进科、教、文、卫等事业的全面发展。全媒体场域高校网络意识形态的生成，就是建立在网络技术架构作为核心的工业和技术体系基础上的，显而易见，没有电力、电网、数据储存设备、网络传播设备、媒介设备、电脑、移动通信终端等物质基础的支撑，全媒体场域是不可能形成的。另一方面，物质和精神财富的样态在一定程度上决定了全媒体场域高校网络意识形态的发展态势。高校网络意识形态虽然与网络虚拟空间息息相关，但是其传播的主体依然是生活在现实社会中的高校师生，以及相关联的社会群体。在现实社会中，一般情况下，经济社会发展水平高，人们的物质生活富足，精神生活充实，社会矛盾就会比较少，包括高校师生在内的普通民众对主流意识形态的认同感也相应比较高。反之，如果社会经济发展水平比较低，社会矛盾比较多，包括高校师生在内的普通民众在现实生活中的不

满情绪就会反映到全媒体网络意识形态中，意识形态的态势就会复杂多变。

唯物史观告诉我们，经济社会基础决定上层建筑。通过对贵州八所高校（含贵州大学、贵州师范大学、贵州医科大学、贵州财经大学、贵州民族大学、安顺学院、遵义师范学院、凯里学院）网络意识形态调查得知，贵州近年来经济发展与网络意识形态的实际情况有直接关联性。2020年，贵州国内生产总值（GDP）总量首次进入20强，增速达到4.5%；2021年，贵州省GDP达1.96万亿元，增长8.1%，继续保持在全国"第一方阵"。具体来看，2012年，贵州省GDP为6852.2亿元；2020年，贵州省GDP达到1.78万亿元，经济总量在全国位次上升5位、人均水平上升4位，增速连续多年位居全国前列。"2020年，绿色经济占比达到42%，森林覆盖率达到60%；高速公路通车里程7607公里，高速铁路通车里程1527公里；贵州省923万贫困人口全部脱贫、66个贫困县全部摘帽、9000个贫困村全部出列。"① 与此相对应，贵州省及各地区高校坚定不移地贯彻落实习近平总书记对贵州工作重要指示精神，立德树人、培优创先，在意识形态领域建设上大力弘扬民族地区红色文化，发挥民族团结示范区的引领性作用，加强脱贫攻坚和乡村振兴战略，高校党员干部以身作则、奋勇当先，率先下到基层，带领群众撸起袖子加油干。上述事实说明，社会经济发展与高校网络意识形态具有相互促进作用，社会经济的发展是高校网络意识形态生成的前提基础。

（二）技术基础：信息技术的突飞猛进

信息技术创设了全媒体意识形态话语表达的空间载体和内容，影响了其表达效果。在"四全"媒体中，全员媒体建立在信息技术基础上，其他的全息媒体、全程媒体、全效媒体都与信息技术息息相关。从人类社会的历史发展过程来看，人类经历了农业社会、工业社会，现正进入信息社会时代。对比传统社会，信息时代的意识形态话语生成和传播有了很大的变化。信息技术变革着人们的生存空间和生存方式，人们的活动空间由自然生存空间逐渐转向技术生存空间，随之而来，人们的信息获取方式、信息表达方式和表达

---

① 贵州省人民政府.2021年贵州省政府工作报告［R/OL］.［2022-09］.https：//www.guizhou.gov.cn/zwgk/zfgzbg/gzsgzbg/202109/t20210913_70131495.htm.

载体也发生了变化。在话语表达方面，线下诸多舆论转向为线上，网络舆论成为社会舆论的主要方式。高校师生的言论具有很大的自主性，只要不违背相关法律法规和相关规定，师生都可以通过网络媒介发表自己的思想和见解。在网民的表达载体上，互联网为网络受众提供了不同于传统媒体的新载体，如微信、微博、网络论坛、QQ等这些交互性较强的载体，高校师生的网络交流不再是单向、线性传播，而是趋向于多向、多元化扩散。可见，网络空间由于信息技术的赋力，出现了诸多新型网络表达方式和网络载体，既增强了意识形态话语传播的影响力、公信力、传播力，也拓展了意识形态话语传播的广度、深度和幅度，为意识形态话语权的生成提供了基础。

（三）文化基础：网络文化的生成与演变

全媒体高校网络意识形态的生成与网络文化是紧密相连的。首先，高校师生尤其是大学生使用网络的频率较高，在使用网络过程中，部分的线下传统社会的文化语境通常被网络技术和计算机技术形成数字化的虚拟文化环境所取代，虽然这些文化本质上也有现实文化的影子，是人类将现实通过数字化构建后的具体存在；但是如果这些文化没有现实原型，也就没有虚拟实在。然而，在网络虚拟空间中，大学生容易赋予这些文化特定的语义，在数字化建构的过程中通过信息输入和输出进行意义的共享与价值观的交流，形成具有高校特征的一些文化场。其次，高校师生催生了新型的网络文化生态。文化形式和文化现象并不是随意产生的，网络文化及网络文化现象需要人机互动和在人与环境之间的相互关系处理中产生。在网络虚拟空间，高校师生无时不在处理人际互动、人机互动、人我互动三大关系。例如，在高校的课堂上、校园活动中、校园宣传栏中，高校师生思考自我实现需要满足的网络文化形式，认识到网络文化对大学生生活的意义、对校园乃至社会的影响，达到现实与文化的"共生"，推动意识形态的生发。由此可见，网络空间中的价值和信仰不再是孤立的，而是在与高校师生以技术为媒介的精神交互中产生出更大的影响，深入高校师生的精神领域，引发了高校师生价值观念的变化，催生了网络意识形态。

（四）具体场景：高校师生与意识形态生发

高校在一个国家和社会的发展中占有重要地位，是各种意识形态思想和学术交流集聚与传播的地方，高校师生是意识形态产生和传播的一个重要群体，根据国家统计局发布的《中国统计年鉴2021》中的数据，通过计算得出，2020年我国高校师生46466571名，其中，普通高校教职工2668708名，成人高校教职工32475名，普通高校在校研究生3139598名，普通本专科在校学生32852948人，成人本专科在校学生7772842人。由此可见，如此规模的师生数量将对我国意识形态建设带来巨大的影响。此外，高校师生这一群体在社会意识形态生成中有着重要作用，高校师生的思想开放，对新鲜事物的学习接受能力较强，在学习和生活中充满着活力与张力，尤其是青年大学生的世界观、人生观和价值观还没有完全定型，可塑性较强。面对繁杂的社会思潮、多发的社会问题，再加上高校师生在整个社会中知识文化水平高，撰写发表的文章多，在全媒体背景下，高校容易生发多元的意识形态并进行传播。

高校教师肩负着立德树人、教书育人的责任，对意识形态的生产和传播有很大的影响。高校学生作为社会主义建设者，对社会主义意识形态的认同和发展乃至走向有着至关重要的作用。当前高校学生的主体已经是"98后"到"00后"等，他们的成长背景、思维观念、行为习惯都与前代人有着明显的不同。从成长背景来看，当前高校大学生都是在改革开放之后中国的市场经济大潮中成长起来的青年一代，他们的人生观、世界观和价值观是在多元化、复杂化的环境中形成的。这种环境呈现出经济发展快、成就大、社会转型激烈的特点，这种经济基础层面的样态必然导致观念上层建筑的变化，大学生的思想观念属于观念上层建筑的内容，必然受到意识形态领域的一些社会思潮（如新自由主义、民主社会主义、后现代主义、普世价值观等）的冲击和影响。从思维观念上来看，他们个体自我意识强，接受的观念比较多元化，自由使用网络，是网络的"原住民"，对传统的意识形态教育的方式接受度不高。

三、全媒体场域高校网络意识形态的运行机理

（一）党的领导和政府的治理：高校网络意识形态的运行起点

党的领导和政府的治理是高校网络意识形态的运行起点。我国高校是实

行党委领导制的高校,高校人才培养直接关系到"培养什么人""为谁培养人"这一根本性问题,因此高校网络意识形态的引导必须为中国特色社会主义现代化建设服务。只有在党的领导和政府的治理下,才能保障全媒体场域下高校网络意识形态始终坚持马克思主义的指导,有效地团结和凝聚师生,维护校园的和谐稳定,有效解决高校网络意识形态的发展方向问题。只有在党的领导和政府的治理下,全媒体下高校网络意识形态的传播和运行生成过程中才能始终坚持马克思主义这一伟大旗帜与行动指南。时代发展需要理论成果不断创新和发展,全媒体时代高校网络意识形态建设需要党的新理论来指导和引领。校园环境的优化、思想政治课育人平台的建设、党建工作的网络化、意识形态工作队伍的优化、意识形态工作方式方法的完善和创新、相关网络制度建设不断健全,这些都是高校网络意识形态得以顺利运行实施的前提保障。

(二)技术赋权个人话语:高校网络意识形态的发展

在技术赋权的背景下,高校师生拥有了更多的话语权,促进了高校网络意识形态的发展。随着全媒体时代的到来,几乎无处不网络、无时不上网,网络已成为广大高校师生生活、学习、购物、消费、聊天、娱乐的新常态。在虚拟的网络空间中,围绕各种话题、活动、事件形成一个个具有影响力的民间舆论场。这种舆论场通常是指网民基于一定的价值立场或倾向,通过微信、邮箱、博客、个人网站、论坛、跟帖、聊天室等,围绕着社会热点话题、媒体焦点事件与敏感话题的评说和意见的互动性交流所形成的话语场域。这种舆论场对高校网络意识形态的发展有着很大的影响。

全媒体实际上在真正意义上创造了一个"公民记者"的时代。在传统社会,媒体承载的话语叙事往往是由官方或者主流媒体发出的,其内容和形式都是经过严格审核后才能够被报道或宣传;而在全媒体时代,自媒体、微媒体、融媒体的产生,赋予了网民个体信息生产、加工与传播的权利。网络中,个体网民以ID作为身份标识在虚拟空间中隐藏了自我身份,在一定程度上摆脱了实际生活中的身份,身份平等感和表达欲望得到了极大的满足,互动性的社会交往可以即时展开,也可以随时停止。在网络拟态空间,传统媒体"把关人"的角色慢慢淡化，网民通常利用博客、微信、QQ等方式来表达自己的价值诉求和宣泄情绪，每个网民都可以成为网络信息的生产者和传播者，都可以对相关热点事件、焦点问题发表自己的观点和评价，从而促成了信息传播由原来的"一对一"向"多对多"的转向，实现了信息的即时传递与交流。① 同样地，高校师生在上网的过程中也会通过一些较为委婉的话语策略来实现自我的价值诉求。活跃在舆论场中的高校师生经常采取标签化叙事和制造网络流行语等委婉的话语策略来表达相应的诉求。不管是在学校的寝室、教室、图书馆，还是假期在家，高校师生都可以任意地从多个节点进入这个"流动"的舆论场，在信息和意见的交流与碰撞中产生的情感共振、价值认同、行为取向常常表现出惊人的相似性及趋同性。在网络舆论场域中，师生以话语交流为介质，产生观点、意见、评论与偏好的交流碰撞，辅以多元化的信息、意见与文化即时性、高频次的交叉互动，锻造成具有一定价值导引功能和凝聚功能的网络意识形态。

（三）意见领袖的出现：对网络受众意识形态的影响

意见领袖的话语，在全媒体场域下高校网络意识形态的运行中发挥了重要的影响作用。"意见领袖"一词最早由拉扎菲尔德等提出，是指"信息传递和人际互动过程中少数具有影响力、活动力的人"②。意见领袖在信息传播中影响力大，往往能够左右或改变个人或团体的思想和行为。意见领袖有一定的威望，常常被人信赖，在某一领域拥有一定的威望和独特的创见，能够给他人提供一些与众不同的意见、观点及策略。意见领袖尽管不是行政任命，没有行政领导手中的权力，但他们一般具有较强的综合能力和较高的社会地位或被认同感，从话语影响力的层面来看，意见领袖是利益集团的代言人或小群体中的头头，如网络空间中的社会达人、知识精英、商界名流等多扮演着意见领袖的角色，这些人信源广阔、知识渊博，对一些问题有较强的洞察、解释、理解能力，他们对社会公共问题的评说，往往更容易引起网络

---

① 史献芝. 网络意识形态的内涵、特征和生成机理[J]. 南京邮电大学学报（社会科学版），2018（5）：15.
② 刘志明，刘鲁. 微博网络舆情中意见领袖识别及分析[J]. 系统工程，2011（6）：8-9.

受众的高度关注。

在信息传播中，信息输出和信息接受并不是全部对称，在信息传递过程中，部分信息能够不折不扣地传送到普通受传者，而有的信息在传递过程中，可能经过了多个受传者才最终传送到他们周围的最普通的受众，这些信息仅有一部分是原始的信息，部分内容失真是常见的事情。即使有的信息能够不折不扣地传送到普通受传者，但要他们在态度和行为上发生预期的改变，还须由意见领袖对信息做出解释、评价和在态势上做出导向或指点。在网络空间中，意见领袖把持着话语权，往往会利用"吃瓜群众"的跟风心理、崇拜心理，或以独特的视角、犀利的言辞、深邃的见解对特定的社会话题、公共事件进行专业性、理论性较强的事实评判和价值分析，或通过充分论述与独特的创造性话语建构并凭借特定的话语传播体系来阐明自己的立场、观点和看法等，形成信息传播的"蝶变效应"。在网络空间中，高校师生网民的注意力既呈现出原子化、个体化、散乱化的特点，又具有非常强的从众心理。网络意见领袖往往能够轻易地捕捉高校师生的心理需求、情感偏好、行为兴趣和价值取向，引导和激起他们参与特定意识形态话语之论争，并随即掀起一场龙卷风式的"舆论风暴"。故而，在网络虚拟空间中，这些从众心理极强的网民一旦与那些意见领袖相遇时，意见领袖就会善于聚焦民生问题、捕捉社会热点，在更大范围内产生几何级数的话语磁场辐射效应。

（四）网络舆论场：意识形态话语权的对抗与争夺

网络具有开放性的特征，网络空间中话语交流与转译成为常态，话语空间走向开放交叠的同时也影响与冲击着原有的意识形态话语格局，又催生出多样意识形态话语形态并存的局面。具体来说，在网络空间中，不但关涉国与国之间的"文化软实力"之争，而且助长各种不同性质的意识形态相互渗透和传播，甚至出现意识形态话语权的争夺与对抗。可以说，互联网绝不仅仅是一个网络技术施展的舞台，而且与国际政治深度融合，已成为意识形态话语权竞争与对抗的主战场。在网络空间中，对任何国家而言，要么是通过文化交流有选择性地大肆鼓吹自己信奉的社会思潮，宣扬自己国家的价值观念、政治制度；要么是通过特定的话语叙事方式对外"输出"自己国家的意识形态和价值观念，对其他国家进行潜移默化的渗透，以提升其在国际政治交往中的软实力，打造属于自己的网络话语霸权体系并获得话语秩序设计权。作为高校，广大青年才俊云集，他们的思想观念尚未完全定型，西方资本主义国家常常会通过互联网向高校广大师生渗透其政治制度、价值文化、思想理念，使得部分大学生的理想信念、价值理念、道德观念被扭曲和侵蚀，甚至出现反党反社会的念头。由此，在网络拟态空间，各个国家之间的意识形态话语权竞争与对抗，也不知不觉地成了高校网络意识形态生成的"孵化器"。在这样的背景下，高校理应注重国际传播能力建设，加强国际合作交流，以扩大中国特色社会主义意识形态的传播力和影响力，提高意识形态建设的思想深度和学理厚度。

第四节　全媒体传播与高校意识形态建设的耦合

一、耦合的概念及要素

（一）耦合的概念

"耦合"作为一个学术名词，最初应用在通信工程、软件工程、机械工程等工程中，后来逐渐运用在人文社科领域。一般而言，耦合主要是"指两个或两个以上的运动体系或两种运动的形式间通过相互作用而彼此影响，以致相互结合起来的现象"①。根据定义可知，两个事物之间耦合程度越高，它们之间的关系就越密切，相反，如果两者耦合的程度不高，那么关系也不紧密。当然，耦合的关系还可以进一步划分，有学者认为"系统耦合是指两个或多个系统通过相互作用、协调和相互促进而形成的动态相互依

---

① 中国社会科学院语言研究所词典编辑室. 现代汉语词典：第7版［Z］. 北京：商务印书馆，2016：968.

存的关系"①。

(二) 全媒体耦合的构成要素

全媒体时代的来临，不但昭示了自主性的媒介信息传播方式的诞生，而且形构了新的话语符号和表达渠道，衍生出各种各样迎合高校师生精神及价值需求的媒介信息资源。在上述情景下，全媒体媒介信息传播对于高校网络意识形态的建设具有促进作用，而高校是意识形态生成和传播的重要场域，所以对媒介信息的传播影响甚大。从这个意义上来看，两者之间形成了一种耦合系统。并且，从结构、形式、内容三个因素上来看，媒介信息传播与高校网络意识形态建设形成的是一种紧密的耦合关系。

从结构上来看，高校意识形态教育是社会主义意识形态建设的主要内容之一。全媒体时代，高校意识形态教育通常借助于媒体信息传播，教育实践活动与媒介信息传播有较高的交互性。依据教育传播理论，意识形态教育和媒介信息传播在主体、客体、媒介及环体方面具有相似性，高校意识形态教育过程也亟须教育主体通过恰当的教育方式用具体教育内容作用于受教育者，媒介传播也是需要传播主体通过一定的媒介传播方式方法使具体信息传播给网络受众。据此不难看出，两者在结构上具有高度的趋同性。此外，从要素流动上来看，媒介信息传播与高校意识形态建设的要素是双向流动的，媒介信息传播中蕴含着丰富的意识形态因子，这些因子会流向高校的意识形态建设中，同样，高校意识形态的建设不是孤立的，高校网络意识形态建设的成果同样会在媒介信息中传播。

从形式上来看，全媒体媒介信息传播形式已经发生了变化，这种变化为高校网络意识形态建设提供了新的机遇，社会层面信息传播形式亦会传递到高校之中，直接或间接地制约着高校网络意识形态建设的内容及方法，直接影响着高校网络意识形态教育的规模及速度；与此同时，高校作为意识形态输出的重要场地，高校网络意识形态建设状况也会影响到媒介信息传播形式的变化。从两者的趋同性上来看，随着全媒体时代的到来，迅猛发展的网络

---

① 周光礼. 国家工业化与现代职业教育：高等教育与社会经济的耦合分析［J］. 高等工程教育研究，2014（3）：55.

技术，媒介信息传播生态环境日益"去权威化""去中心化"。在这种生态中，高校师生既是媒介信息的传播者，也是媒介信息的接受者。在全媒体时代，意识形态教育借助于媒体介质，教育者和受教育者处于一种自主、平等的教育氛围中，尽管教育者是教育的实施者，但他的教育主导权再也不像以往那样强势，受教育者的学习状态是自主、自愿、自由的，怎样接受、如何接受、接受多少不由教育者来决定，而是由受教育者自己来支配，因此，媒介信息传播逐渐彰显其对于高校网络意识形态教育的根本性和重要性。

从内容上来看，高校网络意识形态建设与信息媒介传播的内容联系密切，一方面，高校受到社会媒介信息传播影响很大，两者关注的内容经常保持一致；另一方面，高校网络意识形态建设有着自身发展的逻辑，主要受众是高校师生，但是又不能完全脱离信息媒介传播的场域，所以，高校网络意识形态建设和社会媒介信息传播的良性互动，不仅要适应媒介信息传播的内在规律，还要遵循自身发展的要求。高校作为党的意识形态工作的重中之重，作为意识形态斗争的重要阵地，必须融入网络意识形态技术因素，增强正能量的网络媒介传播，促进意识形态工作的传统优势与信息技术的高度融合，使之更加富有吸引力和时代感。

二、全媒体传播与高校意识形态建设耦合

全媒体时代，媒介信息传播的变化，使得传统单向的传播变为双向和多向的传播，并且普通受众从被动接受者变为积极参与者，这给高校意识形态传统教育方式带来了挑战，高校意识形态教育可以借鉴从"教育者权威"走向"学习者中心"的形式。这不是一种短期应对的权宜之计，而是对意识形态教育与时俱进的要求，使高校意识形态教育从教师向学生单向的灌输变成教师与学生双向的交流和互动。具体来看，在主体上，重视高校师生双主体的建设；在内容上，必须以社会主义核心价值观作为引领；在形式上，激发高校师生的积极参与。最终促使高校师生不仅从意识形态教育中解决价值冲突和化解思想矛盾，而且要从行动上接受社会主义主流意识形态，达成政治认同。

（一）主体耦合：以高校师生为中心

高校意识形态教育要贯彻"以师生为中心"的理念，既不要忽视师生的双主体地位，也不能忽视对学生的意识形态教育。这与网络媒介传播中"用户至上"的价值取向具有高度的耦合性。高校师生能否接受网络信息中的"意识形态元素"以及多大程度上接受这些"意识形态元素"，直接取决于教育信息内容是否满足其认知发展以及精神向度的要求，因此，高校意识形态教育者也要引入"算法"思维，对高校师生的特点进行精细分析，进而进行分类施教。也就是要加强对高校师生心理认知特点、思想变化、行为规律的研究，把握当代高校师生的代际特征，保障师生的教育发展权益，尊重师生个体差异，提高意识形态建设的实效性和针对性。

教书育人是教师的天职。教育者自身的素质对被教育者有着极大的影响，传道者首先要自己明道、信道，才能传道授业解惑。高校教师是大学生健康成长的引路人、主流意识形态的传播者、中国共产党执政的坚定支持者。一方面，高校教师在教学中要坚持协同育人、立德树人，有机结合思想政治理论课程与课程思政进行有的放矢；另一方面，高校教师也要树立问题导向和学术研究意识，把握全媒体信息传播的新态势，对网络意识形态问题展开动态探讨、开放式探索、持续化研究。

"Z世代"常常被用来称呼当代大学生，即1995—2009年出生的一代人，这一代人出生在网络信息时代，智能手机、网络信息技术、数字通信与他们相伴。他们拥有较强的自我意识，具有较强的批判意识和怀疑精神。对于这一年龄段的大学生来说，一个事物到底有没有价值，最直接、最有效的衡量标准就是看它能否最大限度地满足自身的需要。所以，一方面，高校教师要坚持"以德立人"的教育理念，依托网络传播媒介，结合大学生身心发展的特点，从大学生受网络传播媒介影响的领域出发，以大学生最关注的时事议题、社会热点等为切入点，在网上科学阐释和宣传马克思主义，让广大学生网民切身感受到马克思主义在网络拟态场域的魅力，体验到社会主义意识形态的力量，感悟到自身价值被认可和实现的滋味。另一方面，在高校意识形态教育中，不能只停留在向学生传授主流意识形态理论和知识层面，而是要向纵深发展,考虑学生对现实问题的关注、满足学生成长发展的要求,以学术性和科学性的理论对现实生活中的问题做出强有力的回应,引导广大师生群体树立正确的价值观念。

(二) 内容耦合:重视高校校情

高校意识形态教育强调教育内容的优化,这也与网络媒介传播中"内容为王"的流量取向具有高度的耦合性。从网络媒介传播的实效性来说,高校师生对于信息也是有选择性的,譬如,有些信息是知识性、事实性的,对于这种信息大家往往抱有一种求异求新的心理;而有些信息是价值性的,对于这类信息,大家则常常持一种认可、求认同的价值倾向。在政治观念和价值认同方面,广大师生往往会选择接受那些与自己价值信念相关的信息,而排斥与自己价值信念不相关的信息。从这种意义上来说,教育内容在高校意识形态教育中的地位及作用至关重要。假如教育内容的吸引力、感召力和说服力不够,就很难激发起大学生的学习意愿。当然,作为较高层次的精神客体,意识形态教育内容本身具有特殊的接受规律,对于教育客体来说也是要求最高、接受难度最大的一类。因为它本身不只是使大学生遵循普遍化的社会规范,抑或认可一般性的知识观念,而是亲自投身于纷纭复杂的价值世界,从而实现身心的认同。

一方面,要用社会主义核心价值观来推动高校意识形态建设。社会主义核心价值观彰显了社会主义社会在个人、社会、国家层面的本质要求,是吸收中华优秀文化和其他国家文明有益成果的结晶,有利于全党凝聚价值共识,引领网络思潮。另一方面,高校意识形态建设要立足于自身的实际、立足于所在地区的学情、立足于高校的文化,弘扬大学精神。例如,以贵州高校为例,高校意识形态建设要弄清楚贵州的悠久历史、贵州的多彩文化、贵州的丰富资源、贵州的良好生态、贵州的便利区位,尤其是要凸显贵州人文自然风貌、脱贫攻坚的贵州样板、多民族团结奋进的贵州社会生态等独特性标志性内容。

(三) 手段耦合:以大数据等技术为依托

高校意识形态建设强调参与的互动性,这也与网络媒介传播中开放多元的空间取向具有高度的耦合性。当前高校师生之所以热衷于网络，其中最主要的一个原因是网络的自由性、开放性、便易性和快捷性，使得网络空间各种信息的呈现形神兼备、图文并茂，使得网络信息传播的内容更引人入胜，从而更加能够激发起广大网民的兴趣。

  高校意识形态建设要充分利用大数据等信息技术，为教职工、学生打造开放互动的建设体系，以便提高师生的参与热情。提升师生的参与性、互动性，以消除师生对网络意识形态教育的排斥和抵触，进一步促进意识形态教育目标的实现，教育效果的达成。中国特色社会主义进入全媒体时代，大数据、云计算、物联网、智能算法与意识形态建设的充分融合，成为高校网络意识形态建设的一大发展趋势。具体来说，一是充分利用大数据的优势，加快大数据产业的战略布局，争取到国家级大数据综合试验区的发展机遇；二是以举办数博会为主要标志，在大数据建设上硕果累累；三是推动大数据与经济社会发展深度融合，为高校人才培养和科学研究助力乡村振兴与实体经济发展提供坚实技术基础。在以大数据为核心的信息技术的加持下，高校师生通过多媒体技术，对主流意识形态产生较高的认同感，从而成为主流意识形态的接受者、传播者和生产者。

第二章

全媒体环境下高校网络意识形态的现状调查
——基于贵州八所高校的实证分析

以全程媒体、全息媒体、全员媒体、全效媒体为内涵的全媒体发展为高校师生提供了丰富的信息渠道。中国互联网络信息中心（CNNIC）统计发布的第49次《中国互联网络发展状况统计报告》显示：截至2021年12月，我国网民规模达10.32亿人，较2020年12月增长4296万人，互联网普及率达73.0%，网民的人均每周上网时长为28.5个小时，较2020年12月提升2.3个小时①。在互联网的高覆盖率下，全媒体丰富方便高校师生生活学习和工作的同时，在高校主流意识形态领域也呈现一些新现象。在这些新形势下，高校网络意识形态在政治、经济、文化、教育等领域发展状况如何，网络主流意识形态权威性是否受到挑战，西方敌对势力的意识形态渗透方式是否出现了新方式新变化，高校意识形态工作人员如何对待网络主流意识形态以及学生如何认识理解网络主流意识形态，是本课题组主要调研和要了解的问题。为了能更好更全面地反映高校网络意识形态在全媒体环境下的发展状况，本课题组编制了全媒体时代高校网络意识形态调查问卷，对贵州八所高校（含贵州大学、贵州师范大学、贵州医科大学、贵州财经大学、贵州民族大学、安顺学院、遵义师范学院、凯里学院）调查结果进行了系统分析，以期进一步掌握全媒体环境下高校网络意识形态的发展现状。

---

① 中国互联网络信息中心. 第49次《中国互联网络发展状况统计报告》[R/OL]. [2022-02]. http://www.cnnic.net.cn/hlwfzyj/hlwxzbg/hlwtjbg/202202/t20220225_71727.htm.

第一节　问卷调查设计与样本的选取

本次调查立足于"全媒体"这一背景，通过随机抽样的问卷调查方法和最新 SPSS 软件、大数据分析技术，对贵州八所高校在全媒体环境下意识形态的建设现状展开调查。在实证调查的基础上，对贵州高校网络意识形态现状做出了较客观准确的描述和评估，指出全媒体时代网络意识形态面临的机遇及存在的问题，并提出相关的建议和策略。

一、贵州高校的概况

高等学校，顾名思义是指综合性地传授知识、进行研究和授权颁发学位的高等教育机构。贵州高校指的就是贵州省的高等学校。教育部《全国高等学校名单》（2021 年 10 月 25 日）显示，截至 2021 年 9 月 30 日，全国高等学校共计 3012 所，贵州高等学校为 78 所（见表 2-1），其中，普通高等学校 75 所，成人高等学校 3 所。在贵州普通高等学校中，公办高校 60 所，民办高校 15 所；本科高校 29 所，专科高校 46 所。通过计算得知，贵州高校占全国高校的比例为 2.59%。

表 2-1　贵州高等学校名单

序号	学校名称	学校识别码	所在地	办学层次	备注
1	贵州大学	4152010657	贵阳市	本科	
2	贵州医科大学	4152010660	贵阳市	本科	
3	遵义医科大学	4152010661	遵义市	本科	
4	贵州中医药大学	4152010662	贵阳市	本科	
5	贵州师范大学	4152010663	贵阳市	本科	
6	遵义师范学院	4152010664	遵义市	本科	

续表

序号	学校名称	学校识别码	所在地	办学层次	备注
7	铜仁学院	4152010665	铜仁市	本科	
8	兴义民族师范学院	4152010666	黔西南布依族苗族自治州	本科	
9	安顺学院	4152010667	安顺市	本科	
10	贵州工程应用技术学院	4152010668	毕节市	本科	
11	凯里学院	4152010669	黔东南苗族侗族自治州	本科	
12	黔南民族师范学院	4152010670	黔东南苗族侗族自治州	本科	
13	贵州财经大学	4152010671	贵阳市	本科	
14	贵州民族大学	4152010672	贵阳市	本科	
15	贵阳学院	4152010676	贵阳市	本科	
16	六盘水师范学院	4152010977	六盘水市	本科	
17	贵州商学院	4152011731	贵阳市	本科	
18	贵州警察学院	4152012107	贵阳市	本科	
19	贵州中医药大学时珍学院	4152013647	贵阳市	本科	民办
20	贵州黔南经济学院	4152013648	黔东南苗族侗族自治州	本科	民办
21	贵州黔南科技学院	4152013649	黔南苗族侗族自治州	本科	民办
22	贵阳信息科技学院	4152013650	贵阳市	本科	民办
23	贵阳人文科技学院	4152013651	贵阳市	本科	民办

续表

序号	学校名称	学校识别码	所在地	办学层次	备注
24	贵阳康养职业学院	4152016206	贵阳市	本科	
25	遵义医科大学医学与科技学院	4152013653	遵义市	本科	民办
26	贵州医科大学神奇民族医药学院	4152013676	贵阳市	本科	民办
27	贵州师范学院	4152014223	贵阳市	本科	
28	贵州理工学院	4152014440	贵阳市	本科	
29	茅台学院	4152014625	遵义市	本科	民办
30	黔南民族医学高等专科学校	4152011663	黔南苗族侗族自治州	本科	
31	贵州交通职业技术学院	4152012222	贵阳市	专科	
32	贵州航天职业技术学院	4152012223	遵义市	专科	
33	贵州电子信息职业技术学院	4152012336	黔东南苗族侗族自治州	专科	
34	安顺职业技术学院	4152012821	安顺市	专科	
35	黔东南民族职业技术学院	4152012822	黔东南苗族侗族自治州	专科	
36	黔南民族职业技术学院	4152012823	黔南苗族侗族自治州	专科	
37	遵义职业技术学院	4152012824	遵义市	专科	
38	贵州城市职业学院	4152012850	贵阳市	专科	民办
39	贵州工业职业技术学院	4152013052	贵阳市	专科	

续表

序号	学校名称	学校识别码	所在地	办学层次	备注
40	贵州电力职业技术学院	4152013053	贵阳市	专科	
41	六盘水职业技术学院	4152013054	六盘水市	专科	
42	铜仁职业技术学院	4152013055	铜仁市	专科	
43	黔西南民族职业技术学院	4152013817	黔西南布依族苗族自治州	专科	
44	贵州轻工职业技术学院	4152013818	贵阳市	专科	
45	遵义医药高等专科学校	4152014011	遵义市	专科	
46	贵阳职业技术学院	4152014129	贵阳市	专科	
47	毕节职业技术学院	4152014198	毕节市	专科	
48	贵州职业技术学院	4152014252	贵阳市	专科	
49	贵州盛华职业学院	4152014371	黔南布依族苗族自治州	专科	民办
50	贵州工商职业学院	4152014412	贵阳市	专科	民办
51	贵州幼儿师范高等专科学校	4152014469	贵阳市	专科	
52	铜仁幼儿师范高等专科学校	4152014470	铜仁市	专科	
53	黔南民族幼儿师范高等专科学校	4152014497	黔西南布依族苗族自治州	专科	
54	毕节医学高等专科学校	4152014499	毕节市	专科	

续表

序号	学校名称	学校识别码	所在地	办学层次	备注
55	贵州建设职业技术学院	4152014516	贵阳市	专科	
56	毕节幼儿师范高等专科学校	4152014538	毕节市	专科	
57	贵州农业职业学院	4152014549	贵阳市	专科	
58	贵州工程职业学院	4152014558	铜仁市	专科	民办
59	贵州工贸职业学院	4152014559	毕节市	专科	民办
60	贵州水利水电职业技术学院	4152014577	贵阳市	专科	
61	贵州电子商务职业技术学院	4152014578	贵阳市	专科	
62	贵州应用职业技术学院	4152014579	黔南布依族苗族自治州	专科	民办
63	贵州电子科技职业技术学院	4152014580	贵阳市	专科	
64	贵州装备制造技术学院	4152014613	贵阳市	专科	
65	贵州健康职业学院	4152014614	铜仁市	专科	
66	贵州食品工程职业学院	4152014615	贵阳市	专科	
67	贵州经贸职业技术学院	4152014616	黔南布依族苗族自治州	专科	
68	贵州护理职业技术学院	4152014617	黔南布依族苗族自治州	专科	
69	六盘水幼儿师范高等专科学校	4152014630	六盘水市	专科	

续表

序号	学校名称	学校识别码	所在地	办学层次	备注
70	毕节工业职业技术学院	4152014648	毕节市	专科	
71	贵州机电职业技术学院	4152014733	黔南布依族苗族自治州	专科	
72	贵州财经职业学院	4152014734	贵阳市	专科	
73	贵州民用航空职业学院	4152014735	安顺市	专科	民办
74	贵州文化旅游职业学院	4152014769	贵阳市	专科	
75	贵州航空职业技术学院	4152010963	贵阳市	专科	
76	贵州铝厂职工大学	4252050962	安顺市		成人高校
77	贵州机械工业职工大学	4252050965	贵阳市		成人高校
78	贵州开放大学	4252051352	贵阳市		成人高校

资料来源：中华人民共和国教育部网 https://hudong.moe.gov.cn/qgcrmd/。

二、问卷调查设计

本课题组在查阅相关文献资料的基础上，结合课题组相关成员的讨论，编制完成"全媒体时代高校网络意识形态调查"问卷，为了数据的全面性，设计内容如下。

（一）样本描述（$N=2239$）

本课题组选取了贵州八所高校（含贵州大学、贵州师范大学、贵州医科大学、贵州财经大学、贵州民族大学、安顺学院、遵义师范学院、凯里学院）共计2500名师生作为调查对象，其中教师有470人，学生有2030人。

共发放调查问卷 2500 份，截至 2021 年 12 月，共收集问卷 2274 份，其中有效问卷 2239 份，有效样本回收率 98.5%，符合研究要求。

表 2-2　样本的基本情况分析

变量	描述	频次	占比（%）
性别	男	929	41.5
	女	1310	58.5
政治面貌	中共党员	57	2.5
	团员	1380	61.6
	民主党派	1	0.1
	群众	801	35.8
民族	汉族	1689	75.4
	少数民族	550	24.6
户籍所在地	城市	514	23.0
	农村	1725	77.0
在校师生	教师	455	20.3
	大学生	1784	79.7
宗教信仰	不信教	2149	96.0
	信教	90	4.0
年龄	16~25 岁	2091	93.4
	26~40 岁	131	5.9
	41~60 岁	17	0.8

在本次样本选取当中，有效样本共计 2239 份，其中男性占比 41.5%，女性占比 58.5%；中共党员的占比 2.5%，团员身份的占比 61.6%，群众身份的占比 35.8%；就民族分布状况来说，少数民族占比 24.6%，汉族占比 75.4%；户籍所在地为农村的占比 77.0%，城市的占比 23.0%；在校师生

中，教师占比 20.3%，大学生占比 79.7%；就宗教信仰状况来看，无宗教信仰的占比 96.0%，有宗教信仰的占比 4.0%；年龄在 16~25 岁的占比 93.4%，26~40 岁的占比 5.9%，41~60 岁的占比 0.7%（见表 2-2）。

（二）调查内容

问卷调查内容主要分为五个板块。1. 全媒体时代高校主流意识形态供给力状况。该部分主要涉及高校网络环境、网络言论、法律法规和马克思主义意识形态话语权等内容。2. 全媒体时代高校网络意识形态风险防控力状况。该部分调研内容涉及影响高校网络意识形态风险防控力的各种因素、政府在意识形态方面发挥的作用、广大师生对网络意识形态的态度和网络受众价值观念、理想信念、网络心理等。3. 全媒体时代高校网络意识形态面临的机遇与挑战状况。该部分主要有高校网络意识形态的传播内容、传播途径和影响传播的因素等。4. 全媒体时代高校主流意识形态建构力状况。该部分主要分析调研网络舆情、网络媒体、网络群体等内容。5. 全媒体时代高校网络意识形态总体状况。该部分内容包括全媒体时代高校主流意识形态工作者和工作队伍建设情况、校园网络文化环境、网络党建、网络德育和主流意识形态教育平台等。

第二节　全媒体时代高校网络意识形态调查结果分析

随着全媒体时代的到来，经济市场化、政治民主化、文化多样化和网络信息化的不断深入，我国主流意识形态也面临着新的机遇和挑战，高校是广大青年师生聚集的地方，是主流意识形态宣传的重要阵地。本次调查选取贵州八所高校师生网民进行调查，相关调查结果分析如下。

一、高校师生在政治认同、网络素养、网络传统文化、网络教育方式、意识形态治理、网络生活等方面的状况分析

通过调查得知，高校师生在政治认同、网络素养、网络传统文化、网络

教育方式、科研水平、意识形态治理、网络生活方面总体状况比较乐观，但也存在一些值得注意的问题。

（一）高校师生政治认同感强

在当今的全媒体时代，国与国之间的意识形态斗争显得更为激烈，也以更隐蔽更持久的手段进行博弈。可以说，当今世界大的政治环境纷繁复杂，各个国家为了应对政治、经济、文化、社会、生态各种领域带来的风险和挑战，首先必须做的就是增强国民的政治认同感，特别是广大青年对国家的政治认同。青年大学生是西方敌对势力对我国进行意识形态渗透分化的重点人群，青年大学生的政治认同关系到执政党长期执政的稳固与否，也关系到各个国家的前途与命运。从此次调查数据分析可以看出，高校师生对中国的发展有强烈的政治认同感。例如，在问及"您目前比较感兴趣的理论有哪些？"（多选）这一问题时，调查对象对中国特色社会主义和人类命运共同体理论最感兴趣，分别占比79%和65%（见图2-1），其中认为习近平新时代中国特色社会主义思想在网络意识形态领域中占有优势的高达97%（选择"优势很大"的高达62%"有一点优势"的占35%）（见图2-2）。

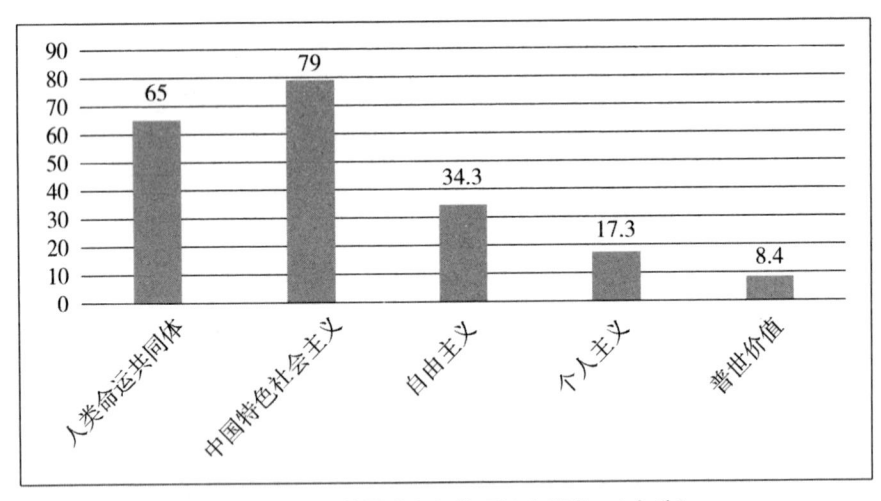

图2-1 您目前最感兴趣的理论有哪些？（多选）

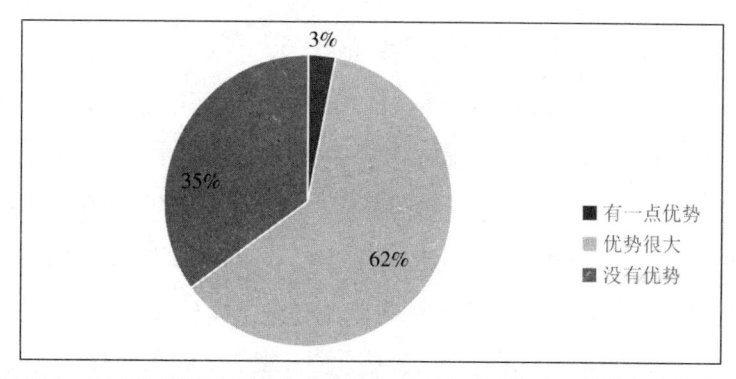

图 2-2 习近平新时代中国特色社会主义思想在网络意识形态领域的优势

又如，在问及"当谈及我国社会制度、政治、文化时，会自豪吗？"（多选）其中，就"制度"内容而言，调查样本回答"是"的共1506人，占比67.3%；就"政治"内容而言，调查样本回答"是"的共1560人，占比70.0%；就"文化"内容而言，调查样本回答"是"的共1897人，占比84.7%（见图2-3）。

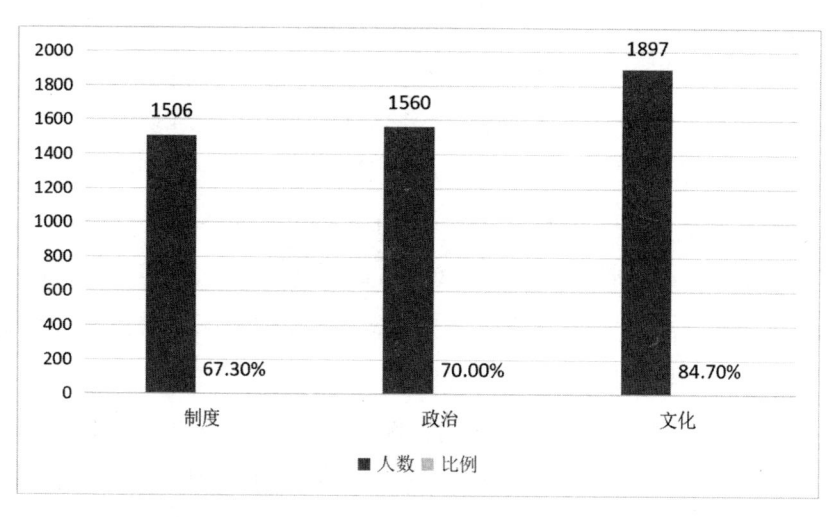

图 2-3 当谈及我国社会制度、政治、文化时，会自豪吗？（多选）

由此可见，在全媒体时代，高校师生上网人数多，对中国社会主义制度、道路、理论、文化有较高的认可度，总体上有与国家发展相一致的价值观念和政治信仰，表现出较强的政治认同感。

(二) 高校师生网络意识形态素养较高

高校青年学生是我国网民群体中的主力军，CNNIC 第 49 次《中国互联网络发展状况统计报告》数据显示，在我国网民群体中，学生群体位居第一，占比为 21%，而从网民年龄结构来看，"截至 2021 年 12 月，20~29 岁、30~39 岁、40~49 岁网民占比分别为 17.3%、19.9% 和 18.4%，高于其他年龄段群体"[①]。青年师生是民族复兴的基础，是国家的希望，中国共产党历来把青年视为推动社会历史进步的重要力量，视广大青年为社会主义事业后继有人的重要保证。在西方"温水煮蛙"式的意识形态渗透下，广大青年师生更需要有敏锐的洞察力、缜密的判断力，对于网络信息，不盲目跟风、不信谣不传谣，事事讲求证据，特别是关于网络意识形态的话题，更应保持清晰而敏捷的头脑，谨慎对待，不盲目转载，不妄加评论，不给西方敌对势力任何一个利用的机会，坚决维护我国利益，不容任何敌对分子利用负面信息影射和诋毁我国社会主义意识形态。

本次调查分析得出：高校大部分师生在面对网络意识形态、各种垃圾信息和海量民意等问题时，拥有正确的是非判断辨别能力，能选择积极的、健康的价值观念。例如，在面对网络意识形态时，选择"理性地认识问题"占 82.5%，"谨慎地思考问题"占 77.4%，"谨慎地发表言论"占 74.4%，"坚持道德底线"占 67.4%（见图 2-4）。面对网络上的各种诱惑信息，选择"经常都会"加强鉴别与选择的占 62%，选择"有时会"加强鉴别与选择的占 31%（见图 2-5）。面对海量的信息表达，有 73% 的人会对信息进行筛选和分析，而"跟帖"的仅占 6%（见图 2-6）。同时，针对当下网民是否存在"轻信谣言"这一问题，有 66.8% 的人选择"否"，对于当下网民是否存在"没有正气"的问题，持"否"的比例为 64.8%。通过以上数据可以看出，高校师生有较强的网络文明意识，有较高的网络素养。在"人人都是麦克风"的全媒体时代，网络文明的建立和守护需要高校师生网民有较高的网络

---

① 中国互联网络信息中心. 第 49 次《中国互联网络发展状况统计报告》[R/OL]. [2022-02]. http://www.cnnic.net.cn/hlwfzyj/hlwxzbg/hlwtjbg/202202/t20220225_71727.htm.

素养，在海量信息时代，也需要高校师生网民不断增强自身的分辨力，始终以马克思主义来引领我们前进的方向。

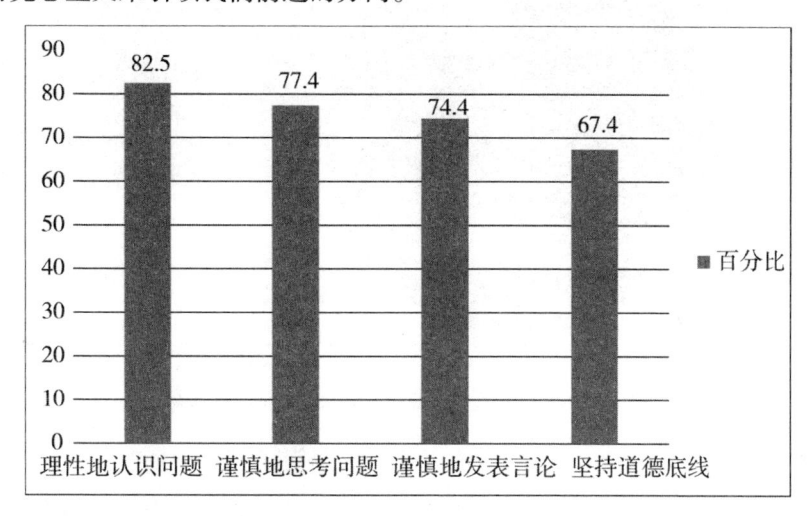

图 2-4　面对网络意识形态，您是什么态度？（多选）

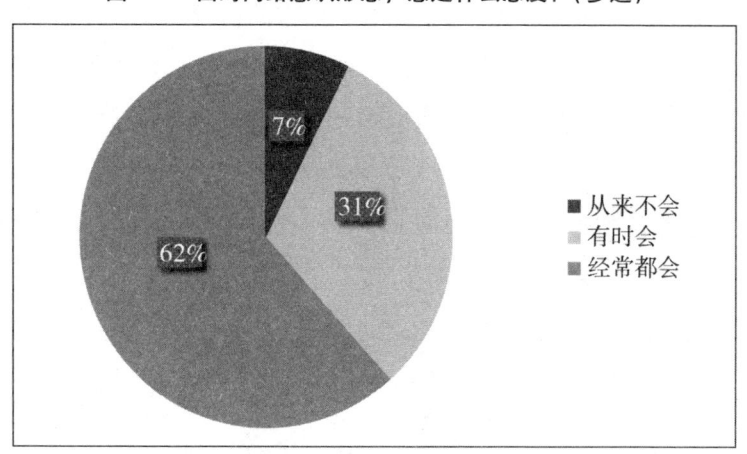

图 2-5　面对网络上的垃圾信息，您是否会加强鉴别与选择的能力？

（三）网络领域的优秀传统文化内容有待进一步丰富

要坚定广大师生网民对中华优秀传统文化的自信，除了弘扬和宣传我国的红色革命文化和社会主义先进文化外，还需大力弘扬和挖掘我国优秀传统文化。我国是一个由 56 个民族组成的大一统国家，各个民族都有自身的文化特色，正是由这些各具特色的文化构成了博大精深的中华优秀传统文化。

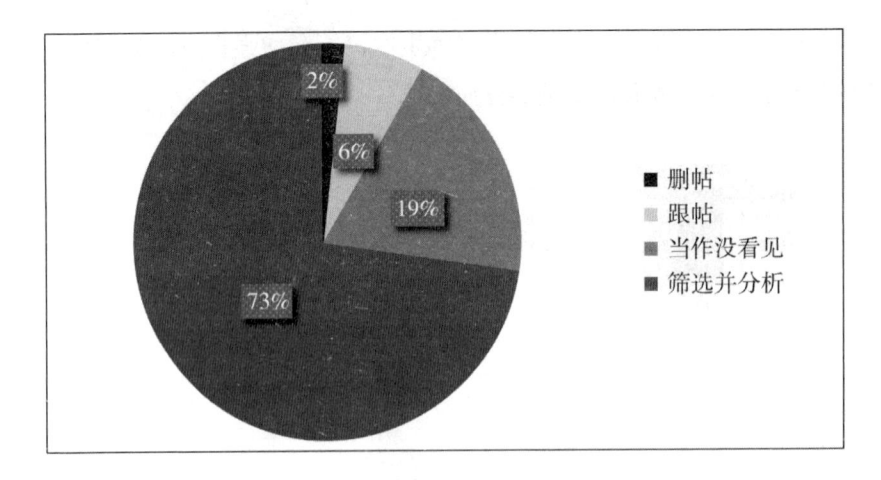

图 2-6　面对海量的民意表达，您如何进行选择？

随着信息时代的到来，文化的交流方式不再局限于面对面的交流传播，而是借助网络以大容量、高速度的方式传播。在这一传播过程中，不免会鱼龙混杂，特别是随着经济全球化序幕的拉开，西方的消费主义、拜金主义、享乐主义、利己主义等糟粕思想也随之渗入网络，这些外来糟粕无疑会对我国优秀传统文化在网络领域中的影响力形成一定的冲击。如通过对调查数据的分析发现，当今网络文化中，消费购物和流行文化分别占比82.0%和75.0%，远远超过中华优秀传统文化所占的比例39.7%（见图2-7）。

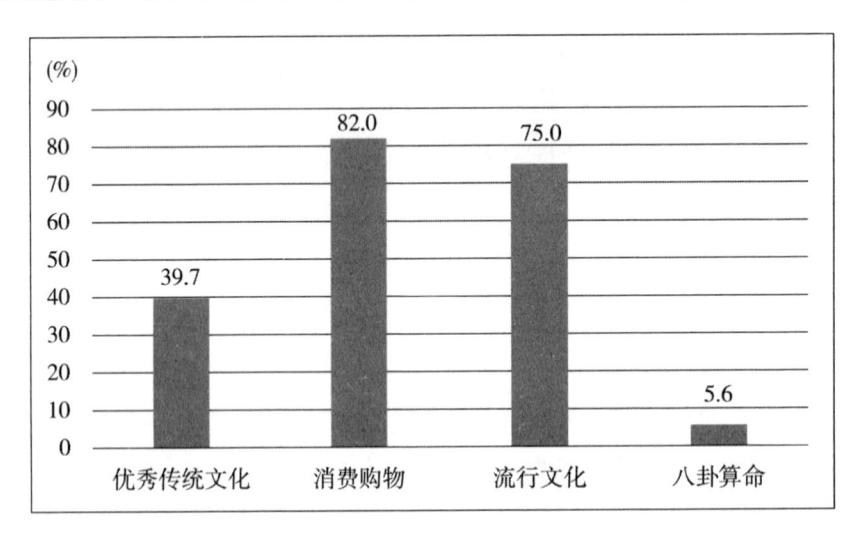

图 2-7　中华优秀传统文化在网络上的丰富程度（多选）

网络领域的文化渗透正是西方敌对分子对我国进行"和平演变"的一种手段,西方消费主义、拜金主义、享乐主义、利己主义等糟粕在网络意识形态领域犹如一个个毒瘤,必须除之而后快。邓小平曾经指出:"西方国家正在打一场没有硝烟的第三次世界大战。所谓没有硝烟,就是要社会主义国家和平演变。"[1] 美国前国家安全事务助理布热津斯基为实现"和平演变"的图谋,一意孤行,苦心设计一套又一套阴谋,其中"文化殖民"的战略是其一贯伎俩,其意图就是要用美国文化开路,让美国的价值观念逐步渗透中国,使中国人最终放弃共产主义信仰信念,沦为美国的附庸。文化是改变人的价值观念、道德取向、思维习惯的最佳、最隐蔽的方式。在网络领域中,要加强中华优秀传统文化对国民精神的影响力和中华民族的凝聚力,党、政府、高校意识形态工作者就要加大中华优秀传统文化的宣传力度,鼓励高校师生网民深度挖掘各具特色的中华优秀传统文化,营造以传播优秀传统文化为荣的氛围,教导高校师生网民自觉抵制西方的不良文化思潮。优秀传统文化能帮人拨开笼罩在眼眸上的那层资本薄纱,还能助人以睿智的眼光看到世界的本真,正所谓"以史为鉴,可以知兴替"。在网络世界中,优秀传统文化更应该得到大力宣传,像《朗读者》《中国诗词大会》《中国汉字听写大会》等节目更应该得到追捧,而非盲目追随网络流行文化。

(四)高校思想政治教育课堂需要线下与线上相结合

高校思想政治教育课堂是大学生接受社会主流意识形态的重要载体。在同一课堂上,个体对主流意识形态的认同程度有深有浅,在进行内在转化的过程中还需要经历认知认同、情感认同、信念认同、意志认同和行为认同等不同阶段。如果思想政治教育工作者没有为学生建立起对社会主义意识形态的认知认同,那么学生就很难将主流意识形态进行内在转化。

调查数据显示,高校有约52%的学生认为思想政治教育教师上课以学生为主体、将理论与实践进行了充分结合,也与学生进行了充分的互动(见图2-8)。但是经过对师生访谈得知,目前思想政治教育课堂大多数仅限于线下,在2020—2022年新冠肺炎疫情防控期间,通过网络进行思想政治课教学

---

[1] 邓小平. 邓小平文选:第3卷[M]. 北京:人民出版社,1993:344.

的教师仅占 56.4%，其中部分教师不能很好地利用网络新媒体软件进行线上授课，对学习通、腾讯课堂、慕课、翻转课堂、分课堂尚缺乏充分的了解与运用，师生间的线上互动较少。

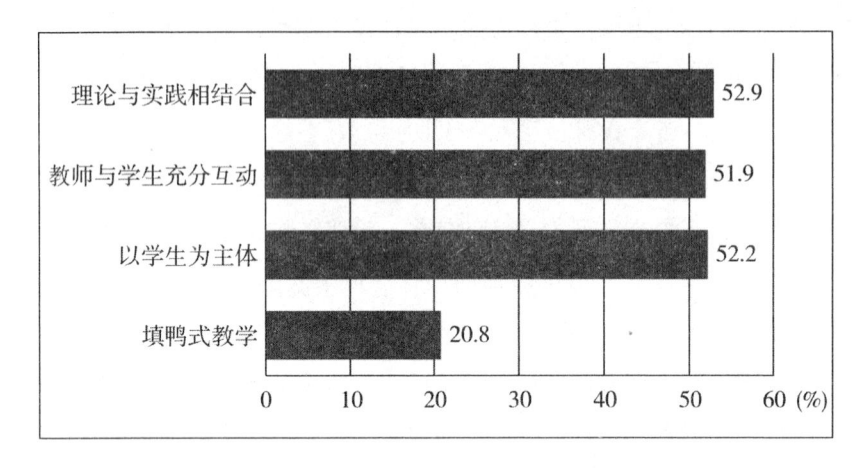

图 2-8 您所在学校思政教师上课方式有哪些？（多选）

- 理论与实践相结合 52.9
- 教师与学生充分互动 51.9
- 以学生为主体 52.2
- 填鸭式教学 20.8

在全媒体时代，西方的各种思潮如个人主义、拜金主义、享乐主义等见缝插针地对高校师生网民进行思想渗透和"洗脑"。因此，为保护好高校青年师生的思想不受外来思潮的侵蚀，高校思想政治教育工作者必须将我国主流意识形态的相关理论讲得有广度和深度，不仅要与社会实践相联系，还要使思想政治课进网络，实现线下与线上相结合，对症下药。

（五）高校网络意识形态治理总体态势良好，但师生对部分网络法规知晓度较低

全媒体时代，互联网已成为思想文化信息的集散地和社会舆论的放大器，互联网的广泛普及使得无人不上网、无时不上网、无地不上网的现象不再新鲜。在互联网普及率较高的时代里，要保证主流意识形态在高校网络领域中占有主导地位，离不开高校意识形态工作相关部门对网络意识形态的全面治理。在我国网络大千世界中，网络意识形态中的主流意识形态和非主流意识形态势必进行一番较量，如若高校相关部门对网络意识形态领域监管不力、治理不严，那将对社会主义现代化建设和中华民族的复兴进程造成影响。习近平总书记曾着重强调，"在互联网这个战场上，我们能否顶得住、

打得赢，直接关系我国意识形态安全和政权安全"①。要确保高校网络意识形态的安全，一方面要严格治理网络意识形态领域，凸显出主流意识形态的地位。通过此次调查数据发现，我国高校网络意识形态治理总体态势良好，对有损社会主义建设的言论和思想进行了处理与屏蔽，如有89.4%的师生表示在网络上未曾接触过"政府不值得被信任"的言论，超过93%的师生表示未接触过"国有企业没有存在的价值，必须私有化"和"马克思主义已经过时"的言论，对"道德一文不值""善恶无关紧要"的言论表示从未接触过的分别占比87.0%和84.4%（见图2-9）。

言论	是	否
都未听说过	42.7	57.3
善恶无关紧要	15.6	84.4
政府不值得被信任	10.6	89.4
色情暴力	31.8	68.2
道德一文不值	13.0	87.0
一切向钱看	41.0	59.0
国有企业没有存在的价值，必须私有化	6.3	93.7
马克思主义已经过时	6.9	93.1
西方的就是最好的	20.1	79.9

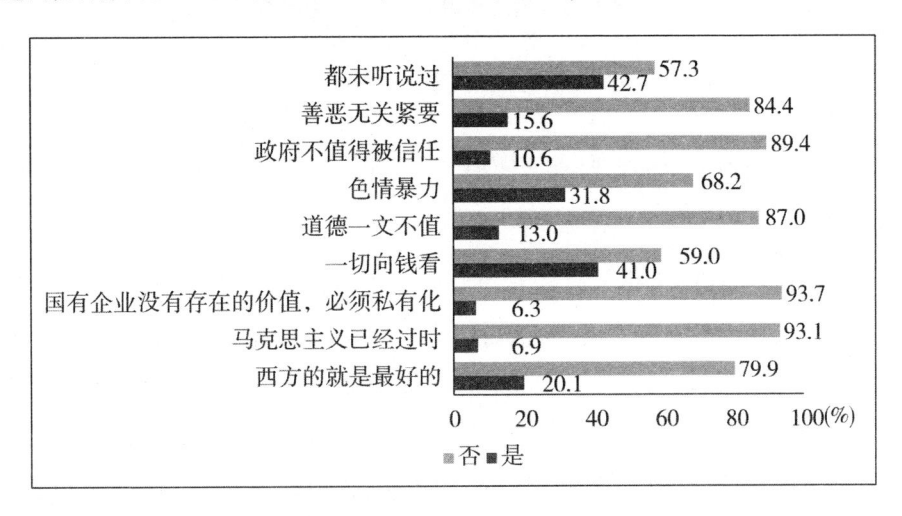

图2-9 您在网络上是否接触过以下言论？

另一方面高校网络意识形态治理也离不开网络法律的监管。此次调查结果显示，高校师生对《中华人民共和国安全法》的知晓度最高，占比82.2%，但对《涉及国家秘密的计算机信息系统分级保护管理办法》《信息安全等级保护管理办法》等相关法律及条例知晓度较低，分别占比30.2%、40.0%（见图2-10）。

网络是一个大熔炉，特别是在网络意识形态领域，治理和监管稍有松懈，各种非主流意识形态就会一股脑儿迸发，抢先占领网络意识形态阵地。

---

① 中共中央宣传部. 习近平新时代中国特色社会主义思想学习纲要［M］. 北京：学习出版社，人民出版社，2019：151.

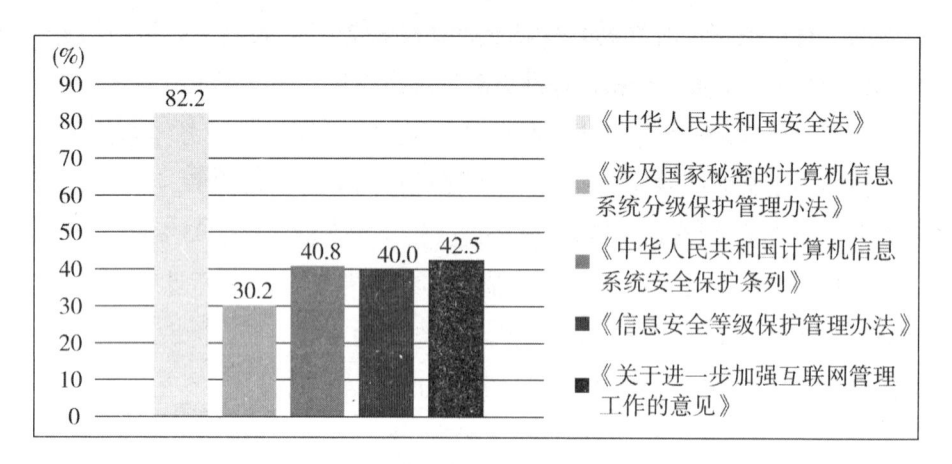

图 2-10 您听说过哪些网络方面法律法规？（多选）

由此，加强网络意识形态监管，使更多高校师生熟悉并知晓网络法律法规，迫在眉睫。

（六）大学生网络生活偏娱乐化，马克思主义理论学习有待提高

随着互联网技术的发展，人们的生活发生了翻天覆地的变化，在"互联网+"的时代里，人人都是信息生产者和消费者，过去传统的由官方媒体进行信息生产的时代已经一去不复返了，如今，以微视频传播信息的方式得到了高校师生网民的喜爱。微视频传载的内容丰富，方式多样，如抖音 App 便是微视频的最大集结地之一。抖音官方数据显示，2020 年 1 月抖音用户超过 4 亿，较上年同期的 2.5 亿，增长了 60%。在此次调查中还发现，高校师生每天在网络视频中花费的时间较多，占比 35.4%；其次是网络聊天，占比 31.5%；观看新闻花费的时间最少，占比 14.7%（见图 2-11）。

高校师生网民除了喜欢微视频外，对搞笑式内容也比较青睐。调查中发现，平时上网以浏览搞笑式信息为主的人群最多，占比 51.4%，时事政治和科普类信息次之，分别占比 34.3% 和 34.0%，以浏览马克思主义为主的最少，仅占比 7.7%（见图 2-12）。而网络聊天、微视频及搞笑式内容都侧重生活化、娱乐化。

除此之外，微信成为高校广大师生的首选 App。在问及"您平时获取网络信息的途径有哪些？"这一问题时，选择微信公众号的居首位，占比

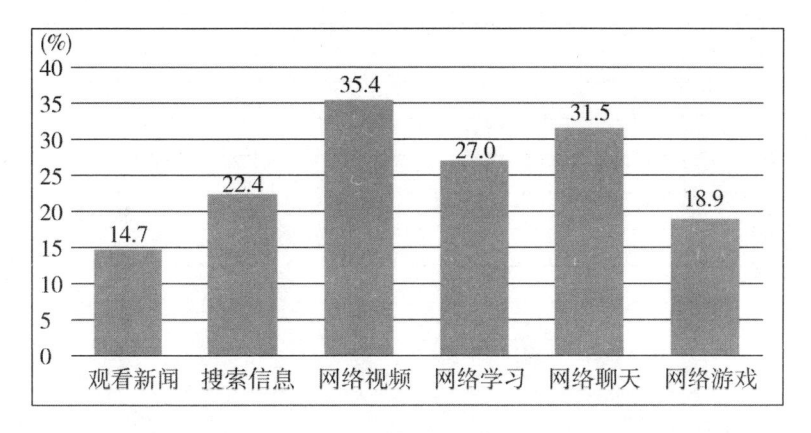

图 2-11 您每天上网时在哪些方面花费的时间最多？（多选）

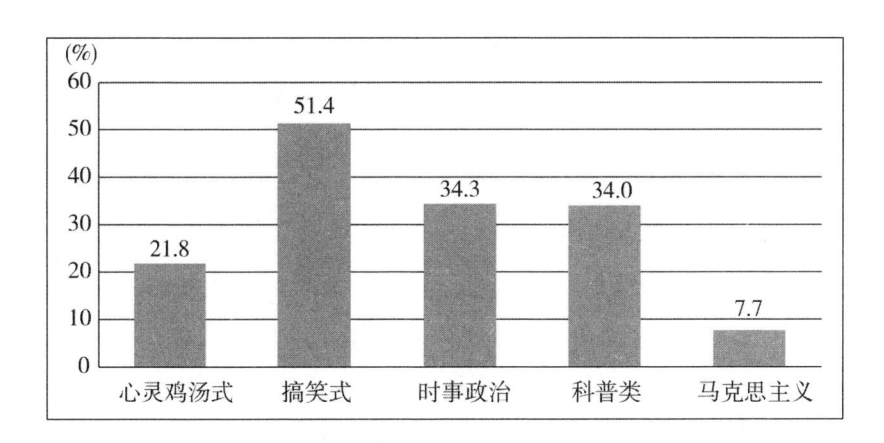

图 2-12 您平时上网主要浏览的信息有哪些？（多选）

71.5%，其次是 QQ 空间，占比 61.5%（见图 2-13）。

校园跟帖和校园微博是校园文化建设的重要一环，在高校网络意识形态建设中有着重要作用。如图 2-13 所示，在高校师生获取信息的途径中，校园微博和校园跟帖分别占 27.8%、34.1%。在众多高校中，学校微信公众号是进行马克思主义网络意识形态教育的重要载体，当今时代 90% 以上的智能手机都覆盖了微信 App。据统计，截至 2020 年第一季度末，微信每月活跃用户已达到 5.49 亿，用户覆盖 200 多个国家，关注公众号的占比 79.3%，如此庞大的微信用户群体，更不失为网络主流意识形态的传播工具。

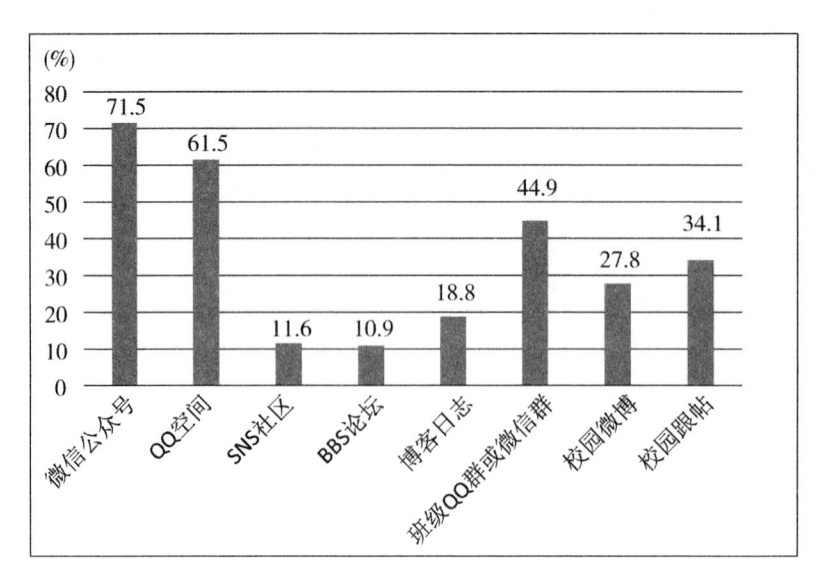

图 2-13 您平时获取网络信息的途径有哪些？（多选）

二、当前西方国家利用全媒体在高校进行意识形态渗透状况的分析

当今世界和平与发展虽是主流，但社会主义和资本主义意识形态的对立并未终结，敌对势力"西化""分化"我国的战略图谋未曾放松过一刻①，"意识形态领域看不见硝烟的战争无处不在，政治领域没有枪炮的较量也一直未停"②。随着全球化的深入发展和互联网技术的进步，西方敌对势力更加趋向于利用全媒体对我国意识形态进行全方位渗透。从本次调查情况可知，当前西方敌对势力瞄准中国高校这一战略阵地和师生人群，展开了西方话语和反马克思主义渗透，其渗透手段更具有长期性、隐蔽性、多样性和日常生活化的特点。

（一）西方意识形态向高校渗透的方式具有长期性

20 世纪 50 年代美国就兴起了"意识形态终结论"热潮，之后，"历史

---

① 中共中央文献研究室. 习近平关于青少年和共青团工作论述摘编［M］. 北京：中央文献出版社，2017：17-18.
② 中共中央文献研究室. 习近平关于社会主义政治建设论述摘编［M］. 北京：中央文献出版社，2017：18.

<<< 第二章 全媒体环境下高校网络意识形态的现状调查

终结论""文明冲突论"等在世界范围内蔓延,这些观念无不侵蚀部分人的思想。在现今的全媒体时代,西方的意识形态渗透手段没有半点弱化,而且更具有挑战性和长久性。在此次的调查中发现,有69.8%的师生认为西方意识形态渗透、文化入侵的方式具有长期性,认为不具有长期性的仅占30.2%(见图2-14)

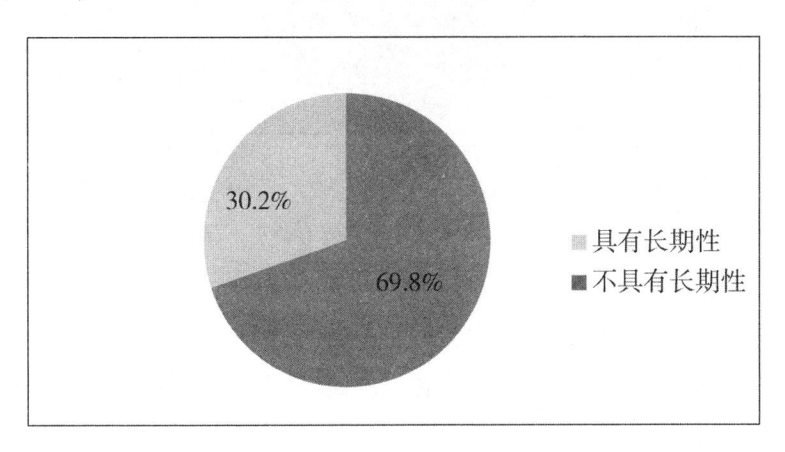

图2-14 西方意识形态渗透、文化能透的方式是滞"具有长期性"

虽然当代意识形态工作的环境、条件、对象都发生了极大的变化,但西方敌对势力对我国的意识形态渗透的目的并没有变化,反而会借助全媒体以更先进的手段进行资本主义意识形态的长期渗透。据统计,美国的社交媒体应用程序至少在全球86个国家和地区占绝对领先地位,占比达到88%[①],这就促使美国等西方敌对势力能更容易、更方便地向全球输出他们的意识形态。

(二)西方意识形态向高校渗透的手段更加隐蔽化

随着新媒体的快速发展,一些非马克思主义的思想意识野蛮滋长。根据此次调查发现,有73.4%的师生认为反马克思主义意识形态向高校网络渗透、在媒介传播手段上有"直接渗透转为隐形渗透"的变化(见图2-15)。

---

① 来向武,赵战花. 国际社交媒体传播:基于使用率的信息控制与舆论影响[J]. 国际新闻界,2019(12):157.

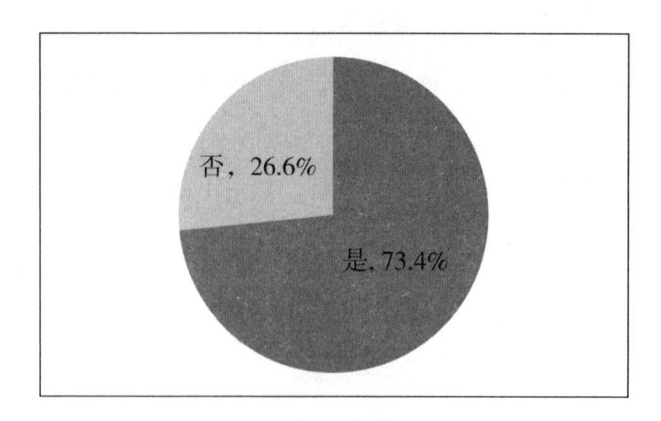

图 2-15　您认为西方意识形态向高校网络渗透有
"直接转为隐形"的变化吗？

究其原因，随着中国综合国力的不断提升，西方国家的焦虑情绪肆虐蔓延，"中国威胁论""中国责任论"出笼，同时在我国高校大力加强主流意识形态教育的情况下，以往西方国家线下的意识形态直接渗透开始不得人心。于是乎，以美国为首的西方大国就开始将意识形态渗透的手段从表面转为隐形，如通过资本将赋有"个人主义""英雄主义"色彩的电影、书籍等文化传入中国；将"消费主义""享乐主义"植入中国市场。特别是苏联解体和东欧剧变后，西方敌对势力体验到了和平演变的威力和渗透意识形态的甜头后，更是全力对付中国，从最初对中国的敌视丑化到"和平演变"，再到"战略围攻"，无不体现出其咄咄逼人的气势。在当今的互联网时代，西方敌对势力意识形态渗透的手段更是防不胜防，美国前国务卿希拉里曾提出："互联网是加速政治、社会和经济变革的巨大力量。"① 因而，西方敌对势力不再仅仅通过"以触促变"的方式演变中国，而是一边从中国附近的邻国、边界不断挑起领土争端、民族争端，散播"中国威胁论""中国侵略论""中国搭便车论"等谬论，又一边利用互联网在中国堆砌"文化景观"，所谓"文化景观"，实质是西方的"意识形态景观"，其目的就是以一种润物细无声的方式输送西方的价值观念，重构中国

---

① 李艳艳. 美国网络意识形态输出战略没有变 [J]. 红旗文稿，2017（12）：9.

大众特别是青年大学生的人生观、世界观、价值观。如美国不断向中国出口的好莱坞大片，这些大片无一例外都是在传播美国是世界人民的救星，为了各国人民的利益、为了维护全球秩序理应成为世界各国的领袖等美国价值观念，再通过运用各种媒体技术，把美国价值观更加立体化、生动化、形象化地展示给中国观众，特别是年轻一代的大学生，使之在对影片的自我陶醉中被美国文化价值观"洗脑"。西方敌对势力除使用"输出"手段外，还使用"就地培植"手段，即以充足的资金，多样化的形式，在广泛的领域加大培植为西方服务的"代理人"，利用这些"代理人"将"美国声音"零距离在中国传播，如渗透在高校、科研院所领域的"专家型代理"，然后通过课堂教学、讲座报告、理论研讨、文章著作、决策咨询等，传播并美化西方制度和价值的学术思想，企图影响高校师生的价值观念，瓦解他们的民族认同和政治认同。

（三）西方意识形态向高校渗透的渠道更趋向于日常生活化

目前，西方敌对势力为了鼓吹各种西方不良社会思潮以否定中国特色社会主义，将各种西方价值观念渗透到广大网民的日常生活中，特别是渗透到高校广大师生网民中。一方面，西方敌对势力利用西方国家在国际学术界的主导权和网络空间的信息霸权，诱导部分意见人士用"西方价值观"来剖析当代中国政治、经济、文化领域面临的发展难题；另一方面，利用基金资助、会议邀请、留学培训、著作出版、论文发表等手段，诱使部分高校师生构建对"西方理论"的高度认同。西方敌对势力除使用"学术手段"外，还有热点炒作。例如，2021年持续发酵的"抵制新疆棉"[①]事件，敌对分子打着人权旗号，意图破坏我国经济的发展和社会的稳定。根据此次调查，73.4%的人都认为反马克思主义意识形态在网络渗透、媒介传播方式上有偏向日常生活化的变化（见图2-16）。

[①] 陈慧娟. 我国治疆方略推动人权事业发展进步：聚焦2021年新疆智库论坛暨人权问题学术研讨会［N］. 光明日报，2021-12-28（3）.

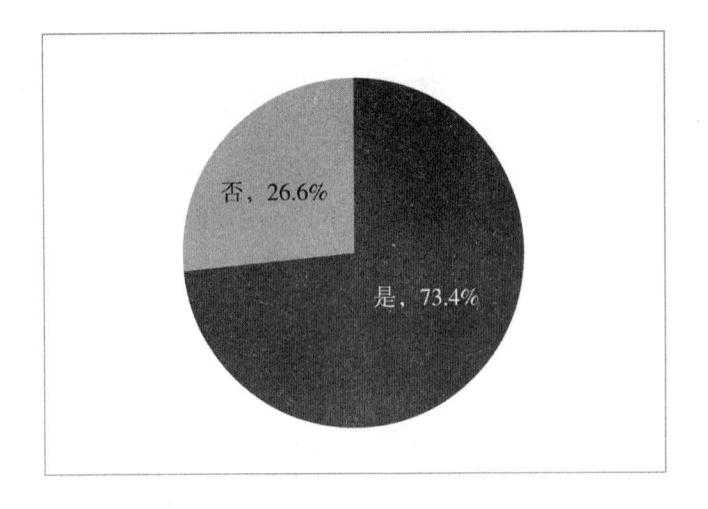

图 2-16 您认为西方意识形态向高校有"渗透方式日常生活化"的变化吗？

三、高校师生在媒介受众心理、空间感受、参与角色、价值冲击、归属意识方面状况分析

在全媒体时代，每个人既是信息的发布者，又是信息的传播者，也是信息的接受者，信息的发布者与受众者不再是单向关系，而是双向甚至多向的关系，在这个多向互动的过程中，充斥着各种各样的信息，势必对网民产生积极或消极的影响。通过对数据的分析发现，高校师生在媒介受众心理、空间感受、参与角色、价值冲击和归属意识方面出现了新的变化。

（一）高校师生媒介受众心理总体良好，但部分受众具有模仿、从众、重复、盲目的心理

媒介即信息，是一种包含着音频、文字、图像等能够传输的符号。受众是指对大众传媒信息接收者的总称，具体包括听众、读者、观众等人群，他们往往能决定传播媒介、传播内容甚至传播者本身的发展前途，传播活动离开了受众，就失去了方向和目的，就不能继续开展下去。媒介受众心理本质上是受众对媒介的一种社会心理反映，是社会意识的呈现，具有选择性、自发性。

调查分析发现，高校学生的媒介受众心理总体良好。高校绝大部分学生

都有正确的心理认知,比如,在问及是否存在模仿、从众、重复、盲目的心理或行为方式时,有52.8%的学生都不存在这些心理或行为方式,而存在这些心理或行为方式的学生中,从众心理或行为方式相对较多,占比28.9%(见图2-17)。

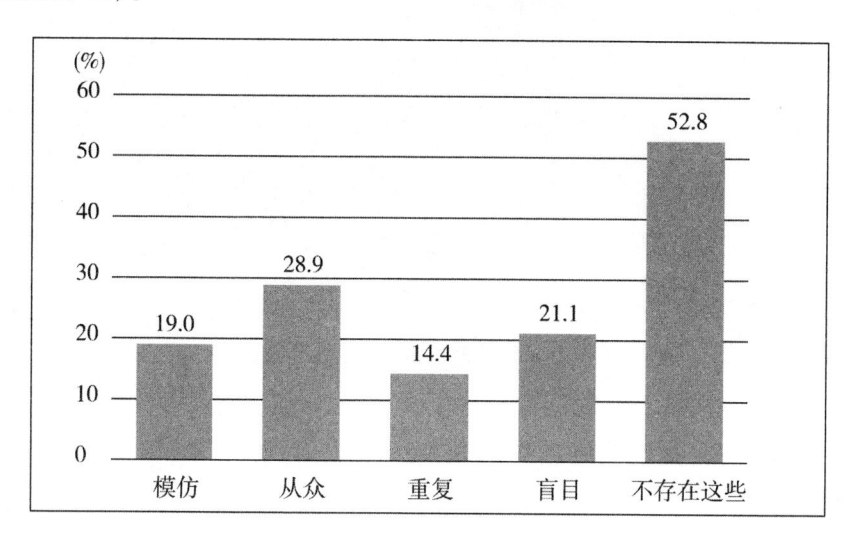

图2-17 您存在以下心理或行为方式吗?(多选)

又如,在问及"您认为网络群体有哪些心理特征"的回答中,认为网络群体从众心理强的占72.6%(见图2-18)。在全媒体时代,网民的从众心理犹如一把"双刃剑",一方面如果受众面对的是一些好的"意见领袖",则能被赋予正能量,有利于网络主流意识形态传播;另一方面如果是一些敌对势力的"意见领袖",他们在一定程度上掌握了网络舆论场上的话语优势,能够利用网民的从众、跟风、粉丝心理,故意制造一些对信息传播有利的假象,从而加大网络主流意识形态的认同难度。此外,网络虚拟群体中还存在部分极端批判主义者。如,在网络虚拟群体调查中,认为网络群体有批判极端化心理的占比46.5%(见图2-18),这类群体看问题往往片面化,不能辩证地去分析问题,也极易被敌对势力所利用,当一些敌对势力制造出对中国的某些负面言论时,极端批判主义者就极易被煽动。因此,在全媒体时代,除了广大受众群体要有正确的上网原则和较强的网络自律性外,广大媒体特别是主流媒体还需对受众群体的心理进行疏导。

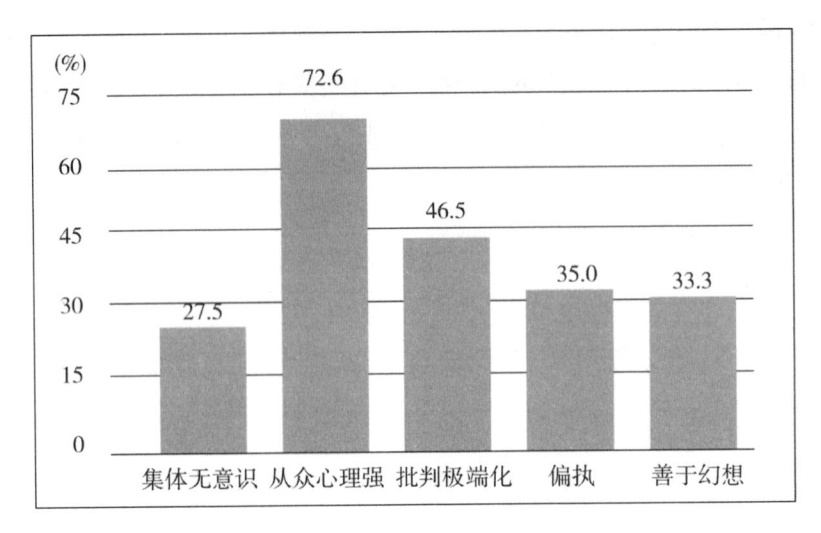

图 2-18　您认为网络群体有哪些心理特征？（多选）

（二）空间环境总体感受良好，但体现出个体差异性

全媒体视域下的空间已不同于传统意义上的无生命的静止的物质存在，而是有生命的运动的社会存在，它包含着大量复杂多样的思想斗争与信息争夺，即既有政治方面（如领土、主权等）和经济方面（如物质资源、市场等）的争夺，又有意识形态方面（如思想、价值观念等）的争夺。空间感受是对多种力量在空间中较量后的反应，根据个人习得经验的不同，反应也具有差异性。对高校师生的调查数据显示，高校师生认为当下网络环境还可以的占53.5%，认为比较清朗的占27.5%，说明高校师生对当前网络空间环境的感受良好，但也存在个体差异。众所周知，在全媒体时代，网络空间成为敌我双方竞争激烈的前沿地带，随着网络技术的高速发展和网络的广泛普及，网络空间中的意识形态建设更应引起高度重视。调查发现，目前认为党的意识形态在网络空间中话语权很强的占33.5%，话语权较强的占43.6%，话语权较弱的占19.8%，认为没有话语权的占3.1%（见图2-19）。由此可知，高校师生对社会主义意识形态话语权的空间感受总体上较强。网络空间具有复杂性、不确定性、开放性和公共性，只有高校师生网民对网络空间感受良好，才更有利于社会主义意识形态在网络空间中的建设。

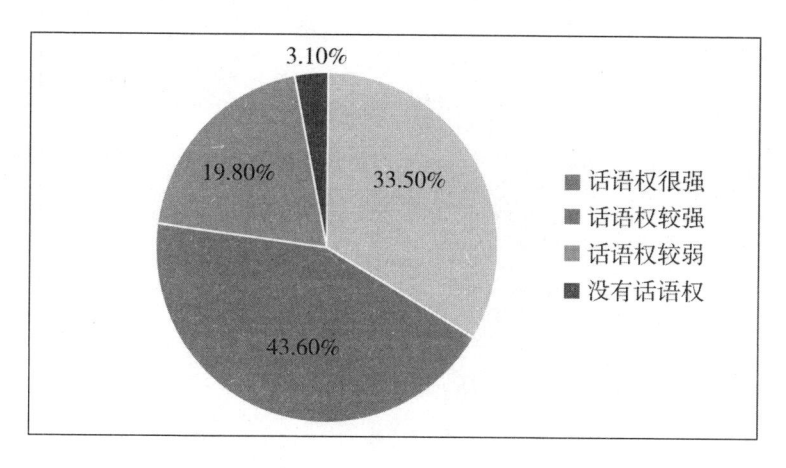

图 2-19　党的意识形态在网络空间中如何？

（三）师生网民的角色参与对价值认同影响有待加强

网络空间的价值认同，具有虚拟性、公共性、志趣性、交互性等特点。调查发现，在高校师生中问及"您在网络上认同一种价值观的依据是'参与角色'吗？"的回答中，有 82.2%的人选择了"否"（见图 2-20），即在网络社会中，获得一种价值认同并不是由网民在网络社会中的角色参与所决定的。在高校大学生中，大部分既扮演着信息的生产者又扮演着信息的传播者和受众者，在扮演传播者时又分为"积极选择者"和"随意旁观者"。而调查发现，高校师生在社会网络传播活动中主要扮演着"随意旁观者"的角色，这种"随意旁观者"常常会带来责任感的缺位，使其传播行为缺少足够的理性判断。

（四）师生网民面对价值冲击后感性理性成分参半

在全媒体时代，信息的传播者与接受者可以进行双向互动，个人既是媒体的使用者，又是信息的传播者，同时由于新媒体容纳的信息海量且具多样性，不免掺杂着与主流意识形态相左的信息，这些信息在一定程度上会影响甚至重构他们的价值观。面对与主流意识形态相对立的网络思潮，除了需要高校意识形态工作者加强对广大师生的教育和引导外，还需广大师生网民自身理性、明智、正确地对待社会不良信息和不良思潮，如及时举报、不轻易转载和传播、坚定社会主义信仰、三思而后行等。在此次调查中发现，当在

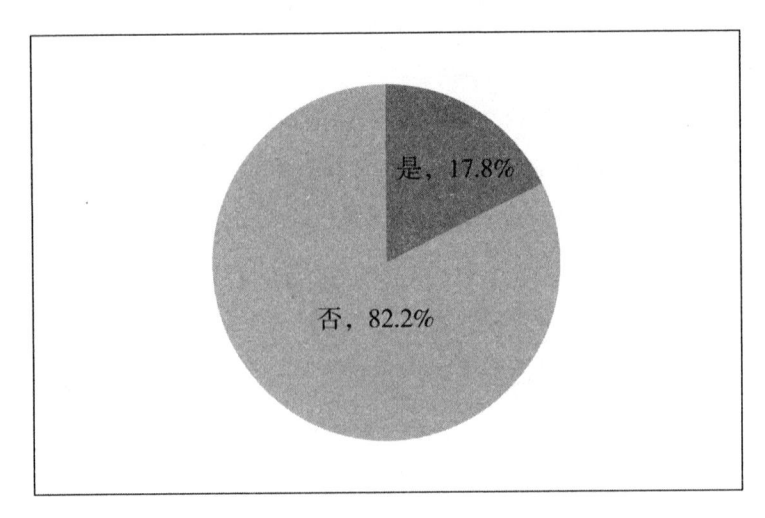

图 2-20　您在网络上认同一种价值观的依据是"参与角色"吗？

网上看到与主流意识形态相左的信息时，受调查的高校师生的心理活动选择"平心静气"的有 44.2%，"义愤填膺"的有 31.5%，"闷闷不乐"的有 10.9%，"漠不关心"的有 9.9%，"兴致勃勃"的有 3.5%（见图 2-21），这表明大部分学生在面对价值冲击时，理性态度和感性冲动参半，当然也有少部分体现出"无动于衷"。

在西方政客打着"民主"旗号对我国进行意识形态渗透的威胁下，特别是在全媒体时代，冲动更容易引起网络舆论风波，为敌对势力再次散播具有价值冲击性的信息制造机会。因此，高校广大师生对我国主流意识形态的坚持与信仰尤为必要和迫切，只有师生自身对我国主流意识形态有强烈的认同感，在面对价值冲击时，才能不受不良思潮的影响，做出正确的判断。

（五）高校师生的国家认同与归属意识感还有待加强

人民对国家的归属感体现在对国家方方面面的认同上，对社会主义的认同表现为一国人民有强烈的爱国、爱党意识，有深厚的民族情感。高校师生是否爱国，很大程度上取决于他对国家的认同度，包括对国家的认知情感、思想文化、政治和道路等方面的认同。认知情感方面的认同，包括对自身身份的认同，即承认自己是中国人、是中华儿女，还包括对国家的领土、主权等的维护，对祖国的秀丽山河、风土人情等热爱。思想文化认同是最深层次

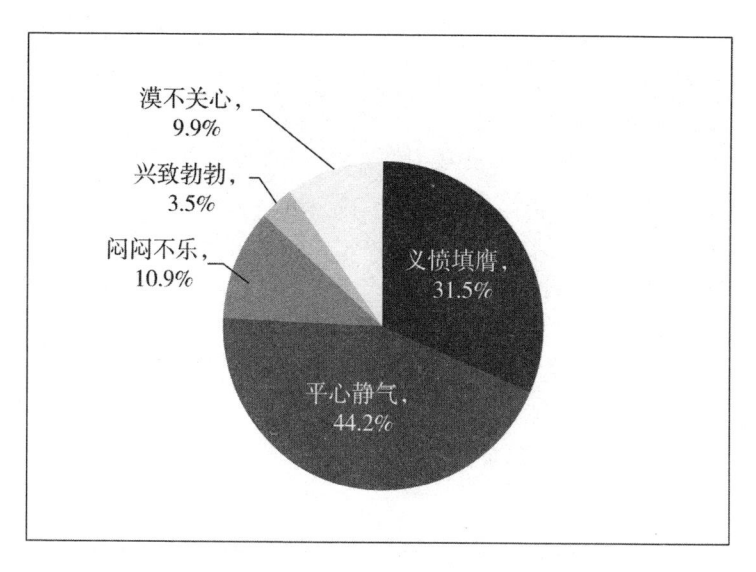

图 2-21　看到与主流意识形态相左的信息时，您的心理活动如何？

的认同，是民族团结之根、民族和睦之魂。所谓政治认同，"是人民群众对于政权的赞同态度、支持行为及由此产生的对政权代表的国家心理归属感"①，政治认同还包括对中国共产党的认同，中国共产党带领人民大众从站起来到富起来再到强起来，为国家的发展奠定了坚实的物质基础，在共产党的带领下，脱贫攻坚取得绝对性胜利。道路认同，即对中国特色社会主义道路的认同。

　　调查数据表明，高校师生大部分对国家拥有高度的认同感、归属感，但也有少部分学生对社会主义制度、马克思主义仍然抱有"无所谓"乃至质疑态度。例如，在问及"您对社会主义意识形态的态度如何？"时，有85%的人"坚信马克思主义和社会主义制度"，但有11%的人选择"不怎么关心，什么制度都无所谓"，还有3%的人选择"不相信社会主义制度，认为其他社会制度比较好"，甚至有1%的人认为"西方资本主义制度好"（见图2-22）。

---

① 习近平. 决胜全面建成小康社会夺取新时代中国特色社会主义伟大胜利：在中国共产党第十九次全国代表大会上的报告［N］. 人民日报，2017-10-28（1）.

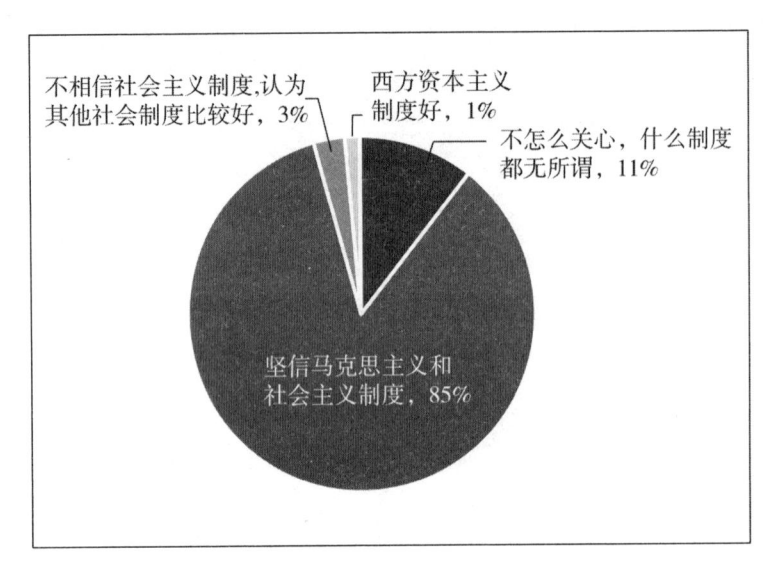

图 2-22 您对社会主义意识形态的态度如何？

四、高校思想政治理论课的数字化平台建设、电子化教学素材、网络化教学状况分析

互联网技术的发展，为人们的生活、学习、工作等提供了极大的方便。高校也不例外，网络技术的发展为思想政治教育课提供了数字化教学平台、电子化教学素材和网络化教学方式等，使传统的教学模式不断得到优化；同时，各种数字化教学媒介的使用极大地提高了教学效率，也方便了师生的线上互动。

（一）高校思想政治理论课数字化教学平台建设总体态势良好，但需进一步完善

2014年11月，教育部等五部门下发了《构建利用信息化手段扩大优质教育资源覆盖面有效机制的实施方案》，此方案助推了诸多企业致力于在线教育的开发，催生出了成千上万的数字化教学平台。2018年，教育部发布了《教育信息化2.0行动计划》，提出我国将在2022年建成"互联网+教育"平台，形成以互联网为基础的教育渠道，基本实现"三全两高一大"的发展目标，在国家的大力支持下，数字化教学平台建设在这几年的发展中，更加注重产品的质量和服务。目前，市面上的数字化教学平台以资源汇总、辅助教学、在线授课为基础功能，在这三种基础功能下衍生出四种主流功能，分别为"资源汇总+在线授课"功能平台，如高校一体化教学平台；"资源汇总+辅助教学"功能平台，如MOOC（幕课）；"在线授课+辅助教学"功能平台，如华为云上软件教学服务；"资源汇总+在线授课+辅助教学"功能平台，如腾讯课堂，数字化教学平台对促进教育资源的公平分配起着不可替代的作用，特别是在疫情防控期间，为了做到"停课不停教，停课不停学"，各类数字化教学平台在全国的教育事业建设中更是发挥了中流砥柱的作用。

调查发现，高校思想政治教育课的网络教学平台建设总体良好。在新冠肺炎疫情影响下，高校利用数字化教学平台如学习通、钉钉、MOOC、易班等完成了教学任务。在问及"您所在高校对于思想政治课网络教学平台建设的完善程度如何？"这一问题时，39%的学生认为平台建设非常完善，能够流畅使用，46%的学生认为平台建设比较完善，但出现系统故障的频率高（见图2-23）。经进一步了解，故障频发的原因主要有两种，一是数字化教学平台是"互联网+"下的新生物，对于一些常年以传统教学的年长教师而言，系统的操作不能得心应手而使教学进程不能顺畅，二是部分系统不具有足够大的容量去承载某一时间段的大流量，因此，在众多教师同时使用某一

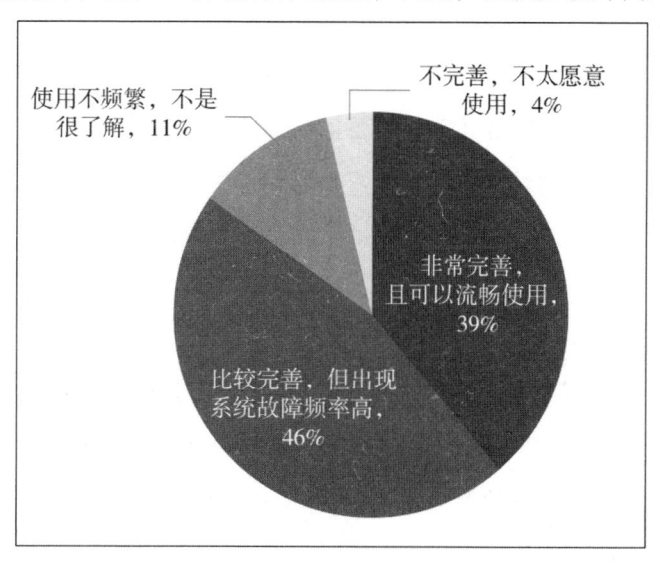

图 2-23　您所在高校对于思想政治课网络教学平台建设的完善程度如何？

教学平台时，部分平台会出现影响教学的程序错误，但随着技术的进步，部分平台的系统故障终能得到妥善解决。

（二）高校思想政治课教学电子化教学素材使用率有待提高

电子化教学素材也即数字化教学素材，主要是指在教学中可以用到的文字、图片、动画以及数字化视频和音频等资源。思想政治理论课是传播我国社会主义意识形态的主要手段，为此"要坚持不懈传播马克思主义科学理论，抓好马克思主义理论教育，为学生一生成长奠定科学的思想基础"①。而思想政治理论课程具有内容广、理论性强和实践性强等特点，要使学生深入理解这些理论，就需要以感性而生动的教学素材进行辅助理解。

相关调查数据显示，"78.3%的学生希望教师采用多种信息化手段进行教学，63.5%的学生认为网络教学资源库能增强学习效果，提高学习兴趣，98%的学生认为建立网络教学资源库很有必要，74.5%的学生认为思政课应该采取互动探究的教学模式"②。可见，从总体上来说高校大学生对电子化教学素材的使用也是持高度欢迎态度的。而此次调查数据显示，认为授课教师在思想政治课堂上充分利用电子化教学素材的占61%，而没有充分利用或未利用电子化教学素材的仍占39%（见图2-24）。

究其原因，使用电子化教学素材虽然对教学效果有极大的提升，但网络上的电子化教学素材极其冗杂，需要选择合适的素材用以教学。但是，事实胜于雄辩，思想政治教育教师苦口婆心地给学生讲述着社会主义理论，但教学效果远不如让学生在课堂上观看抗疫的相关视频，只有视觉受到冲击，才能引发思考，从而增强政治认同感，增强对中国的道路自信、理论自信、制度自信和文化自信。

（三）高校思想政治课数字化教学方式相对单一，尚需多样化

榜样的力量是无穷的，言传身教是一种无形的教育。在传统社会教学方式中，一位老师、一支粉笔、一本教材、一本教案、一块黑板、几幅挂图就

---

① 习近平. 习近平谈治国理政：第2卷［M］. 北京：外文出版社，2017：377.
② 王巧玲. 慕政和思政网络教学资源库有效适应研究［J］. 浙江工商职业技术学院学报，2020（2）：52.

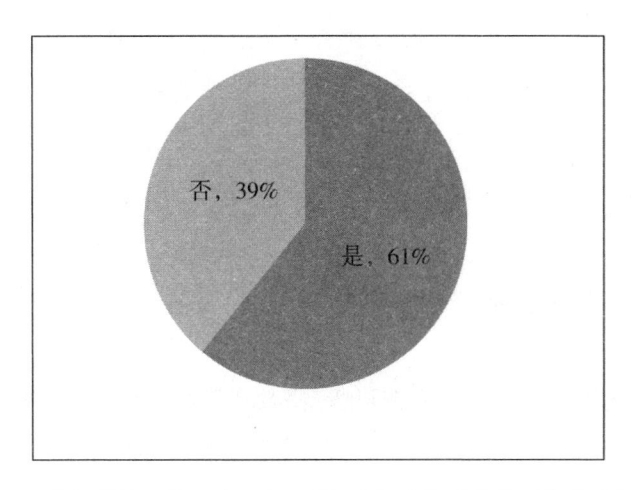

图 2-24 你们学校思想政治理论课教师上课充分利用电子化教学素材吗？

构成一个课堂，这种传统的教学方式也见证着几千年来人类祖先将已有的文化代代相传给自己的子孙后代的历程。在传统教学中，教学方式是教师口述、学生听讲，动态式的三维动画是没有的。随着互联网的发展，高校思想政治课教学开始启用各种电化教育器材和工具，如投影仪、幻灯机、录像机、录音机、计算机等。教学辅助器材的使用，较大地增强了光、电、声、形等方面效果，它们曾经被广泛运用于各学科教学领域。数字化教学方式极大地提高了教学效率，增强了学生对知识的理解度和接受度。实验心理学家赤瑞特拉（Treicher）曾做过关于知识保持即记忆持久性的实验，实验结果表明：人类83%的信息是依靠视觉获得的，其次是听觉和嗅觉。另外，经由视觉获得的信息能够长时间地保存在大脑里，也就是说人们很容易记住自己看到的东西。[1] 而数字化教学方式极大地满足了学生记忆的特点。

调查数据显示，大部分高校思想政治课生师比高于350∶1，由于课时比较紧张，而教学内容又比较多，因此教师不仅需要在课堂上运用数字化教学方式教学，提高学生的学习效率，而且在课下尚需利用微课的形式为学生讲解课后题目。而在部分高校，思想政治课数字化教学方式尽管是广大教师的首选，但是形式相对单一，大部分是一些纯文字性的PPT，较少以图文并茂

---

[1] 张蓓. 网络媒体与视觉修辞中的原型激活 [J]. 编辑之友. 2017（07）：38.

的形式展现给学生。另外,通过调查发现,部分思想政治课教师也通过MOOC以及数字化教学平台进行教学,学生在该平台上提交作业,但是能在平台上进行学习资源分享的内容相对较少,思想政治专题讲座、案例式教学也比较少见。总之,思想政治课数字化教学方式还相对单一,尚需多样化。

五、高校网络党建、网络德育、校园网络文化以及网络社群的建设状况

高校是思想最活跃最前沿的阵地,高校在进行意识形态建设工作时,不仅要充分考虑到国情、党情等因素,还要充分利用各种网络平台,用网络推进高校意识形态的建设。高校网络意识形态建设的效果如何,关系到国家建设的成败。高校网络意识形态建设作为意识形态建设的"高地",掌握高校网络意识形态建设的动态情况就显得尤为必要。

(一)高校党建工作人员被认可度高,但网络党建体系不够完善

习近平总书记曾强调,"各级党委要高度重视信息化发展对党的建设的影响,做到网络发展到哪里党的工作就覆盖到哪里,充分运用信息技术改进党员教育管理、提高群众工作水平,加强网络舆论的正面引导"①。在信息技术充分发展的今天,传统的党建工作已经不能满足社会发展的需要,因此,需充分建立各网络党建平台,开展网络党建工作,特别是在高校,高校是青年人最集中的地方,也是思想最活跃的地方,开展线下和线上的党建工作更有迫切性。

当然,网络党建工作的开展,最关键的是需要有较高政治素养的工作人员。在此次问卷调查中发现,认同所在高校党委政务工作人员具有较高政治素养的高达99.4%,其中,有77.2%的人认为相关工作人员政治素养非常好,可以马克思主义相关理论为指导思想开展学生工作,有22.2%的人认为工作人员政治素养一般,偶尔出现不赞成马克思主义及相关理论的言论(见图2-25)。

为了解高校网络党建信息化平台的建设现状,我们调查了贵州的18所本科院校、10所专科院校,共计28所院校。经调查发现,贵州大部分高校

---

① 中共中央文献研究室. 十七大以来重要文献选编:下[M]. 北京:中央文献出版社,2013:690.

第二章 全媒体环境下高校网络意识形态的现状调查

不好，经常出现诋毁马克思主义及其相关理论的现象 0.6

一般，偶尔出现不赞成马克思主义及相关理论的言论 22.2

非常好，可以马克思主义相关理论为指导思想开展学生工作 77.2

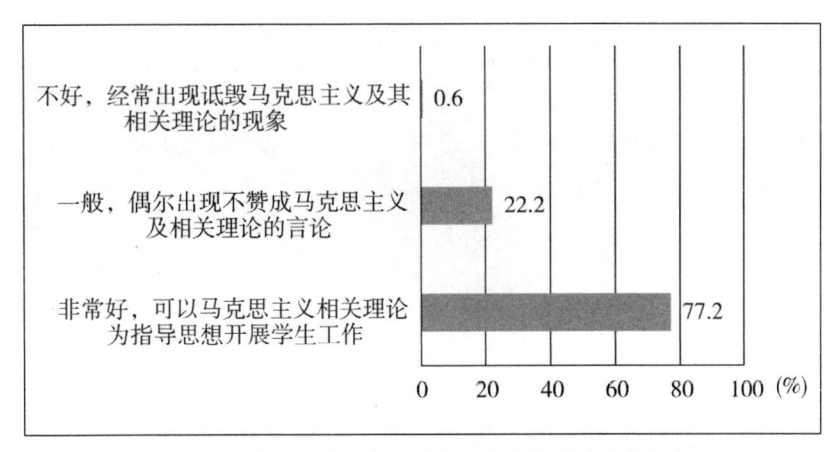

图 2-25 您所在高校党委政务工作人员政治素养如何？

网络党建平台建设覆盖率并没有达到100%，目前28所院校中只有15所院校设置了党建网，仅有12所院校有网络思想政治教育平台。在设置了网络党建平台的学校中，模块设置也大都以基层建档、时政要闻、重要法规、人才工作为主，设置有党建论坛、网上党课、学校党建的学校寥寥无几。可见，部分高校对网络党建平台的重要性关注还不够。调查数据显示，71.6%的人认为高校网络党建的关键在于完善信息发布平台，52.7%的人认为在于网络思想政治教育平台建设，50.9%的人认为在于构建网上党支部，44.8%的人认为在于设立党建专栏，39.2%的人认为应该建立党建数据库和34.5%的人认为在于设置网络讲堂（见图2-26）。众所周知，网络党建平台对网络党建工作的开展至关重要，只有优秀的党建工作人员，没有网络党建平台，那么网络党建工作便是一纸空谈。

（二）部分高校开展网络德育的方式缺乏多样性

当今高校大学生都是从小生活在网络时代里，从小就接触到了网络，大部分学生是名副其实的"网络原居民"，网络也是众多高校师生道德认知的重要来源，因此，在全媒体时代，网络德育作为高校网络思想政治教育的重要组成部分，德育的方式途径应该尽可能多种多样，除了在课堂上利用多媒体技术为学生插入一些视频、音乐、图像等素材外，还需要利用学校的网站、移动App等进行网络德育教育。

完善信息发布平台，71.6%
设置网络讲堂，34.5%
构建网上党支部，50.9%
设立党建专栏，44.8%
建立党建数据库，39.2%
网络思政平台建设，52.7%

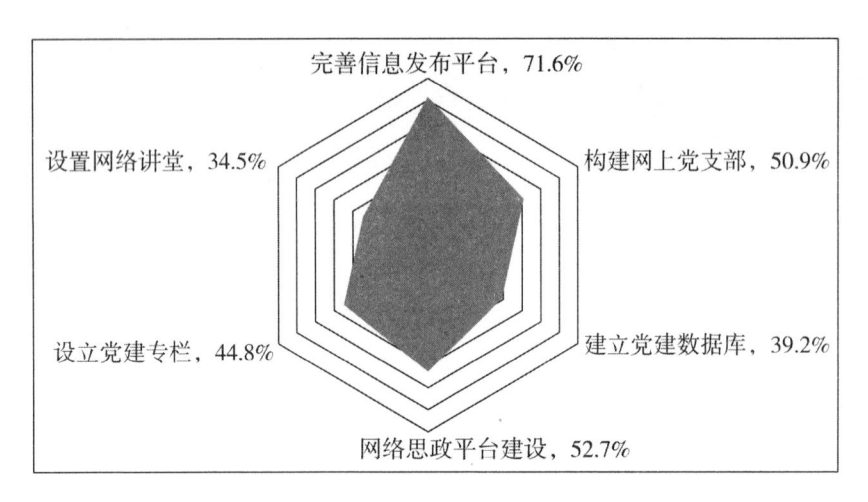

图 2-26　您认为高校网络党建的关键在于哪些方面？（多选）

调查结果显示，高校开展网络德育教育的主要方式是微信公众号和校园网，分别占比 65.5% 和 57.6%，而网络思政平台、校务微博、数字校报占比相对较少，分别为 47.2%、30.8%、24.2%（见图 2-27）。相关资料显示，贵州省内不是每所高校都设置网络思政平台，高校思政网普及率并非 100%，在设置了思政网的高校中，部分学校思政平台的建设也仅仅流于形式，吸引不了学生去点击、阅读，没有发挥出思政网应有的效果。本次调查结果显示，微博是人们最先收到舆情的平台，即微博的使用率比较高，但建设有校务微博的高校占比仅 30.8%，有数字校报的院校占 24.2%，设立了校长书记信箱的仅 9.6%，可见，高校没有充分利用学校资源进行网络德育教育。

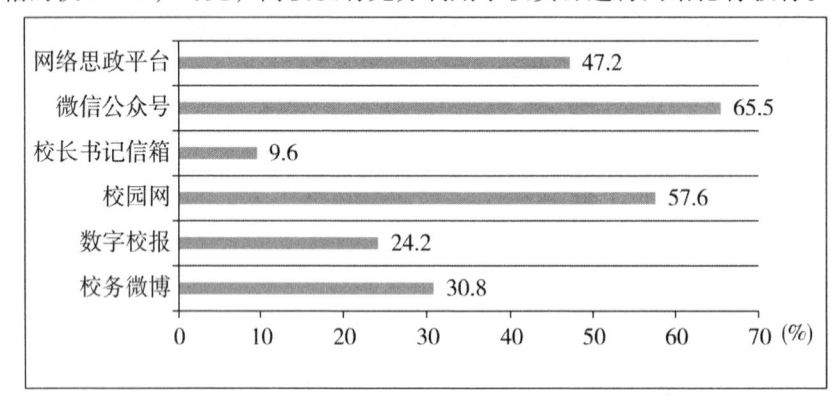

方式	占比
网络思政平台	47.2
微信公众号	65.5
校长书记信箱	9.6
校园网	57.6
数字校报	24.2
校务微博	30.8

图 2-27　您所在学校通过哪些方式开展网络德育？（多选）

(三) 高校网络舆情日趋多元复杂化

网络舆情是指网民在网络空间中对公共事务、社会热点、政治话题等表达的情绪、意见、态度、诉求总和，高校作为特殊的网络群体，高校网络舆情是高校学生对社会或学校的热点话题所持有的情绪、态度、看法等的总和。网络舆情分为正向舆情和负向舆情，正向舆情由社会主流意识形态作为方向指引，能客观真实反映社会存在。相反，负向舆情是有损社会主义建设，与社会主义意识形态处于对立面的舆论。江泽民曾指出："舆论导向正确，是党和人民之福；舆论导向错误，是党和人民之祸。"① 随着互联网的普及，信息传播由传统单一的方式即"发布→传输→接收"，转变为双向互动的传播方式，即"发布←→传输←→接收"，加之自媒体也如雨后春笋般急速增长，信息传播的速度更快，范围更广。

调查发现，在舆情传播媒介特别是自媒体中，微博、抖音和今日头条是高校学生获取最新舆情的主要媒介，其中，来自微博的最新舆情占比31.1%，其次是抖音，占比22.9%，来自今日头条的最新舆情占比19.5%（见图2-28）。在全媒体的大环境下和双向互动的传播方式下，高校舆情变得愈加多元化和复杂化，一方面，当代大学生正处在人生充满冲击的阶段，由于社会阅历少，思想认识水平较局限，他们在网络的各种杂音中对同一事件会有不同的认知和理解，又通过各种媒体竞相发声，进而使高校网络舆情趋于多元化。另一方面，分众传播与大众传播在网络空间相互交织，各种舆论、思潮聚集、碰撞，不乏与社会主流意识形态相左的信息，这些与主流意识形态相左的信息被西方培植的"代理人"所煽动，从而导致主流意识形态在传播的过程中被稀释，这就使高校网络舆情更加复杂化。

(四) 大学生更强调在校园主流文化弘扬中凸显自主性

校园主流文化象征着学校的办学理念和办学宗旨，具有很强的意识形态属性，是对国家主流意识形态的体现和弘扬，校园主流文化能提升大学生对马克思主义的理论认同、对中国特色社会主义的政治认同、对社会主义核心

---

① 江泽民. 江泽民文选：第1卷 [M]. 北京：人民出版社，2006：564.

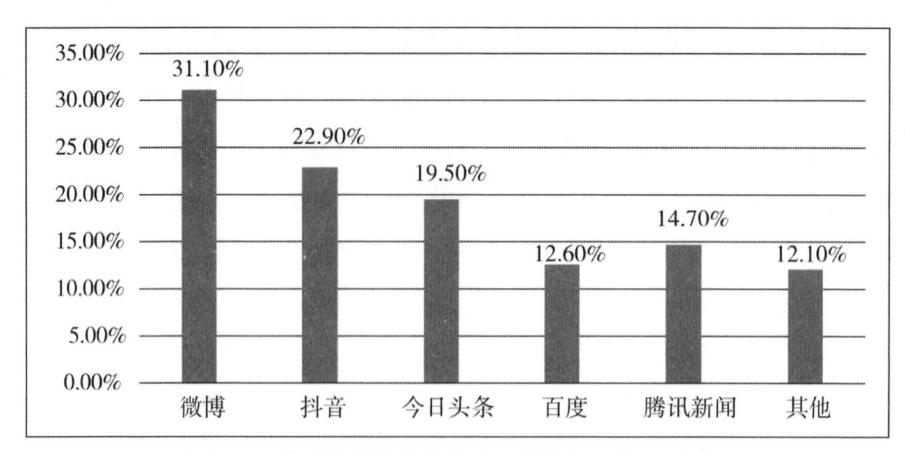

图 2-28 您获取最新舆情的主要媒介有哪些？（多选）

价值观的价值认同、对中国梦的情感认同，校园主流文化的弘扬也是大学校园文化发展的重要途径。

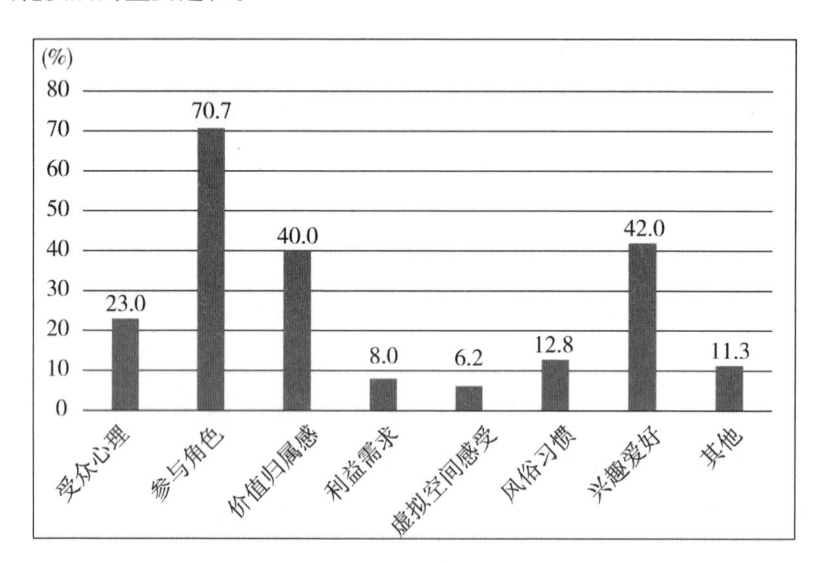

图 2-29 您接受或认可校园主流文化的原因是什么？（多选）

如图 2-29 所示，在高校师生接受或认可校园主流文化的原因中，参与角色、兴趣爱好、价值归属感排前三名，分别占比 70.7%、42.0%、40.0%。角色参与体现出学校管理的民主性，广大学生期望拥有更多的自主性，他们除了身为学习者这个身份外，还应该作为高校的管理者，如师生可以自行成立一些弘扬正能量或研究马克思主义的社团，以管理者的角色将校园主流文化融入社团；广大师生也是校园主流文化的建设者，校园风气的形成、学生的生活习惯、教师对科研的态度、师生对社会主义核心价值观的践行等都直接影响着校园文化建设；同时，广大师生也是监督者，师生群体对高校全体人员都有监督的作用，对有损社会主流意识形态的言行要予以抗议、阻止。此外，价值归属感也是校园主流文化不可忽视的一个重要影响因素，除了在高校的网站上能见到社会主义意识形态的内容外，在一些宣传板、墙体上可发布一些校园的历史发展以及与社会主流意识形态相关的内容。总之，网络校园主流文化的建设离不开广大师生的参与，缺少师生的参与，高校网络校园主流文化就没有灵魂、缺乏灵动性。

（五）大部分高校师生至少加入了3个网络社群，且以QQ群、微信群为主

高校网络社群是网络社群中的一个组成部分，高校网络社群主要由高校师生成员组成，且以知识分享和交流类的社群为主，这些社群的生存与发展也都离不开信息资源的不断供给和共享。随着全媒体的发展，各网络社群层出不穷的同时，它们在社会的发展中也扮演着不同的角色，如随着阿里巴巴的问世出现了淘宝、天猫等购物社群，这类社群主要由以分享商品为目的的人组成，他们通过这类社群可进行商品的买卖，从一定程度上来看，这类社群能满足人们最基本的生存需要；又如知乎Live、分答、得到等知识分享类的社群，大都由以学习和交流知识为目的的人组成，其中高校师生占比80%，这类社群为人们提供了一个答疑解惑的平台，能满足人们成长发展的需要；而微信群、QQ群、微博等社交社群就更具多功能化，这类社群主要由以获取信息、交流、交友为目的的人组成，人们不但可以在这些社群上获得信息、分享生活、交流感想、认识朋友，满足自身关系发展的需要，也能通过这些社群答疑解惑、抢红包、分享喜悦、签到玩等级等获得尊重的需要。其中，高校师生群体对QQ群、微信群就独有钟爱，师生能通过QQ群、微信群方便高效地传达信息，也能用表情符号形象生动地交流。如在此次调查中发现，以班级QQ群、微信群为信息获取途径的占比79.3%（见图2-30）。

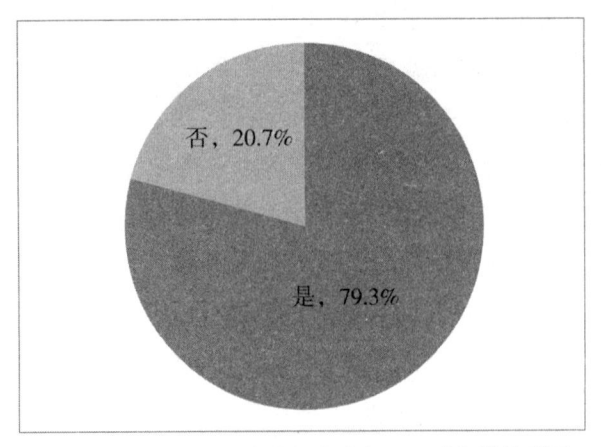

图2-30　您获取信息的途径有班级QQ群和微信群吗？

同时，此次数据显示，高校大部分师生都至少加入了3个网络社群，即有39%的师生加入了2~3个有效网络社群，其次便是加入了6个以上的网络社群的占比30%（见图2-31）。

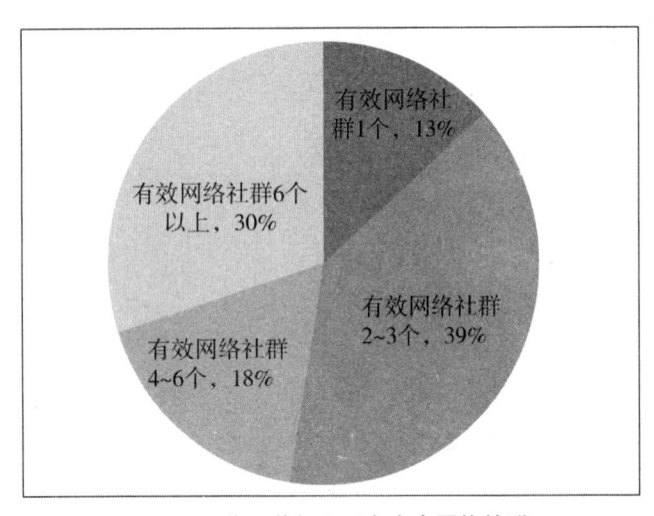

图2-31　您目前加入了多少个网络社群？

QQ群、微信群不仅在高校师生中使用频次高，在整个网络社群中的使用频次也很高。艾瑞咨询发布的《2020年中国网络社群研究报告》显示，在中国网络社群成员最常使用的沟通平台中，微信群占比41.7%，QQ群占比35.2%，共计76.9%，占据最常使用沟通平台的大半壁江山（见图2-32）。

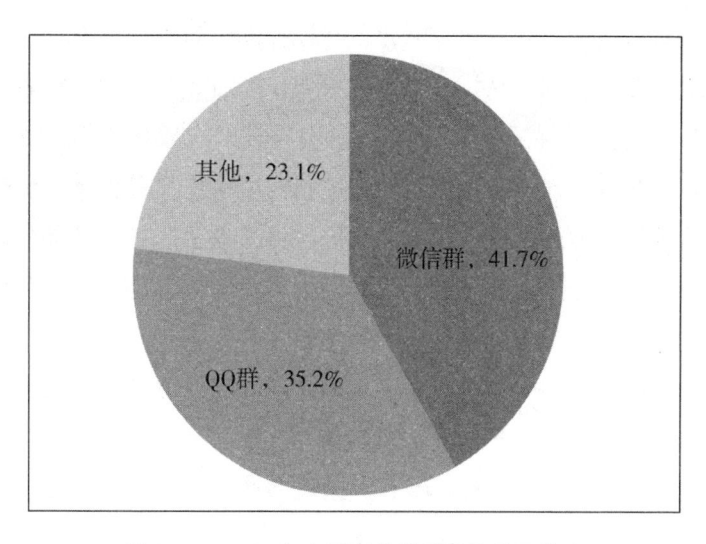

图 2-32　2020 年中国网络社群最常使用统计

六、高校意识形态工作者利用全媒体进行意识形态宣传、管理、教育的现状

高校意识形态工作者主要有高校党委（党组）、党务工作者、思政课教师、高校辅导员及其他思想政治教育工作者等。高校意识形态教育工作者是传播我国主流意识形态的主力军，大学生对主流意识形态的认知与高校意识形态工作者的工作成效有着密切的联系。

（一）高校各部门的意识形态宣传工作需进一步落实到位

习近平总书记曾用"三个事关"即"事关党的前途命运、事关国家长治久安、事关民族凝聚力和向心力"[1] 来形容意识形态工作的重要性，他还曾指出"宣传思想部门承担着十分重要的职责，必须守土有责、守土负责、守土尽责"[2]，因此，坚守意识形态阵地和做好意识形态宣传工作是当前思想工作的重中之重。高校意识形态工作者是意识形态宣传工作的主力军，他们面对的是思想最具活跃性和变动性的大学生群体，而这些青年大学生群体

---

[1] 中共中央宣传部. 习近平总书记系列重要讲话读本（2014 年版）[M]. 北京：学习出版社，人民出版社，2014：105.
[2] 习近平. 习近平谈治国理政：第 1 卷 [M]. 北京：外文出版社，2014：156.

也是西方敌对势力的争夺对象，因此，高校各部门对意识形态的宣传工作定不能有丝毫松懈。特别是高校思想政治教师，更加需要"为人师表，上行下效"，教师对学生发挥榜样示范作用，学生对教师有效仿作用，特别是被学生高度认可的教师，对学生价值观的塑造和言谈举止都有非常深远的影响。

随着全媒体的深入发展，西方敌对势力将"黑手"插入了部分高校，培植"代理人"，又或者通过一些手段对部分教师进行"洗脑"。面对这些问题，高校意识形态工作者很有必要做好主流意识形态的宣传工作。然而，据此次的调查数据发现，关于马克思主义理论的宣讲、党的方针政策的宣传还未引起足够重视。例如，当问及"您认为马克思主义相关理论的网络宣传方式如何？"时，有59.3%的人选择了"比较多样"（见图2-33），但当问及"你们高校院系有建设供传达党的大政方针政策的微信群或QQ群吗？"时，仅有38.2%的人选择了"有"，有42.4%的人选择了"不知道"，19.4%的人选择了"没有"（见图2-34）。

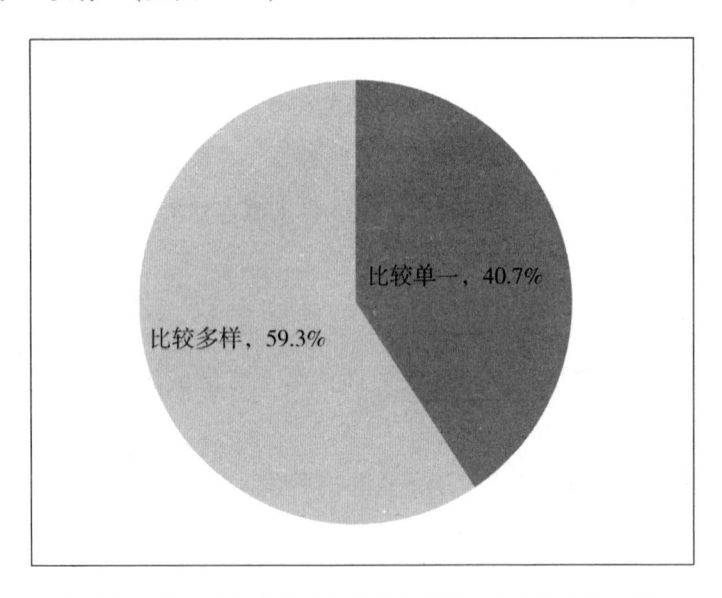

图2-33 您认为马克思主义相关理论的网络宣传方式如何？

从这些数据可以看出，在高校部分基层院系，党的方针政策以及主流意识形态的宣传工作并没有引起足够的重视。"而基层意识形态具有动员、宣传、教育、疏导的重要功能，对于促进社会稳定、增强基层群众对中国特色

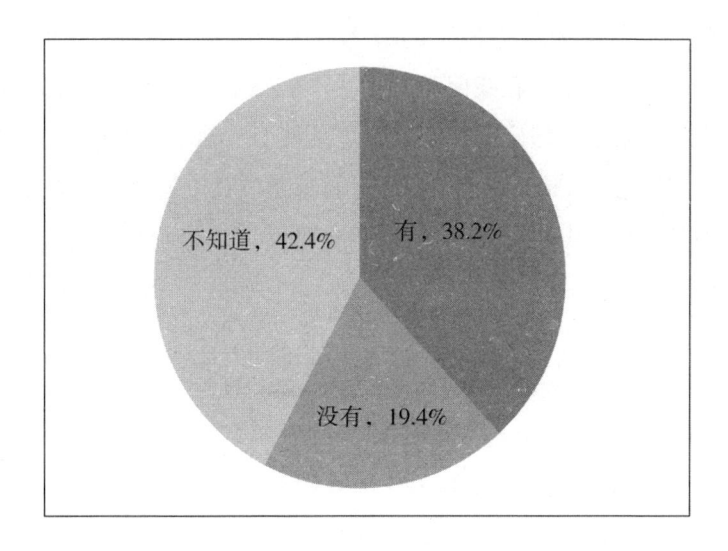

图 2-34 你们高校院系有建设供传达党的大政方针政策的微信群或 QQ 群吗？

社会主义道路的认同具有十分重要的作用。"① 随着近年来后现代主义思潮传入中国，在高校师生中更容易产生利己主义、拜金主义、享乐主义、民粹主义等不良影响，这就更需要高校意识形态工作者抓好宣传工作，将党的方针政策向大众宣传到位，用马克思主义理论引导广大师生，当然这也需要意识形态工作者提升自身素养，夯实自身的理论功底。

（二）部分高校对社会主义核心价值观的宣传力度有待加强

核心价值观是一个民族的"主心骨"、一个社会的"方向盘"、一个国家的"稳定器"。"富强、民主、文明、和谐、自由、平等、公正、法治、爱国、敬业、诚信、友善"，是对社会主义核心价值观的最新概括和高度凝练。目前，社会主义核心价值观的传播途径比较广泛，如专题讲座、案例分析、课堂研讨、主题实践、网络交流互动、MOOC、党建专栏等。但调查发现，各大高校通过这些途径去了解社会主义核心价值观的人数所占比例不是非常乐观。如问及"您通过哪些途径了解社会主义核心价值观？"这一问题时，选择通过"专题讲座"去了解社会主义核心价值观的占 45.7%，选择"社会主题实践"的占 37.5%，选择"网络交流互动"的占 29.7%，选择"广播电视"

---

① 万欣荣. 基层意识形态工作创新机制分析［J］. 思想理论教育，2016（8）：63.

的占28.5%，选择"党建专栏"的占27.0%，选择"案例分析研讨"的占16.3%，选择"MOOC等在线课程"的占14.7%，"其他"的占13.4%（见图2-35），总体来说，部分高校对社会主义核心价值观的宣传力度还有待加强，部分意识形态工作者对社会主义核心价值观的宣传只停留在单向的理论宣讲上，很难让广大师生产生深刻的印象，也难以让广大师生产生认同感。

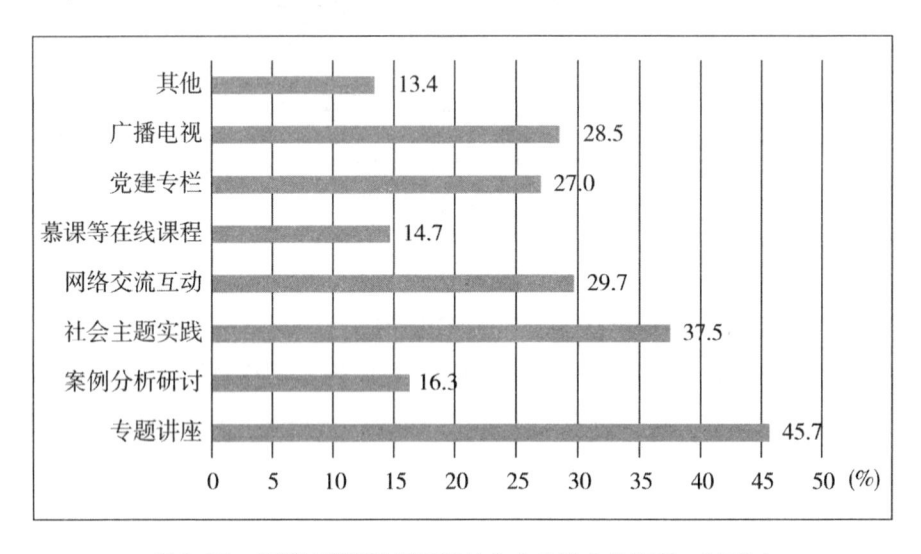

图2-35　您通过哪些途径了解社会主义核心价值观？（多选）

（三）高校部分师生对主流媒体的关注度有待提高

在全媒体时代，各种自媒体层出不穷，人人都是麦克风。主流媒体是一个时代的风向标，在社会舆论引导中占据主导地位，同时，主流媒体具有党、政府和人民的"喉舌"功能，有较强的公信力和可信度，也是党的新闻舆论机构。它体现并传播着社会主流意识形态与主流价值观，发挥着提高新闻质量、宣传国家方针政策、回应社会关切、指明社会治理方向、增进舆论良性互动的作用，在宣传社会主义先进文化方面扮演着主力军和先行者的角色，在社会主义核心价值体系中也肩负着宣传重任，起着表率作用。邓小平曾指出，"要使我们党的报刊成为全国安定团结的思想上的中心"①，江泽民

---

① 邓小平.邓小平文选：第2卷［M］.北京：人民出版社，1994：255.

也曾表示,"国家舆论导向正确,是党和人民之福"①。在众多自媒体追求经济效益的大环境下,一定离不开主流媒体的大力宣传。近年来从国外流进来的"韩流"文化,在资本的助推下流入我国的大街小巷,严重误导部分青少年的审美观念。"韩流"文化本质上是一种意识形态渗透,面对这类问题,必须加强高校师生对主流媒体的关注,用主流媒体引领高校师生的价值观,特别是思想还未完全成熟、信仰还未完全坚定的高校大学生,更需要主流媒体的引导。

通过本次的调查数据可以看出,高校师生平时积极浏览最多的平台是人民日报,占比65.4%,其次就是央视网,占比55.1%,而对于求实网、新华社、中国共产党网的浏览占比分别为14.9%、30.6%、23.3%(见图2-36)。

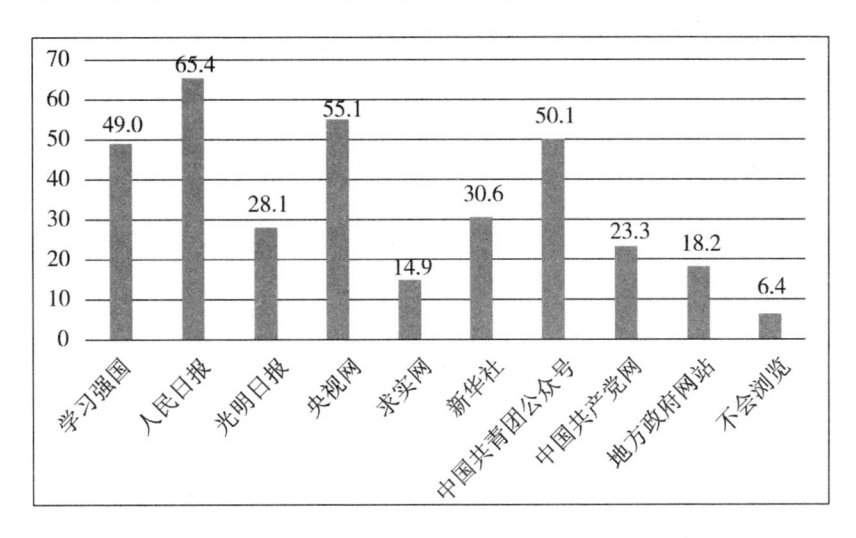

图2-36 您平时会积极浏览哪些平台的信息?(多选)

这表明高校师生对于主流媒体的关注度还有待加强,学生没有形成经常主动去浏览主流媒体信息的习惯。习近平总书记在主持中央政治局第十二次集体学习时强调:"让党的声音传得更开、传得更广、传得更深入。"② 而这不仅要靠主流媒体对党的声音的传播,还得靠受众群体对传播信息的处理和

---

① 江泽民. 江泽民文选:第1卷 [M]. 北京:人民出版社,2006:564.
② 习近平. 加快推动媒体融合发展构建全媒体传播格局 [J]. 求是,2019(6):6.

消化。要提高高校师生对主流媒体的关注度，还需高校意识形态工作者积极对主流媒体进行宣传，引导广大师生更多关注主流媒体，使主流媒体对师生价值观念起到"润物细无声"的效果。此外，除了意识形态工作者的大力宣传和引导外，主流媒体在传播信息时也应该注意大众化、潮流化、趣味化，不仅内容紧跟时代，传播方式也需紧跟时代步伐，以此才能长期吸引高校广大师生的关注度。

（四）自媒体平台在高校师生中使用率高，需加强监管和治理

在全媒体时代里，除了主流媒体外，还有众多的自媒体，如微信、微博、QQ等，在此次对高校师生问及"您了解的网络意识形态传播方式有哪些？"中发现，有60%的人不约而同地勾选了微博、微信、QQ（见图2-37）。

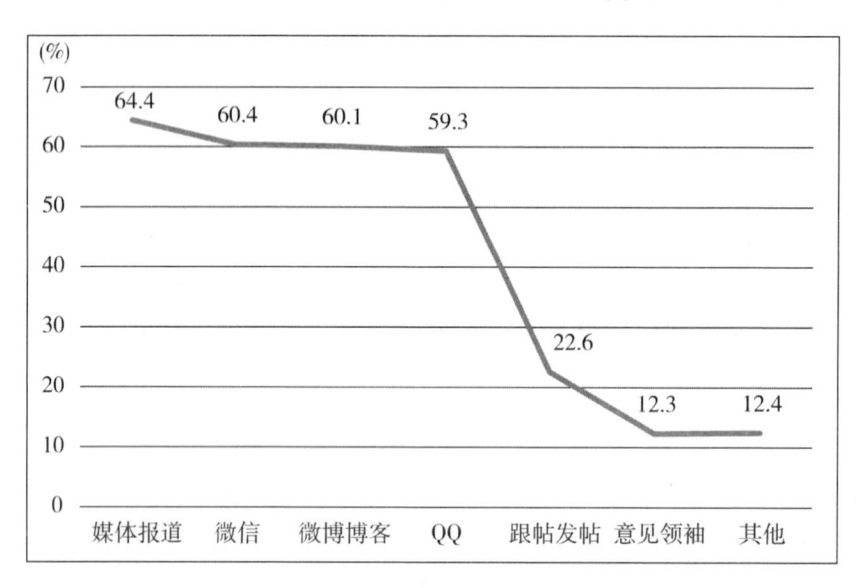

图2-37 您了解的网络意识形态传播方式有哪些？（多选）

这些数据表明，高校师生对自媒体的使用频率比较高，所了解的网络意识形态主要来自这些自媒体，而自媒体传播的信息鱼龙混杂，并不能全面准确地代表党和政府的声音，因而有必要加强对自媒体的监管。大家都知道，自媒体主要特征就是"圈子化"，这些社交软件所具备的"朋友圈"功能极强地规避了信息传递的公开性、透明性。西方敌对势力恰好可以利用"朋友

圈"的这个功能进行意识形态的渗透。当国家在某一时段发生了公共卫生事件、社会事件等，一些不法分子就会在"朋友圈"散布谣言、小道消息等，制造焦虑、恐慌或者以影射的方式去抹黑、攻击政府甚至执政党。由于"朋友圈"的信息具有隐蔽性，在一定程度上就脱离了法律的监管，甚至部分不法分子以打法律擦边球的方式传播不法言论。而"朋友圈"的信息就以链接方式无限发散出去，形成"多米诺骨牌效应"和"蝴蝶效应"。例如，在2020年武汉抗疫时，网络上就流传一些有碍抗疫、涣散民心、降低政府公信力的不实言论和案例，而这些不实言论和案例往往都是从"朋友圈"里发散出来。不法分子利用"朋友圈"散布的谣言，首先对圈内的易感人群产生暗示甚至潜移默化的作用，再由这部分易感人群将谣言扩散到自己账号的"朋友圈"。当然，对微信、微博、QQ"朋友圈"的监管仅靠法律是远远不够的，法律只是一个辅助手段，更主要的还是靠广大师生提升自身辨别力和对社会主义意识形态的坚信。

第三章

全媒体时代高校网络意识形态面临的新机遇与新挑战

全媒体时代,各种媒体融合在一起,信息无所不及、无人不用,基本实现了受众领域的全覆盖,高校网络意识形态既迎来了新的机遇,同时也面临着严峻的挑战。具体来说,这些新的"机遇"包括高校主流意识形态全方位传播,高校意识形态教育内容和载体更加丰富,高校意识形态教育方法手段创新发展,高校意识形态工作队伍能力得到提升;严峻的"挑战"主要包括全媒体使传统高校意识形态治理方式滞后,媒体负面舆论、垃圾信息消解了高校主流意识形态的导向,媒介监管不力激增了高校网络意识形态安全风险,意识形态网络化增加了高校意识形态工作难度。

第一节 全媒体时代意识形态在高校的传播、渗透及博弈

从总体来看,高校网络意识形态整体较好,至少有80%以上的高校师生网民认为当下高校的网络意识形态环境是清朗的,但也存在着少数负面的非主流意识形态和错误言论弥散在网络空间。例如,"西方的就是最好的""马克思主义已经过时""国有企业没有存在的价值,必须私有化""一切向钱看""道德一文不值"等错误论调和不良言论存在。在高校网络环境中,主流意识形态仍然占据绝对优势。尽管如此,各种非主流意识形态在高校网络中还有"一席之地",这与网络意识形态的空间传播、渗透及博弈的方式

密切相关。

一、全媒体时代意识形态在高校的传播

高校意识形态的工作直接关系到高校的指导方针、办学性质和教育定位，关系到"培养什么人""怎样培养人"的重大问题。目前，在全媒体时代下网络意识形态在高校的传播发生了深刻的变化，相较于传统媒体，意识形态的传播载体、传播途径、传播方式都呈现出一系列新特点新方式。

（一）传播载体中心发生转移

在全媒体时代，意识形态在高校的传播载体上实现的是全方位、多层次、多样化的发展，其传播载体体系更为庞杂，数量上显著增多，兼具传统媒体和新媒体的融合的趋向。除此之外，意识形态传播载体由以传统媒体为中心的传播载体向以新媒体为中心的传播载体转变，发生了质性上的变化，突出了新媒体发挥网络意识形态传播载体的中心转移。

在新媒体没有出现之前，意识形态在高校的传播主要是以传统媒体为主，传播方式主要是通过杂志、报刊、通信、广播、音像、电视、电影等。21世纪之后，由于网络信息技术的普及，手机、电脑等通信设备的使用，传播多以网络载体为主。第49次《中国互联网络发展状况统计报告》显示，"截至2021年12月，我国网民规模为10.32亿人，较2020年12月新增网民4296万人，互联网普及率达73.0%，较2020年12月提升2.6个百分点"①。截至2021年12月，20～29岁、30～39岁、40～49岁网民占比分别为17.3%、19.9%和18.4%，高于其他年龄段群体。相较于第47、第48次《中国互联网络发展状况统计报告》的数据，这次网民数量规模上的扩张主要是以学生为主，高校大学生占据人数更多。相应地，高校使用互联网的人数也实现了梯级增长，意识形态在高校的网络传播体现了受众面广的特点，进一步推动了网络传播载体在高校师生网民中的广泛运用。以贵州来说，贵

---

① 中国互联网络信息中心. 第49次《中国互联网络发展状况统计报告》[R/OL]. [2022-02]. http://www.cnnic.net.cn/hlwfzyj/hlwxzbg/hlwtjbg/202202/t20220225_71727.htm.

州在近些年来大力发展互联网和大数据建设,其中在2021年《贵州日报》上出现了《贵州获批建设全国一体化算力网络国家枢纽节点》的新闻报道,除此以外,2013年贵州就建立了大数据,2017年贵州开办的数博会升级为国家级博览会,2018年数博会规模、范围更大。贵州也逐渐成为中国名副其实的"数据之谷"。贵州在互联网上的建设发展也覆盖到省内各大高校,为高校意识形态网络传播提供了新的发展机遇。简而言之,全媒体时代下高校互联网使用群体增加,各地高校加强互联网建设,这都有效地实现了由传统媒体为中心的传播载体向以互联网新媒体为中心的传播载体的转移,并取得了较好的建设成效。

(二)传播途径网络化明显

通常来说,信息传播主要有线下和线上两种主要途径。线下途径包括报纸、期刊、广播、人际传递。在现代化演进过程中,纸质或物化载体往往以数字化形式出现。例如,纸质报纸变成了数字化报纸,纸质期刊也上了网络成为数字期刊,网络电视、数字广播也相继出现。当前我国最主要的信息传播途径,无不沾染上网络的气息,加入了网络技术的成分。在高校中,报纸、期刊、广播、电视等当前在使用过程中,都接入了网络,这既是一种顺应时代大趋势的表现,也是传统传播途径网络化的表现形式。信息传播的现代途径主要有手机媒体、数字电视媒体、互联网新媒体、户外新媒体,这些途径都与网络密不可分。调查数据显示,对问及"您平时获取网络信息的途径有哪些?"这一问题时,71.50%的人回答是通过微信公众号获取网络信息,61.50%的人是通过QQ空间,11.60%的人是通过SNS社区,10.90%的人是通过BBS论坛,18.80%的人是通过博客日志,44.90%的人是通过班级QQ群或微信群,27.80%的人是通过校园微博,34.10%的人是通过校园跟帖(见图3-1)。

从以上数据可以看出,高校师生网民获取网络信息以使用手机媒体为主,微信公众号、QQ空间和班级QQ群或微信群分别占据网络信息途径的第一、第二、第三位,微信和QQ是两个使用率很高的App软件。除此之外,在高校校园中,学校餐厅、教学楼、宿舍楼、实验室里会看到数字电

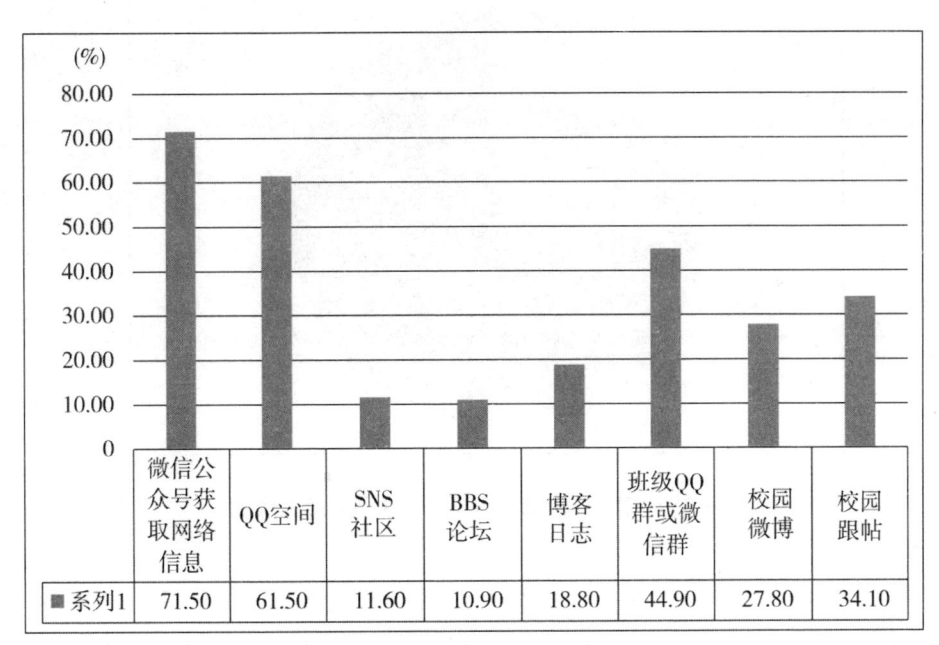

视，用来发通知或播报新闻的 LED 显示屏和户外电子阅报栏更是随处可见。

途径	微信公众号获取网络信息	QQ空间	SNS社区	BBS论坛	博客日志	班级QQ群或微信群	校园微博	校园跟帖
系列1	71.50	61.50	11.60	10.90	18.80	44.90	27.80	34.10

图 3-1　您平时获取网络信息的途径有哪些？（多选）

从整体上看，高校意识形态传播途径实现了传统途径与现代数字化途径融合，体现了物化载体、纸质化载体、网络载体的有机结合。

（三）传播方式更加复合

在全媒体时代到来之前，高校意识形态传播主要以组织传播、人际传播为主，大众传播为辅；在全媒体时代，实现以大众传播为主，组织传播、人际传播为辅的转向。从调查数据来看，高校意识形态网络大众传播占比42.1%，组织传播占比 30.9%，人际传播占比 27.0%（见图 3-2）。

目前，依赖于全媒体，高校意识形态传播方式初步实现了组织传播、人际传播、大众传播"三管齐下"：组织大学生开展高校思想政治理论课，通过集中学习相关思想政治理论文化知识，传播马克思主义意识形态，增强大学生的科学精神与对党和国家的政治认同。在这一过程中，除了组织传播，还运用到人际传播和大众传播。师生之间、学生之间通过探讨问题、交流信息、不同思想的交融碰撞，加强对主流意识形态的认同；教学中用到的现代

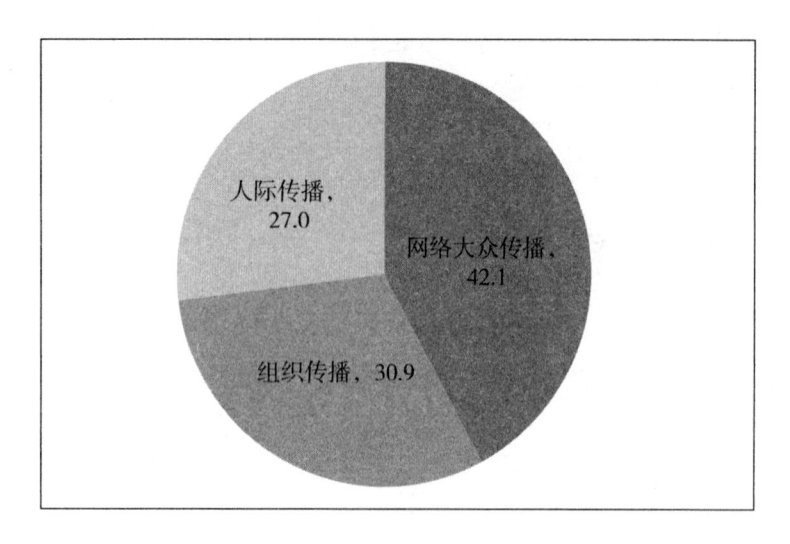

图 3-2　高校意识形态传播方式主要有哪些途径？

教学媒体，如计算机网络、电教设施、实验仪器，实现信息技术与思想政治理论课程的整合。在三种传播方式融合在一起发挥传播作用的过程中，通过网络媒介和移动媒介，使意识形态在网络上超越时间、空间、地点的限制，进行多向互动式的传播，这种多向互动传播中又夹杂着人际传播，主要是人们根据自己的意志，把相关意识形态通过大众媒介散播出来，进行思想观念的传播互动，相互反馈影响。在这个过程中，大众传播和人际传播的融合成为高校网络意识形态传播方式复合的新方向，直接影响着传播的内容和传播效果。

从整体来看，大众传播、组织传播、人际传播三种传播方式主次有所不同，但都是共同作用于高校意识形态的传播方式。

二、全媒体时代西方社会思潮在高校的渗透

习近平总书记指出，"当今世界，意识形态领域看不见硝烟的战争无处不在，政治领域没有枪炮的较量一直未停"①。个人主义、拜金主义、享乐

---

① 中共中央文献研究室. 习近平关于社会主义政治建设论述摘编［M］. 北京：中央文献出版社，2017：18.

主义等西方社会思潮从未放弃过对我国进行渗透，以使人们思想逐渐西化，直至达到颠覆我国国家政权的目的。西方敌对势力深知中国大学生作为青年一代，在价值观念、理想信念、道德观念方面尚未完全成熟，企图通过他们来传播和渗透西方意识形态，因此，高校在全媒体时代下成为意识形态斗争的前沿阵地，西方社会思潮在高校中通过线上和线下两种方式进行渗透，企图向高校大学生灌输"西化""分化"的价值取向。

（一）互联网已经成为线上渗透的主要媒体工具

西方社会思潮主要通过互联网虚拟媒介的方式在高校线上进行渗透。互联网始于1969年美国的阿帕网，后又进行研究发展，1973年英国伦敦大学和挪威皇家雷达机构首批进入，中国正式接入国际互联网是在1987年，时间上晚于西方。在网络信息传播上，从宏观来看，2011年美国出台《网络空间国际战略》，大力倡导所谓"网络自由"，以柔性的方式渗透它所谓的"民主自由"，试图让他国打开网络虚拟世界的大门，接受美式价值观的输入。这种战略具有极强的欺骗性，以维护自身国家的利益为主，妄图凭借网络信息化支撑，通过网络直接推销自己的意识形态，构建以美国为首的网络虚拟世界政治文化格局。从微观来看，在"网络自由"幌子下，各种西方社会思潮夹杂其间，渗入网络。具体体现在两点。

其一，以美国为代表的西方势力通过跨国公司在网上加强西方社会思潮的渗透，民主社会主义、新自由主义、拜金主义、历史虚无主义、儒学复归论、享乐主义、极端个人主义等思潮裹挟在海量信息中。据数据调查，目前在海量信息中，各种西方思潮交织，其中民主社会主义占27.80%、新自由主义占35.10%、拜金主义占24.60%、历史虚无主义占26.90%、民粹主义占19.70%、享乐主义占25.70%、极端个人主义占30.80%（见图3-3）。

其二，西方名校网上公开课成为互联网渗透的又一大招，国外名校网上公开课早已不是稀有名词，这种公开课只是单向输入我国，没有双向互动。理工类与高新技术类课程没有出现在我们的视野中，文学艺术类课程倒热火朝天，这带来的不仅是文化知识的传递，也不乏意识形态的渗透，学子们在课外之余不自觉中就已经接受了这种外来文化，慢慢地产生思想上的变化。

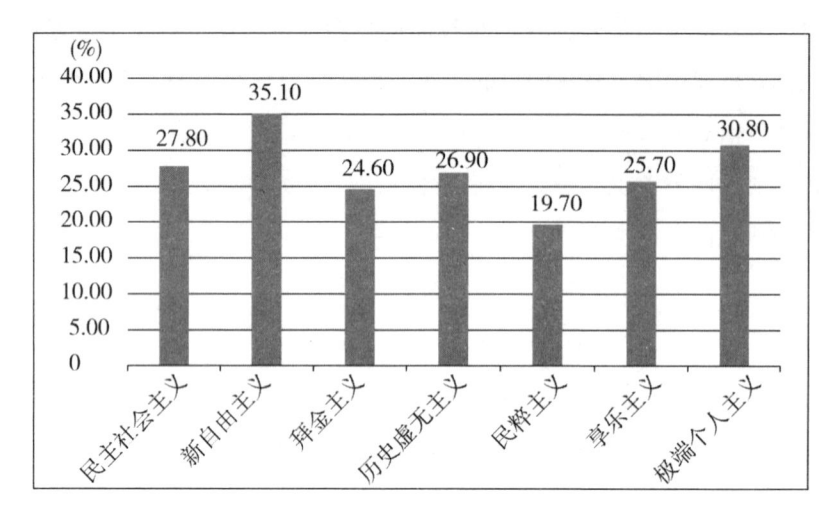

图 3-3　您接触的信息中，有哪些西方社会思潮？（多选）

柱状图数据：民主社会主义 27.80，新自由主义 35.10，拜金主义 24.60，历史虚无主义 26.90，民粹主义 19.70，享乐主义 25.70，极端个人主义 30.80

美国学者埃瑟·戴森（Esther Dyson）指出："数字化世界是一个崭新的疆土，可以释放出难以形容的生产能量，但它也可能成为恐怖主义者和江湖巨骗的工具，或是弥天大谎和恶意中伤的大本营。"[①] 由此可见，互联网已成为西方社会思潮向中国高校广大师生进行思想渗透的主要手段。

（二）文化已成为线下渗透的重要途径

西方社会思潮进行线下渗透的途径较多，如以当地社会问题进行大肆宣传的社会渗透途径，以基督教为首的西方教派扩大其影响力度的宗教渗透途径。但西方社会思潮在高校以文化渗透最为明显，高校是文化学术交流较多的地方，高校的线下文化渗透也主要是在教师、学生方面。

在教师方面，西方敌对势力主要通过培植为己所用的"西化精英"，作为自己在别国的发言人。所谓"西化精英"在我国并不是个例，其时时刻刻隐藏于我们身边，对我国高校广大师生的影响更为严重。我国各地高校近些年大力引进高层次人才，对于海归人才引进力度很大，在一定程度上，这些海归中的部分人难免也会受到"西方精英"思想腐蚀。在学生方面，目前许多高校大学生学习所用的教科书和课外图书部分有国外意识形态、价值观念

[①] 戴森. X2.0 版数字化时代的生活设计[M]. 胡泳，等译. 海口：海南出版社，1998：9.

的内容，学术界的部分学术领域以国外研究为源，研究的书籍为外文书。一些专业的教科书上的很多观点和研究成果也以国外研究为主。图书馆也会有大量外译书籍作为学生课外学习补充，这些书籍作为文化的载体，转化为一种软实力，难免会向学生渗透一些西方思想。当然，我们不能说西方知识、思想一无是处，其中也有许多先进文化及历史经验值得借鉴，但是其中与中国政治、意识形态密切相关的敏感话题必须谨慎对待。

简而言之，全媒体时代西方社会思潮在高校的渗透问题在一定程度上是我国高校普遍存在的一个问题，其渗透方式常见于各高校中，各高校必须高度重视，防范西方势力对我国高校进行意识形态的渗透。

三、全媒体时代马克思主义意识形态与反马克思主义意识形态博弈

意识形态话语权一直以来都是争夺的对象，特别是全媒体时代以来，意识形态竞争呈现出白热化态势。马克思主义与反马克思主义是两种对立性质的意识形态，它们的博弈方式主要表现为网络和非网络话语权的争夺上。

（一）网络话语权的争夺

自媒体出现后，"人人都有麦克风""人人都是编辑部"，过去信息一传一、一传多向多传多的转变使网络信息的管理更加困难，网络主战场话语权争夺显得尤为激烈。

在调查中，问及"您认为西方敌对势力对高校网络意识形态话语权的争夺表现在哪些方面？"这一问题时，选择"抢占理论制高点"的占33.30%，"数字技术内嵌意识形态话语"的占20.00%，选择"受众互动与意识形态渗透"的占27.30%，选择"迎合受众心理与价值归属感"的占37.80%（见图3-4）。

这个问题提到西方敌对势力对高校网络意识形态话语权的争夺种种外在表现，但是所有的调查回答中否定回答占一半以上，也就是说高校大多数被调查者认为并没有这个问题的出现。为何会出现此种情况？在调查问卷中就可以找到答案，问及"您认为反马克思主义意识形态在网络渗透、媒介传播方式上有哪些变化？"这一问题时，38.50%的被调查者选择的是"直接渗透

	抢占理论制高点	数字技术内嵌意识形态话语	受众互动与意识形态渗透	迎合受众心理与价值归属感
■系列1	33.30	20.00	27.30	37.80

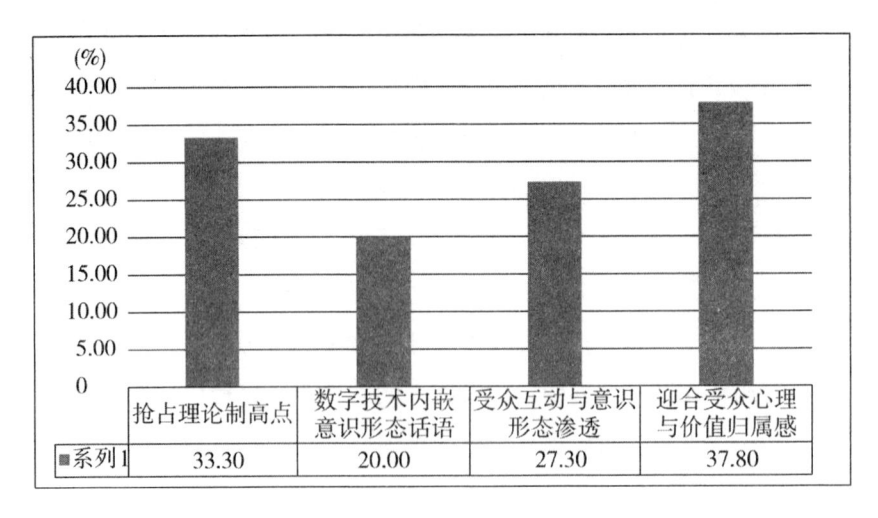

图 3-4 您认为西方敌对势力对高校网络意识形态话语权的争夺表现在哪些方面？（多选）

转为隐形渗透"，51.90%的被调查者选择的是"通过动画、视频等介质渗透"，36.50%的被调查者选择的是"借宗教、人权问题渗透"，50.90%的被调查者选择的是"渗透方式日常生活化"，28.20%的被调查者选择的是"通过合法途径非法宣传"，15.80%的被调查者选择的是"其他"（见图3-5）。

可见，西方敌对势力进行反马克思主义意识形态网络渗透、媒介传播方式各有不同，但都呈现出隐蔽性，以动画、视频等介质和日常生活化方式渗透为主。西方反马克思主义意识形态网络传播方式的新变化也是西方进行高校网络意识形态话语权争夺方式变化的一个缩影，正因为方式手段的隐秘色彩使越来越多的学生沉浸其中，模糊了高校大学生的视野，导致他们未能意识到并觉察出西方敌对势力通过通俗易懂的方式进行意识形态渗透的目的。

（二）非网络话语权的争夺

各种意识形态博弈的场地既可以在线上，也可以在线下，相应地，既有网络意识形态话语权的争夺，也有非网络领域意识形态话语权的争夺。意识形态在非网络领域中的传播方式通常是一对一、一对多，传播速度比较慢，传播范围也有局限性，并且其非网络话语权争夺呈现生活化、商业

	直接渗透转为隐形渗透	通过动画、视频等介质渗透	借宗教、人权问题渗透	渗透方式日常生活化	通过合法途径非法宣传	其他
■系列1	38.50	51.90	36.50	50.90	28.20	15.80

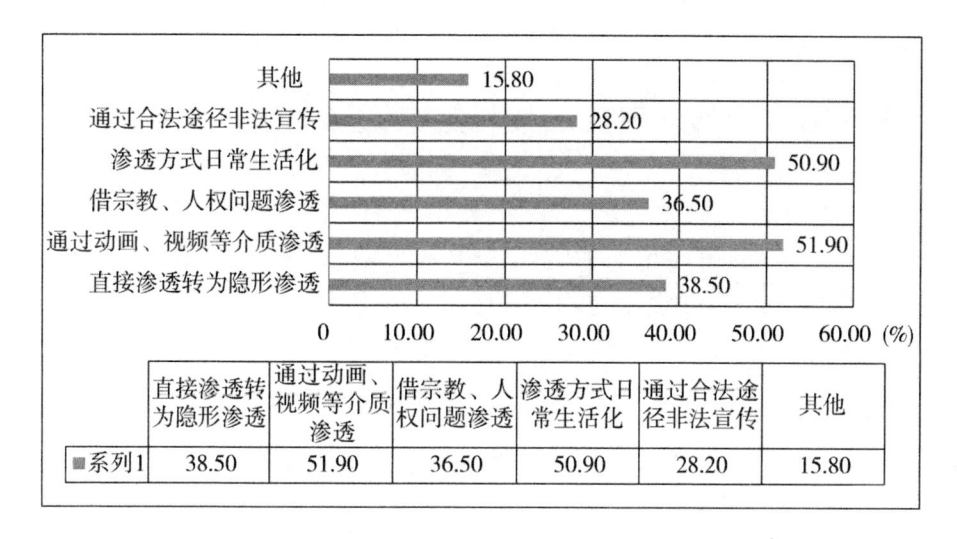

图 3-5　您认为反马克思主义意识形态在网络渗透、媒介传播方式上有哪些变化？（多选）

化趋势。面对面、人对人的商业活动，在全国各地有快餐行业的肯德基，服装行业的 H&M，电子行业的三星、苹果等，这些商业活动涉及人们现实生活的方方面面，时时刻刻。我们买来的是商品，商品带给我们的就有其中的文化思想。

全媒体时代马克思主义意识形态与非马克思主义意识形态的博弈方式主要为网络和非网络话语权争夺，但随着时代发展和技术创新，当中具体的博弈形式增添了新的内容，并日益丰富、繁杂多样。其中以国际舆论战最为突出，各国借助网络新媒体大肆宣传自己的主张，以求获得自身的良好舆论导向，达到打压他国的目的。国际舆论战早已打响，只是网络强大的传播力使其越来越走到人们的面前而备受关注，它表面上是言语之间的较量，实质上是怀有不良目的的政治意识形态斗争。

总而言之，全媒体时代意识形态在高校的网络传播、渗透及博弈方式的转变发展一直都会继续下去，需要我们不断加深对其的认知，加强高校网络意识形态工作，增强防范网络意识形态风险的能力。

第二节　全媒体时代高校网络意识形态面临的新机遇

2015年1月，中共中央办公厅、国务院办公厅印发《关于进一步加强和改进新形势下高校宣传思想工作的意见》，对守卫好高校意识形态工作这一前沿阵地，给出高校具体实施策略。2020年9月，中共中央办公厅、国务院办公厅印发《关于加快推进媒体深度融合发展的意见》，特别提到全媒体，强调媒体深度融合发展是落实意识形态工作责任制的重要内容。2021年7月，中共中央、国务院印发《关于新时代加强和改进思想政治工作的意见》，旨在推动新时代思想政治工作有序进行，给出宏观践行方针。随着全媒体时代的到来，高校意识形态工作受到各级政府部门、教育部门的高度重视，并做出创新性的指示意见，这给高校意识形态工作带来了诸多新的机遇及发展。

一、全媒体加快了高校社会主义意识形态全方位传播

全媒体传播方式实质上就是全方位传播，全媒体时代媒介类型多样、信息覆盖范围广、发布信息及时、表现形式更为具体形象，这些特点是其综合优势。社会主义意识形态会承载在具体的事件信息中，通过全媒体实现在高校全方位传播。

全媒体"以用户为中心"，根据"用户使用场景"分为在办公、在路上和在家三个空间。全程媒体就是覆盖这三个使用场景，实现对事件的整个过程在线传播；全息媒体是媒体方式的普遍化，AR、VR、MR、H5、音视频等技术开启全新体验，"万物都能成为媒体"在未来将成为可能，全息媒体扩大了媒体范围，以载体的多层次来实现全方位的信息传播；全员媒体是信息传播多对多方式，自媒体的出现使全员都成为传播的主体；全效媒体是"线上线下同心圆"宣传管理理念的体现，保证线上线下宣传效果一致，突出了互联网媒体的平台化趋势，实现全媒体传播效果全面化。全媒体传播同

时实现了这四个方面的传播。一方面，全媒体是全程、全息、全员和全效的媒体，也是全方位的媒体，其在进行社会主义意识形态传播时也加快了社会主义意识形态在高校的全方位传播；另一方面，全媒体以其强大的影响力把校内与校外连成一片，媒体用户多为青年学生，全媒体进行社会主义意识形态传播的过程在一定意义上也就是社会主义意识形态在高校传播的过程。例如：2022年2月4日晚，第24届冬季奥林匹克运动会（以下简称"北京冬奥会"）开幕式在国家体育场"鸟巢"举行。整个北京冬奥会开幕式以全球直播的方式向全世界展现了一场美轮美奂的视觉盛宴。总导演张艺谋表示这次北京冬奥会开幕式不同于2008年北京奥运会开幕式，他说："幅度做了裁剪，时长做了裁剪，不再专门设立一个大规模的文艺演出，大幅度减少演员的数量，用科技的含量让他人少而不空，很饱满，空灵而浪漫。"因此科技方面，"分布式大规模天线技术""空频多维5G能力融合""载波聚合""全面的SA网络""5G切片"等黑科技打造了"鸟巢"全方位5G网络。此外，裸眼3D技术、AIoT技术、自主研发的同/异步兼容信发系统、人工智能技术、英特尔DL Boost技术等高科技参与其中，开幕式借助各种科学技术实现全方位传播。在观念方面，张艺谋说："中国是广场舞大国，在任何一个城市都可以看到，人民生活幸福了，才会去跳舞、唱歌，所以我觉得（广场舞）非常好。"于是开幕式热场没有主持人，采取百姓群演的方式，体现人民性。开幕式的节目丰富多彩，有《一起向未来》《立春》《冰雪五环》《更强更团结》《致敬人民》《未来的冠军》等，这些节目设计体现了人类命运共同体的思想，传唱了团结与协作、和平与进步、责任与担当的理念，传播了社会主义意识形态，展现了中国面貌，传递了中国声音。随后国际社会对北京冬奥会开幕式给出了高度评价。高校大学生通过中央广播电视总台CCTV5、CCTV16、CCTV5+，以及央视频、央视体育客户端等方式收看了精彩绝伦的文化盛宴，感受到国家的蒸蒸日上和繁荣富强，也感到了无比的光荣和自豪，对国家走社会主义发展道路产生了深深的认可。总而言之，我国科技的腾飞使全媒体完全有能力和条件使社会主义意识形态在高校实现全方位传播，加深广大师生的政治认同。

二、全媒体拓展了高校意识形态教育内容和载体

高校意识形态的教育的目的就是要把马克思主义意识形态通过各种教育形式传播到学生头脑中，形成坚定的政治信仰。在全媒体时代，高校意识形态教育内容类型并没有发生本质性改变，但具体教育内容随着介质的改变而有所拓展。全媒体对于高校意识形态教育内容拓展具有重要作用。其一，教师借助各媒介加强对马克思主义理论的研究，以此作为丰富马克思主义意识形态的理论内容，同时以传统的马克思主义基本理论作为稳定的基础内容，在教学实践中不断加入中国化的马克思主义理论、马克思主义理论的比较和马克思主义的发展传播史等最新研究成果。其二，最新舆论通过各媒体把信息传递给学生，这些信息就有与时代、与社会相联系的中国特色社会主义理论体系和具体表现时代性的最新国内外时政及国家大政方针相关的内容。学生通过这些方式了解国家事件，明确国家发展趋势，积累相应政治、经济、文化、社会、生态的社会主义理论知识。总体上看，高校意识形态教育内容的拓展离不开全媒体，一方面，全媒体本身强有力的传播效能能在极短的时间内实现信息接收与发布，有效地提高了理论研究时速，丰富了理论知识；另一方面，全媒体信息承载量巨大，宣传国际国内事件、党和国家各大会议，实现了时政内容及时地传入高校，有效增加了时政事件信息的浏览量。因此，马克思主义理论研究成果和中国特色社会主义理论最新成果及社会实践是高校意识形态教育内容拓展的两个重要方面。

同时，全媒体也拓展了高校意识形态教育载体。众所周知，高校意识形态教育的主要载体是思想政治理论课。这是由于思想政治理论课是全国大中小学必修课程，贯穿小、中、高等教育各个阶段，高校涉及专科、本科、硕士、博士等阶段的思想政治理论课。具体开设的课程在专科和本科阶段，表现为"马克思主义基本原理概论""毛泽东思想和中国特色社会主义理论体系概论""中国近现代史纲要""思想道德与法治""形式与政策"等课程；在硕士阶段，表现为"中国特色社会主义理论与实践研究""自然辩证法概论""马克思主义与社会科学方法论"等课程；在博士阶段，表现为"现代

科学技术革命与马克思主义""中国马克思主义与当代""马克思恩格斯列宁经典著作选读"等课程。全媒体不仅保留了思想政治理论课这一原有载体，还在实践基础上拓展了高校意识形态教育新载体。在调查问卷中就有所体现，社会主义核心价值观是高校意识形态教育的重要内容，当问及"您通过'专题讲座'了解社会主义核心价值观吗？"时，45.80%的被调查者给出肯定回答，54.20%的给出否定回答；当问及"您通过'案例分析研讨'了解社会主义核心价值观吗？"时，16.30%的被调查者给出肯定回答，83.70%的给出否定回答；当问及"您通过'社会主题实践'了解社会主义核心价值观吗？"时，37.50%的被调查者给出肯定回答，62.50%的给出否定回答；当问及"您通过'网络交流互动'了解社会主义核心价值观吗？"时，29.70%的被调查者给出肯定回答，70.30%的给出否定回答；当问及"您通过'慕课等在线课程'了解社会主义核心价值观吗？"时，14.70%的被调查者给出肯定回答，85.30%的给出否定回答；当问及"您通过'党建专栏'了解社会主义核心价值观吗？"时，27.00%的被调查者给出肯定回答，73.00%的给出否定回答；当问及"您通过'广播电视'了解社会主义核心价值观吗？"时，28.50%的被调查者给出肯定回答，71.50%的给出否定回答；当问及"您还通过'其他'方式了解社会主义核心价值观吗？"时，13.40%的被调查者给出肯定回答，86.60%的给出否定回答（见图3-6）。

通过被调查者对这8个问题的回答，可以明显看出肯定回答的百分比并不高，甚至可以说远不及否定回答量，但每个问题都有一定的肯定回答量，这意味着上述专题讲座、案例分析研讨、社会主题实践、网络交流互动、慕课等在线课程、党建专栏、广播电视等都是高校意识形态教育的载体，是全媒体拓展意识形态教育的重要手段，只是在高校运用的频率没有思想政治理论课教学那么高，但其依然在高校意识形态教育中发挥着应有的作用。

三、全媒体推动了高校意识形态教育方法手段创新

全媒体推动了高校意识形态教育的发展，在传统高校意识形态教育方法

	专题讲座	案例分析研讨	社会主题实践	网络交流互动	慕课等在线课程	党建专栏	广播电视	其他
是	45.80%	16.30%	37.50%	29.70%	14.70%	27.00%	28.50%	13.40%
否	54.20%	83.70%	62.50%	70.30%	85.30%	73.00%	71.50%	86.60%

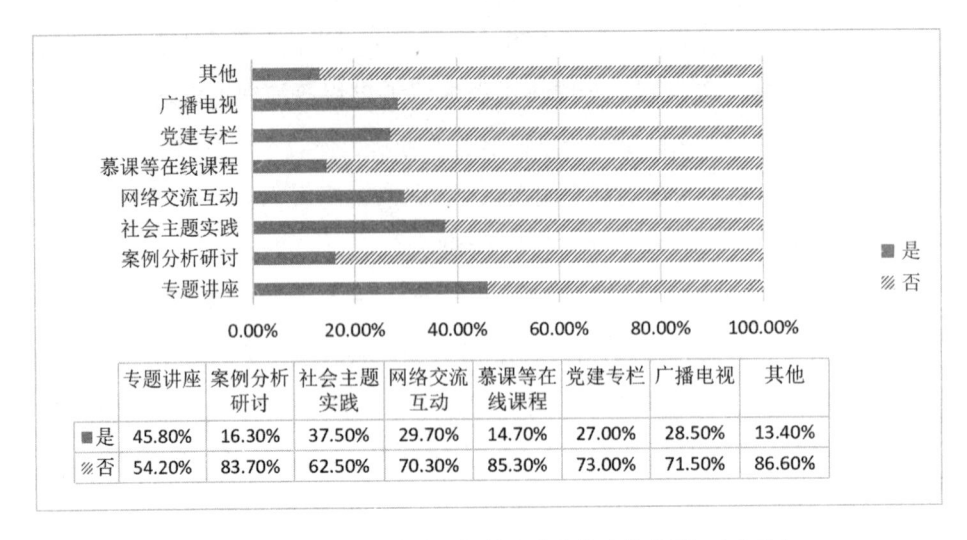

表 3-6　您通过什么方式了解社会主义核心价值观？（多选）

的基础上加入网络媒介元素，实现了方法手段的创新，其主要体现在网络平台的使用和在线教育的开展上。

意识形态教育方法手段的创新体现在网络平台的使用上。随着网络媒介的普及，网络平台也随之出现，并且种类繁多，网络社群、App、公众号等都有广泛的应用，高校师生随时随地广泛接触网络平台上的信息。高校通过上述方式引导广大师生对社会主义核心价值观和马克思主义意识形态的认知、认同，引导学生树立正确的三观。网络平台将是高校意识形态教育的主要载体。现在高校对此进行开发式运用，网页制作管理、各微信公众号开发、各软件使用，无不体现了高校对网络平台的重视和运用。以贵州高校贵州师范大学为例，学生接触到的就有贵师微校园小程序、贵州师范大学学报、贵州师范大学图书馆、贵州师范大学心理咨询中心、贵师学工等公众号、贵州师范大学各官网等。这些网络平台承载各服务体系的同时也推送各种校园生活小文、转载文章和政策制度等，主流意识形态就通过网络平台宣传潜移默化地深入人心。

高校意识形态教育方法手段的创新离不开在线教育的开展。据调查，大部分普通高校之前一直以线下教育为主，仅大学生选修课是线上课程。2019年12月新型冠状病毒肺炎疫情发生后，我国教育部提出利用网络平台"停课不停学",在这一号召下,部分高校在2020年上半年进行了为期一个学期的网上课程。在线教育是疫情暴发下的一种大胆的新的尝试,但把其在有限的条件下开展好,引导学生进入学习状态,对课堂情况进行监管,这些无疑是不小的挑战,但也是高等教育网络化发展的新趋势。我国为了提高大学教育质量,对大学生提出更高的要求。"翻转课堂"的教学模式结合了线上线下教学方式,是教学方式的一大突破,既实现了学生知识的获得,又激发学生思考、解决问题。"翻转课堂"、MOOC是实现高校思想政治理论课真正立德树人的一大手段,本质上也是在线教育和传统教育方式的有效演进,这对学生思想上的改变,政治素养的形成,正确观念塑造,课下进行在线课程学习,课上进行两难问题探讨,在课堂发现并转变学生不当理念是很有帮助的,是以知识传授为主的传统课程无法实现的。

四、全媒体促进了高校意识形态工作队伍能力提升

《关于进一步加强和改进新形势下高校宣传思想工作的意见》中强调,要配齐建强高校宣传思想工作队伍。其中工作队伍包括学校党委政务工作人员和辅导员、思想政治理论课教师、心理咨询教师、共青团干部等。思想政治理论课教师和学校党委政务工作人员是高校意识形态工作队伍中的重要组成部分,借助全媒体的飞速发展,高校意识形态工作队伍能力也有了显著提升。

在思想政治理论课教师能力方面,主要调查的问题分为3类:您所在学校思想政治理论课教师思想政治专业素养如何,您所在学校思想政治理论课教师上课的主要方式有哪些,思想政治理论课最有吸引力或影响力的地方在哪里。

从整体来看,当问及"您所在学校思想政治理论课教师思想政治专业素养如何?"时,74.90%的被调查者认为所在学校思想政治理论课教师思想政治专业素养非常好,可以用相关理论和借助媒介手段解答学生的相关问题;21.10%的认为一般,偶尔出现解答不了问题的情况;4.00%的认为不好,经常出现不能用理论和媒介手段解答问题的情况(见图3-7)。

数据表明:2/3以上的被调查者认为思想政治理论课教师素养很好,专

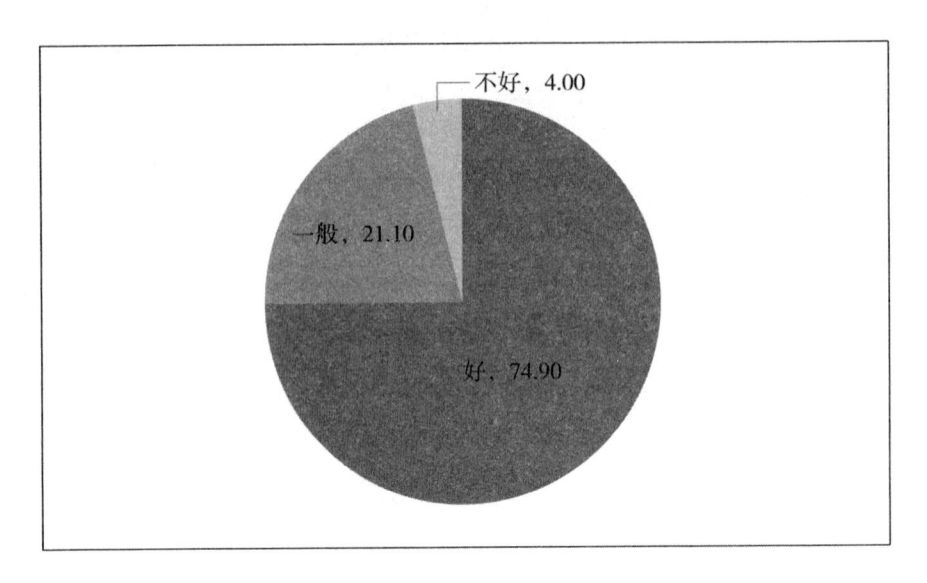

图 3-7　您所在学校思想政治理论课教师思想政治专业素养如何？

业理论知识基础较强，能够较好利用新媒介手段解决课堂问题；但也存在少数调查者认为教师专业水平不强的状况。因此，高校思想政治理论课教师总体呈现专业水平参差不齐的现状，以高专业素养的思想政治理论课教师为主，整体水平较佳，但也存在少数水平低的教师。在现实生活中，西部大开发、乡村扶贫和乡村振兴等一系列国家政策给原本落后的西部地区高校带来了发展契机，大量中央财政资金流入地方高校，为其实现教学设备的更新、媒介手段的利用提供了可能。再者，中国诸多高校近年来大力引进博士学历的高级知识分子，随着老一辈教师退休，新鲜血液的流入，教师整体水平呈现直线式提高。其中高学历的思想政治理论课教师也被引入各地高校，并成为高校教师中的一员，其高文凭的背后也意味着高学识，以习近平新时代中国特色社会主义理论体系武装头脑，实现政治认同、思想认同、理论认同、情怀认同。

　　从具体来看，思想政治理论课教师上课水平也得到学生的认可。其一，当问及"您所在学校思想政治理论课教师上课的主要方式有哪些"时，"以学生为主体""教师与学生充分互动""充分利用电子化教学素材""理论教学充分结合实践教学"等主要方式呈现眼前。有一半以上的被调查者都认为上述方式为教师上课的主要方式。这些方式符合学生发展需要，体现了教师主导、学生主体的教学理论，并具有线上线下多种教学手段的结合，体现出很强实操性，把学生引入课堂内容，从而达到良好的教学效果。其二，在"思想政治理论课最有吸引力或影响力的地方在哪里"相关问题中，多数被调查者认为高校思政课课堂气氛活跃，其教师理论水平高且上课风趣幽默。77.40%的被调查者认为教师上课枯燥是因为部分教师不会利用多媒体手段教学，影响学生对思想政治理论课的兴趣。从这些方面可以得出被调查者对高校思想政治理论课教师上课能力给出了比较高的评价，这是当下教师实力和能力较强的真实反映。

在高校党委政务工作人员能力方面，在调查问卷中当问及"您所在学校党委政务工作人员政治素养如何？"时，75.20%的被调查者认为所在学校党委政务工作人员政治素养"好"，可以用马克思主义相关理论为指导思想开展学生工作；22.20%的认为"一般"，偶尔出现不赞成马克思主义及相关理论的言论；2.60%的认为"不好"，经常出现诋毁马克思主义及其相关理论的现象（见图3-8）。

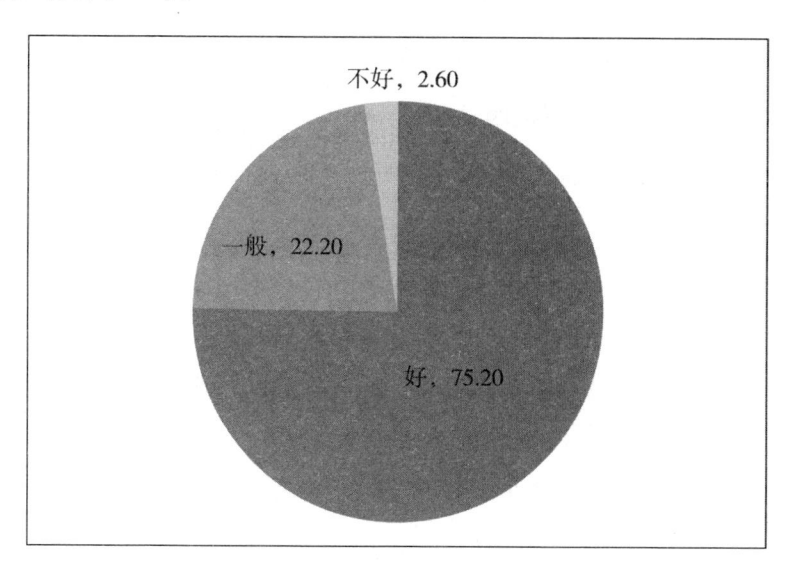

图3-8 您所在学校党委政务工作人员政治素养如何？

从图 3-8 的数据可知，在被调查者心中，多数学校党委政务工作人员政治素养得到深度发展，有坚定的政治信仰，能用马克思主义相关理论指导教育学生；少数存在水平不高的情况。学校党委政务工作人员是高校行政人员，一言一行对学生具有很强的示范性，为学生表率。他们信念、能力的增强是各地高校意识形态工作队伍能力提升的又一大突破。

当问及"您所在学校通过哪些方式开展网络德育？"时，选择"校务微博"的占 30.80%，选择"数字校报"的占 24.20%，选择"校园网"的占 57.60%，选择"校长书记信箱"的占 9.60%，选择"网络思政课平台"的占 47.20%，选择"其他"的占 14.10%（见图 3-9）。

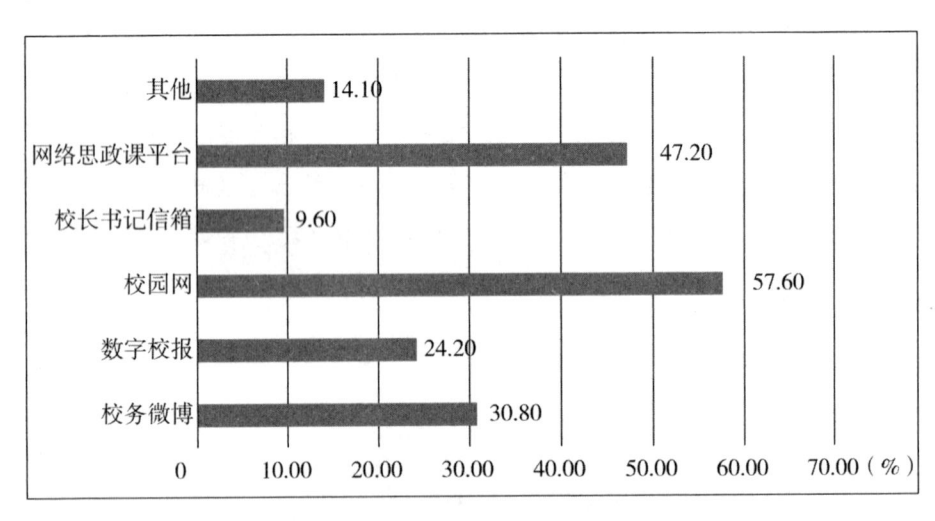

图 3-9　您所在学校通过哪些方式开展网络德育？（多选）

从图 3-9 的数据可以看出，大部分高校意识形态工作者能够利用网络平台方式开展德育工作，全媒体改变了高校网络意识形态工作者的工作方式，促进了工作能力的提升。总而言之，在全媒体时代下，高校思想政治理论课教师和学校党委政务工作人员工作能力的提升正是高校网络意识形态工作面临的重要机遇的体现。

第三节　全媒体时代高校网络意识形态面临的新挑战

在全媒体时代，高校意识形态的传播载体、方式、范围及内容都产生了本质性变化，全媒体强有力的传播速度、传播内容多元化、吸引力强，使西方社会思潮能以更加隐蔽的方式潜入我国高校，冲击主流意识形态。当前高校意识形态面临着传统高校意识形态治理方式滞后、高校主流意识形态的导向弱化、高校网络意识形态安全风险增加、高校网络意识形态工作难度加大的问题。

一、全媒体使传统高校意识形态治理方式滞后

高校意识形态治理至关重要，具体包括高校网络意识形态工作、意识形态工作队伍建设、高校课堂、讲坛及文化活动、校园文化建设与管理等。传统的高校意识形态治理方式确实曾取得了一定的成果，但随着全媒体时代的到来，网络新媒体的介入，传统的治理方式已经难以适应当下新时代高校意识形态工作的需要。全媒体使传统高校意识形态治理方式相对滞后，主要表现在：其一，多元网络文化激荡挑战高校意识形态安全。在全媒体时代，个人主义、享乐主义、普世价值、流行文化泥沙俱下，散布在各种网络媒体中，与马克思主义意识形态相抗衡；网络中马克思主义、非马克思主义、反马克思主义意识形态相互渗透交织，网络文化日益复杂化、多元化，高校网络意识形态也受到了影响。以美国为首的西方势力虎视眈眈，它借助全媒体优势在高校宣传所谓的"自由""平等""人道""博爱"等西方文化思潮，加紧"西化"战略，与马克思主义意识形态宣传形成对立。网络新媒体的出现更是激化了这一矛盾，加深了西方意识形态的渗透。我国有2000多年的封建王朝历史，所遗留下来的封建传统文化根深蒂固，冲淡了社会主义意识形态在高校的传播。其二，网络空间拓宽高校意识形态生态环境治理范围。网络空间属于虚拟世界，但在生活中早已与现实世界连接，网络已经是名副其实的社会空间。网络普及和师生网民的激增创造了全新的社会生产、生活、交往模式，使高校网络意识形态生态环境治理的难度加大。习近平总书记指出："网络空间天朗气清、生态良好，符合人民利益。网络空间乌烟瘴气、生态恶化，不符合人民利益。"①网络环境十分复杂，优劣参半，近年来部分高校对网络生态环境进行大力整治，取得良好成效。但这并不意味着网络空间毫无瑕疵，还是存在着信息杂乱不清、谣言频发、网络暴力时有发生等问题。它严重冲击了高校内部环境，影响师生的思想、价值观念，高校网络生态环境治理需要加大力度。其三，全媒体已经融入高校网络意识形态治理中。高校对全媒体的使用越发熟练，全媒体高校网络意识形态治理方式逐渐形成并大力挤占了传统高校意识形态治理方式的空间。一部分传统的治理方式通过与全媒体融合成为全媒体时代高校网络意识形态治理新的方式，另一部分则在有所保留中又逐渐退出舞台，削减其作用。不论哪一种方式，传统高校意识形态治理方式都难回到过去，其治理成效明显降低。面对复杂的社会局势，当下高校意识形态治理方式呈现现代化转型，这是时代的要求，也是保障高校网络意识形态阵地的有效之举。

二、媒体负面舆论、垃圾信息消解高校主流意识形态的导向

在各种媒体中，过多的负面舆论、垃圾信息、娱乐节目、广告等对高校主流意识形态传播具有一定的消解作用。例如，2021年10月9日红极一时的《快乐大本营》突然停播引起网民热议，一部分观众表示支持，另一部分观众表示反对。反对之声大多是因为不舍，支持之声还是由于节目制作过分娱乐，有哗众取宠之嫌。湖南卫视在9日晚给出了官方解释：是由于节目要全面升级换代，并提出"打造全新的主题积极健康、价值导向鲜明、老百姓更加喜闻乐见的精品综艺节目"。其中"主题积极健康""价值导向鲜明"等字样格外显眼。

在网络新媒体中，各种信息良莠并存。显然，"互联网+"使我们接收

---

① 习近平. 在网络安全和信息化工作座谈会上的讲话［N］. 人民日报，2016-04-26（2）.

到来自世界不同区域、不同民族、不同文化的信息,而有些不良信息还没来得及整理筛选就通过各种网络平台向各处输送,其中有些掺杂了非马克思主义意识形态和反马克思主义意识形态内容,影响了马克思主义意识形态的传播。从对高校的影响来说,网络不良信息主要表现为负面舆论和垃圾信息。负面舆论会引起广大师生网民的负面情绪,对社会产生焦虑、失望感,严重者甚至会心灵扭曲,非常不利于师生网民正确的人生观、世界观、价值观的塑造。此外,垃圾信息也十分常见,以"黄赌毒"为代表的垃圾信息影响最为恶劣。全媒体时代,高校这片净土也深受网络不良信息的侵袭,这些不良信息在不知不觉中被浏览,逐渐消解着高校主流意识形态的价值导向。总而言之,媒体作为载体和工具并不具有任何价值导向作用,而其所承载的负面舆论、垃圾信息等不良信息在时光的长河中,不断消解着社会主义主流意识形态,歪曲了正确的价值导向。

三、媒介监管不力增加了高校意识形态安全风险

智媒体、自媒体、融媒体出现之后,媒介信息的监管更加举步维艰。新媒体网络的势头大大掩盖了传统媒体。然而,新媒体网络信息虽传播功能显著,但较为难管,还未形成成熟完整的法律规范体系,信息审查没有传统媒体那么严格,网络领域乱象丛生,诈骗行为屡屡可见,当中还有很多不健康的信息,不利于高校大学生的成长。目前,尽管网络领域各种法律法规应运而生,如《中华人民共和国网络安全法》《涉及国家秘密的计算机信息系统分级保护管理办法》《中华人民共和国计算机信息系统安全保护条例》《信息安全等级保护管理办法》《关于进一步加强互联网管理工作的意见》等,但是高校师生并不完全知晓。课题组对高校师生网民进行调查,当问及"是否听说过相关网络法律"时,发现82.2%的被调查者主要听说过《中华人民共和国网络安全法》,而对其他网络法律法规听说过的比例都没有超过一半,更不用说对这些法律法规有较为清晰的认知。生活中,人们对这部分法律法规并不关注,现在所涉及的互联网法律法规也并不健全,从而导致网络媒体管理出现许多"盲区"。

更重要的是，我国网络意识形态法规制度作为网络法规在意识形态领域的具体体现，也存在一定的问题。在调查问卷中，当问及"您认为当下我国网络意识形态的法规制度存在'宏观规定较多，微观细则不清'的问题吗？"时，56.40%的被调查者给出肯定回答，43.60%的给出否定回答。当问及"您认为当下我国网络意识形态的法规制度存在'盲点疏漏较多'的问题吗？"时，59.80%的被调查者给出肯定回答，40.20%的给出否定回答。当问及"您认为当下我国网络意识形态的法规制度存在'各监管部门权责不明'的问题吗？"时，30.70%的被调查者给出肯定回答，69.30%的给出否定回答。当问及"您认为当下我国网络意识形态的法规制度存在'管理为主，治理不足'的问题吗？"时，46.90%的被调查者给出肯定回答，53.10%的给出否定回答。可见，"盲点疏漏较多"和"宏观规定较多，微观细则不清"位居一二（分别为59.80%、56.40%），是我国网络意识形态法规制度最为突出的问题（见图3-10）。

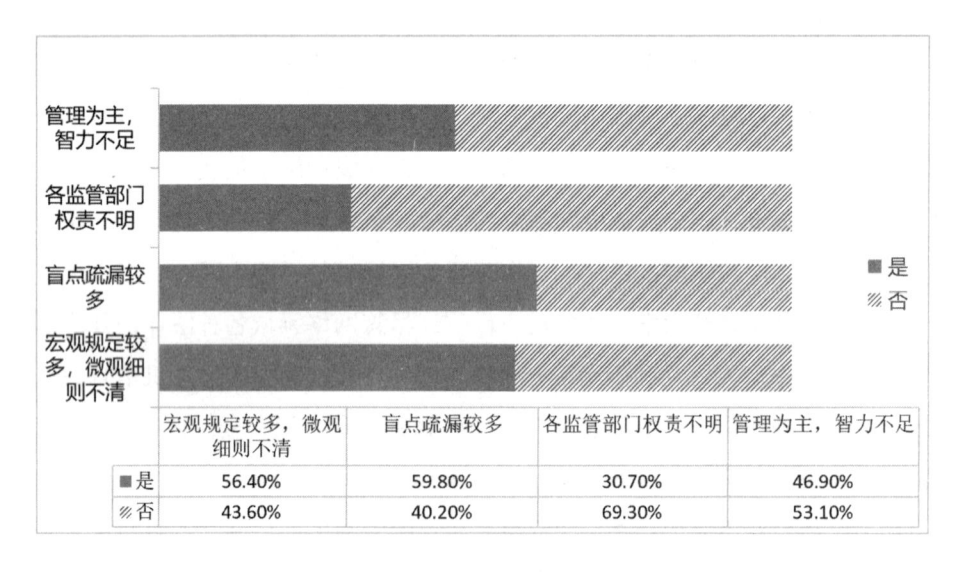

	宏观规定较多，微观细则不清	盲点疏漏较多	各监管部门权责不明	管理为主，智力不足
是	56.40%	59.80%	30.70%	46.90%
否	43.60%	40.20%	69.30%	53.10%

图3-10 您认为我国网络意识形态的法规制度存在哪些突出问题？

另外，当问及"您认为网络监管部门对网络空间进行监管是否有意义？"时，被调查者中有75.6%的认为意义很大，21.5%的认为一般，2.9%的认为无意义（见图3-11）。从中可以得出高校广大师生网民对网络监管意义多持肯定态度，对其有较高的认同。但当下我国网络监管部门工作还存在一定问题，集中表现为工作欠缺精准、全面不够、实效不强等特点。

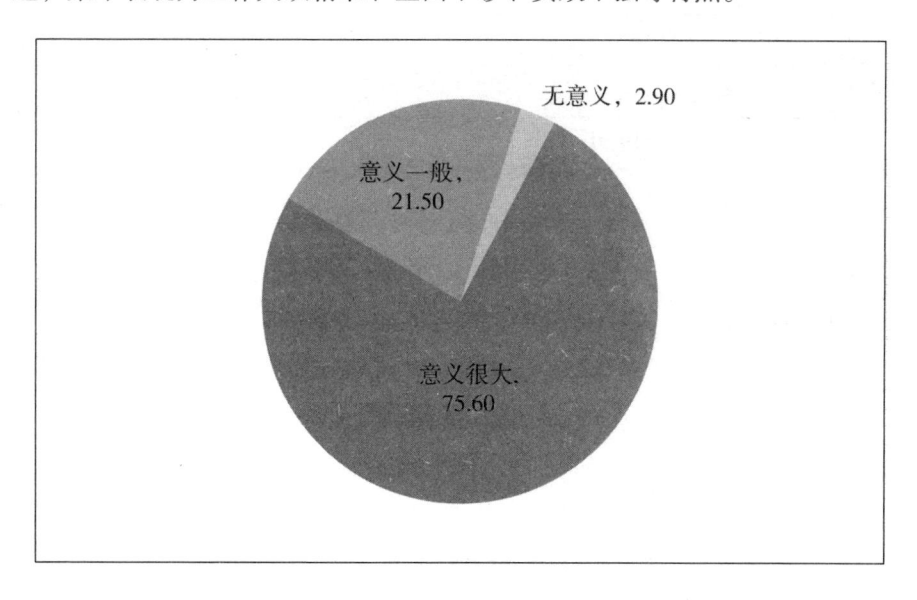

图 3-11　您认为网络监管部门对网络空间进行监管是否有意义？（%）

网络是高校意识形态高风险之地。以网络平台为例，调查中当问及"您接收到的舆情最先来自哪个网络平台？"时，31.10%的被调查者回答"微博"，22.90%的被调查者回答"抖音"，19.50%的被调查者回答"今日头条"，7.00%的被调查者回答"人民日报"，14.90%的被调查者回答"快手"，4.90%的被调查者回答"CCTV"，12.40%的被调查者回答"网络社交群"，3.20%的被调查者回答"新华社"，2.20%的被调查者回答"澎湃新闻"，1.40%的被调查者回答"其他"（见图3-12）。调查发现，被调查者回答中媒体多为自媒体，如微博、抖音、今日头条，它们依次位居前三，也就是说被调查者舆情多来自这里，并受其影响。自媒体信息呈现碎片化和去中心化，话语不集中，比较分散。自媒体的双向互动功能使人人都可以成为信息传播的源头，成为发送信息者，导致信息不对称，出现信息偏差。特别是当媒介监管不力时，信息的发布逃脱政府监管更为明显，一些普世价值、公民社会、新自由主义、历史虚无主义等西方价值观开始混杂其中，且充斥大量垃圾信息，难以得到及时清理。长此以往，高校意识形态安全难以得到良好保障。

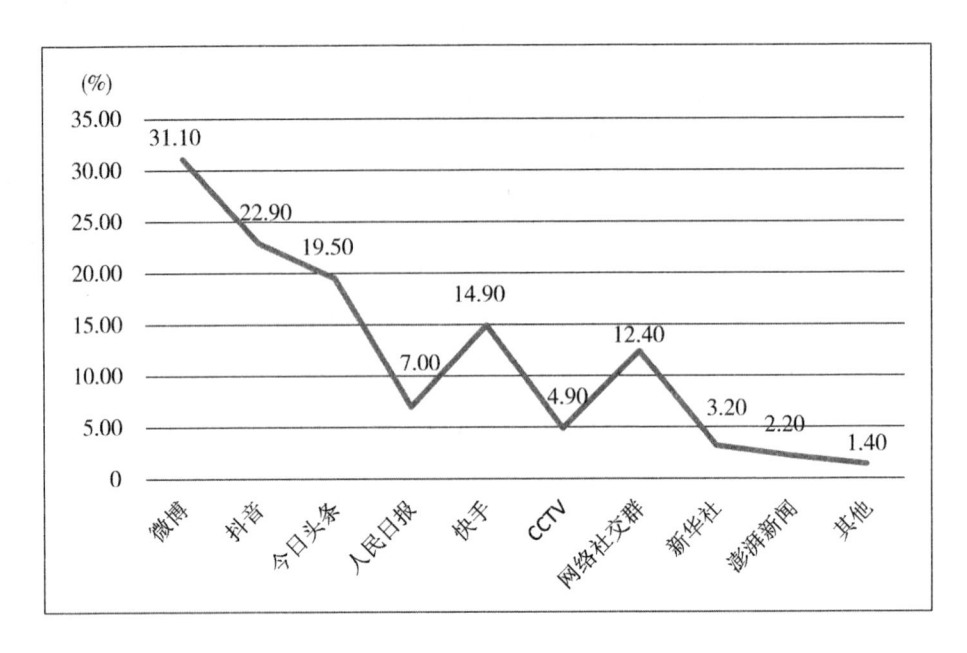

图 3-12　您接收到的舆情最先来自哪个网络平台？（多选）

上述问题导致媒介监管力度不够，未能达到理想效果，不自觉中增加了高校意识形态安全风险。

四、意识形态网络化增加了高校意识形态工作难度

意识形态向网络领域延伸有利有弊，一方面主流意识形态经过网络传播认可度提升；另一方面在优势呈现的同时，其弊端也层出不穷，西方意识形态的网络渗透愈演愈烈，主流意识形态如果传播力度不够、效率不高，非主流意识形态就会乘虚而入。意识形态网络化中的圈层文化传播更是凸显了上述弊端，大大增加了高校意识形态工作的难度。

圈层文化传播实质就是信息茧房，接触到的信息都是从自己相关数据下得到的，会不断受到类似信息的推送，像蚕茧一样把自己圈在固定的信息中，而接触不到其他信息，形成圈层文化。一方面，圈层文化的实质是意识形态。生活中的圈层文化有街头文化、追星饭圈、二次元（动漫/虚拟偶像/声优）、网络文化、电竞/潮鞋等。这种非主流意识形态现象如此常见，网上

就没有马克思主义意识形态圈层文化吗？显然并不是，网络信息会聚，形形色色的内容都有涉及，只是人们对其兴趣度并不高，主动搜索相关信息的情况并不多见，因此网上马克思主义相关信息难以跨越茧房，呈现在学生面前。圈层文化多为学生感兴趣的内容，但其怪圈现象层出不穷，以备受争议的追星饭圈为例，粉丝大多是20~29岁之间的青年，大学生是其主力军。追星过程中，以明星为核心依次围绕核心饭圈、普通粉丝、泛娱乐人群的饭圈随之形成，饭圈职能分工明确，如前线应援、数据打投、文案策划、事业支持、粉丝管理、舆论控评等。整个饭圈运营更为精细，传播力与变现力与日俱增的同时，饭圈隐患也在不断爆发，近年来粉丝互撕谩骂、反向圈钱、浪费资源乱象横生，恶劣炒作、盲目跟风等不良倾向和流量至上、拜金主义等畸形价值观严重侵害学生的价值取向，圈层形成隔板，让健康的文化进不来，也让不良的文化散不去。另一方面，圈层文化传播已经不是小范围情况，而是大概率事件，因此高校也存在此类现象。调查中的一串数据尤为突出，当问及"您上网时最感兴趣的信息有哪些？"时，选项"中国传统文化"，仅39.70%的被调查者回答"是"，60.30%的回答"否"；选项"西方普世价值"有3.40%的被调查者回答"是"，96.60%的回答"否"；选项"中国特色社会主义思想"，27.00%的被调查者回答"是"，73.00%的回答"否"；选项"娱乐健康"，63.00%的被调查者回答"是"，37.00%的回答"否"；选项"体育赛事"，29.40%的被调查者回答"是"，70.60%的回答"否"；选项"消费购物"，50.10%的被调查者回答"是"，49.90%的回答"否"；选项"财经股票"，9.70%的被调查者回答"是"，90.30%的回答"否"；选项"八卦算命"，5.60%的被调查者回答"是"，94.40%的回答"否"；还有"其他"，9.90%的被调查者回答"是"，90.10%的回答"否"。上述信息除了"娱乐健康"和"消费购物"回答"是"的比重比较高外，其他回答"是"的比重较低，甚至极低。（见图3-13）

  之所以会出现这样的现象，是因为认为某种信息在网上丰富的被调查者对此类信息较为关注，大数据会根据引擎搜索，加强推送，人们对这部分信息的连接较深，形成圈层文化，误认为此类信息较为丰富。其实网络发展至今，早已实现信息爆炸，任何一种信息的存量都是相当大的，如果要进行比

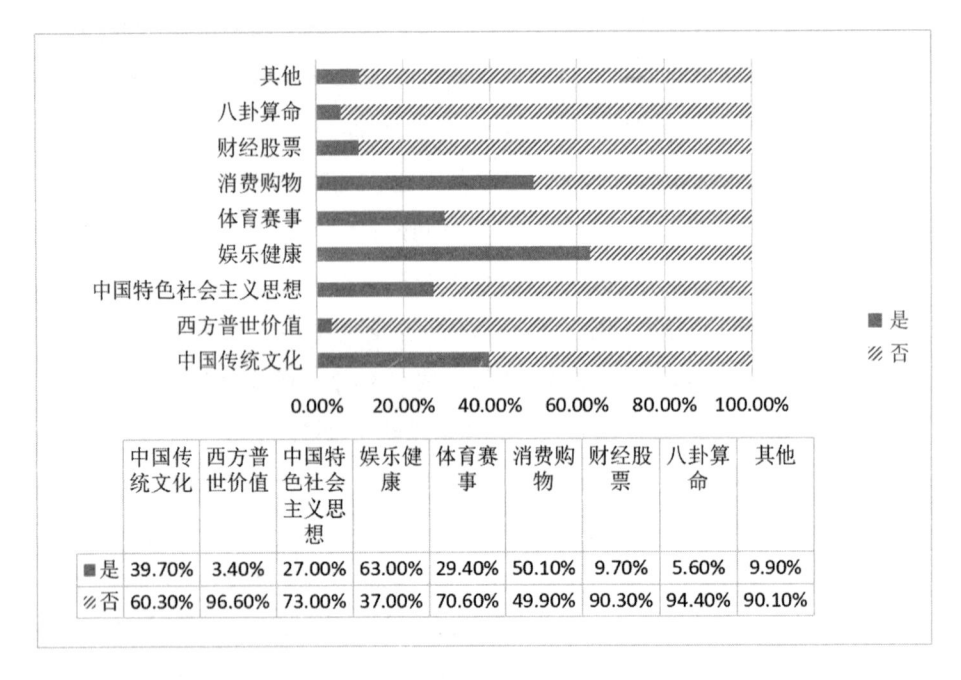

	中国传统文化	西方普世价值	中国特色社会主义思想	娱乐健康	体育赛事	消费购物	财经股票	八卦算命	其他
是	39.70%	3.40%	27.00%	63.00%	29.40%	50.10%	9.70%	5.60%	9.90%
否	60.30%	96.60%	73.00%	37.00%	70.60%	49.90%	90.30%	94.40%	90.10%

图 3-13 您上网时最感兴趣的信息有哪些？（多选）

较，也是难分伯仲。比例的大小印证了所关注人群的多寡，其中被调查者对"娱乐健康"和"消费购物"的关注度高，这也与上文中的追星饭圈、二次元等文化遥相呼应，当然其中也不乏有利健康的文化内容，只是意识形态网络圈层文化传播信息的不确定性、固定性和扩张性为高校意识形态工作带来了不小的难度。

总之，全媒体对于高校网络意识形态来说，既是挑战又蕴含着机遇。面对挑战，我们务必迎难而上；面对机遇，我们必须牢牢把握。正如习近平总书记所说："能否做好意识形态工作，事关党的前途命运，事关国家长治久安，事关民族凝聚力和向心力。"① 高校作为意识形态建设的重要阵地，意识形态工作者要本着"乘风破浪会有时，直挂云帆济沧海"的勇气和决心，坚持守土有责、守土担责、守土尽责，披荆斩棘，继往开来。

---

① 习近平. 胸怀大局把握大势着眼大事 努力把宣传思想工作做得更好 [N]. 人民日报，2013-08-21（1）.

第四章

网络党建与高校意识形态引领机制强化

全媒体时代，由于媒介传播方式的变化，人们思想观念的多元化，加上国内利益格局深刻调整，国际环境日趋复杂多变等多种因素，我国意识形态风险呈现出复杂的态势。在全媒体语境下，高校网络意识形态建设面临诸多风险，意识形态工作可谓任重而道远。做好网络意识形态建设必须坚持党的领导，中国共产党自身的网络建设推动了社会主义意识形态发展强大，在全媒体的背景下，加强网络党建具有重要的现实意义。为此，高校要深入挖掘红色文化资源，并加强网络党建，充分发挥全媒体文化育人的优势。

第一节　高校网络党建与红色文化资源建设

全媒体时代，高校作为意识形态工作前沿阵地，受到多方面的因素影响，不同文化的融合、多元思想价值的冲击、网络空间的威胁都对新时代高校网络意识形态建设提出了新挑战，这一切都要求高校加强党的领导，强化网络党建工作。网络的出现给党建工作带来了诸多机遇，但也迎来了诸多挑战。各地高校应以网络党建作为重要抓手，合理有效地将它运用于引领高校网络意识形态建设工作中。

一、应当重视高校网络党建工作

(一) 高校党建工作者要提高思想认识,积极开展网络党建工作

在实际工作中,高校党务工作者要把网络党建看成是一项长期和全局的工程。网络党建工作并不是一朝一夕就能办好的事情,而是应对全媒体带来的负面效应的长效之举。网络党建的发展要从全局出发,包括学校层面到党总支再到党支部,每一级都要有相应的指导和设计。只有各级党组织统一认识,共同部署网络党建,形成合力,网络党建才能发挥引领意识形态工作的作用。并且,高校党务工作者也要充分认识高校网络党建工作自身特有的规律。以贵州高校来说,网络党建主要面向贵州的78所高校,从高校特征来看,网络党建主要服务高校师生尤其是大学生,跟其他基层网络党建工作的受众相比,高校师生的文化水平较高,大学生又正处于"三观"形成和塑造关键期,跟他们宣讲党的方针政策,引导他们认同主流意识形态要作为高校工作的重中之重。高校的网络党建不可采取机械的方式,不可采用简单的上级对下级的命令式,而是要潜移默化地进行。从高校的性质和自身办学特点来看,高校网络党建要适当凸显高校特有的知识传授和立德育人的特征,以彰显高等教育发展和进步的话语体系展开,提升意识形态的"社会水泥"作用。另外,高校的网络党建也是意识形态的一面"窗口"。网络党建要具有创新力、解释力和说服力,才能够起到意识形态建设的示范作用。因此,搞好高校的网络党建,需要弘扬以社会主义核心价值观为核心的正能量,弘扬爱国主义的主旋律,合理设置意识形态议题,正确引导网络舆论的走向。

(二) 发挥学生党员在高校网络党建中的积极作用

高校是发展党员的重要场所,青年大学生在高校入党的比率较高。高校发展学生党员和入党积极分子,不是看学生党员数量的增加,而是要积极推进学生党员质量的提升。对学生党员的培养培育不仅是党建的重要内容和要求,也是高校的一项重要任务。良好的党性素养是学生党员队伍建设的内在要求。同时,学生党员应该主动投入高校的党建工作之中。大学生既是社会主义事业的建设者又是社会主义建设的接班人,大学生中的党员是骨干和先

锋。在高校党建中，学生党员要有网络党建的意识，并发挥模范作用，起到引领带头作用。第一，学生党员要有良好的责任感。学生党员参与网络党建工作是一项义不容辞的责任，要充分认识高校网络党建在党务工作的重要地位，承担起中华民族伟大复兴的历史使命，团结带动更多的学生一起参与党建工作，努力投身社会主义建设的事业。这是每个学生党员的职责，也是一项神圣而光荣的历史使命。学生党员应该拥有良好的责任感，做社会主义伟大事业的建设者，在历史的潮流面前迎难而上、激流勇进、不负韶华。第二，学生党员要有强烈的自律意识。高校的大学生党员干部是大学生群体中思想前卫、品学兼优的群体，学生党员在学习和生活中要严于律己，树立良好形象，用自己的一言一行践行党员应尽的责任和义务，在高校网络党建工作中发挥"中流砥柱"的作用。作为学生党员，在全媒体时代除了党性要过硬之外，还要形成网络"慎独"意识，严格遵守网络规范和相关法律规定，在上网过程中要注意自己的大学生形象，文明上网，树立良好的网络道德风尚。第三，学生党员要有网络党建创新的意识。广大学生党员是大学生群体中的优秀学生，应该率先垂范，争做大家的楷模，紧跟时代的潮流，力争做到"苟日新，日日新，又日新"，社会和时代的车轮滚滚向前，如果思想观念没有随着社会发展而进步，就会被社会、被历史淘汰。在高校网络党建工作中，学生党员联结党组织、网络、入党积极分子和非党员学生，起到"领头羊"的作用，不仅要时刻与党中央保持高度一致，坚决落实党的路线、方针、政策，更要有创新意识，结合学生思想状况，做好网络党建工作，推动我国党建事业的创新发展。第四，学生党员要加强学习，一是要多阅读、勤思考，熟读马克思主义理论书籍，主动与思想政治工作者、教学者请教，多与周边的朋友、同学、辅导员、班主任交流关于高校网络党建的新想法新思路，在思考、学习实践中不断成长进步；二是要学习网络知识，积极参与高校的网络党建工作，并以技术骨干的身份把负责的板块做好做实。

(三) 构建网络党建平台

在高校网络党建工作中，构建网络党建平台具有紧迫性和必要性，只有网络党建平台架构好了，其他工作才能陆续开展。高校网络党建平台是全媒体时代高校基层党建和网络思政的有效载体。高校党委（党组）、基层党支部一定要充分利用好这一平台载体，努力结合本地区、本高校、本部门实际，打造出具有独特风格和鲜明特色的网络平台，引领高校党建网络平台建设的发展。

第一，构建校级网络党建宣传平台。网络论坛、微信公众号、微博等为人们提供了信息传播和交流的载体，并且这些载体参与性较强，基于这些载体构建校级党建网络平台，可为党员干部、党务工作者、学生党员提供一个相互学习交流的平台，为社会大众、高校大学生提供一个充分了解高校党政信息的平台。具体来说，有两个平台，一是构建微信公众平台，可以及时发布信息，并且使用微信的用户数量多，使用频率较高，宣传的范围较广。二是搭建网络论坛。网络论坛是集网络信息发布、网民交流、意见评论一体的大规模公开交流平台，与微信公众平台相比，网络论坛的互动性与参与性要强得多，可以调动更多群体的参与积极性。高校党建网络论坛是一个专门供学校师生党员、高校辅导员、党政工作者相互学习、交流、研讨的大型网络公共平台，大家都能平等发言、参与交流。由于网络党建是开放的，各高校可以学习借鉴，一方面能够学习其他高校的建设成果；另一方面可以改进自身的不足，达到相互学习、协同发展的目的。

第二，创设身边优秀党员的宣传平台。高校党员在教职工中要始终发挥模范带头作用。好的行为会起到模范作用，反之，不恰当的言行会造成不良的影响，甚至会引起负面的社会舆论。所以，要经常开展对优秀党员的表彰活动，对他们的先进事迹及时报道和宣传，引领师生树立良好的行为意识。高校可以通过校园网、微博、微信公众号等平台，开设专门栏目，或定期宣传，校内外党员典范的光荣事迹，尤其要突出本校党员典范，让广大非党员学生认同、效仿，以弘扬正能量。当然，党员是服务群众的，宣传重点要体现个人为集体做出的贡献，而不是突出党员的优越性，这样才能形成良好的学习风气。

第三，开设党史教育专栏。党的历史是一部最有说服力的教科书。地方党史是全国党史的有机组成部分，也是大学生了解家乡的一个重要渠道，是爱国主义教育的重要内容。众所周知，我国历史悠久，在不同地区不同历史时期的发展都具有鲜明的特色。以贵州高校党史教育为例,贵州是红军长征路上活动区域最广、活动持续时间最长、发生重要事件最多的省份之一。中央红军从1934年12月中旬进入贵州,到1935年4月底离开贵州,时间长达4个多月,约占中央红军长征时间的1/3;红二、红六军团1936年1月至4月在贵州转战,活动时间3个多月,占红二方面军长征时间的1/3。中央红军和红二、红六军团在贵州转战,革命足迹及50多个县,占目前全省88个市县区的70%。红军转战贵州期间,召开了具有历史转折意义的遵义会议,并胜利强渡乌江、四渡赤水,创下红军长征史上的经典战例,留下的遗址遗迹和历史故事形成了丰富的党史文化资源。上述党史文化资源是网络党建和红色文化教育的良好素材。

第四,高校应丰富党建宣传内容。目前很多高校已开展网络党建工作,但是从总体上看,网络党建还需要进一步的发展,并且需要注意两点。一要坚持全面与重点结合。高校网络党建工作面对的对象不同,主要有党政干部、师生党员、入党积极分子,同时也覆盖高校教职工、学生,对社会也会产生一定的影响。因此,在宣传时要注重普适和重点的结合,一方面要进行全面宣传,另一方面也要针对不同群体进行具体宣传。高校网络党建的宣传工作涉及面较广,既包含了党在经济、政治、文化、社会、生态等多个方面,也包含了地方省委的会议、政策等,还有高校网络党建的具体工作事项,因此,应紧密结合高校党建宣传的内容、目标,因时因地因人制宜,对高校网络党建工作的建设现状、成效、经验进行全方位宣传,进一步促进高校广大师生对网络党建工作重要性的认识,更好地认同、支持和参与这一伟大工程。二要把宣传的长期和实效结合起来。党的长期目标是稳定,需要持之以恒的奋斗,同时,一些短期的工作具有时效性,应时刻关注时局、把握最新动态,并及时准确地进行宣传。

二、推进红色文化资源网络建设

红色文化基因是中国共产党领导中国人民进行革命的独特精神标识,其产生于新民主主义革命时期,在社会主义建设、改革、新时代中延续和发展,凝结了中华优秀儿女的传统精神,是中国共产党人艰苦奋斗、敢于拼搏、甘于奉献、自力更生的优良品质,党在革命中孕育出了建党精神、井冈山精神、长征精神、遵义会议精神、延安精神等优良精神品质。在全媒体背景下,高校应该借助信息技术实现红色资源网络化建设,可以打破时空的限制,使高校大学生能够接受红色文化教育,进而促进高校网络意识形态的建设。

(一)建立红色文化数字资源库,努力挖掘网络文化价值

每种红色文化资源样态都蕴含着丰富的意识形态教育资源,都是一本生动的思想政治教育教科书,然而红色文化资源又分散于各地,高校组织学生到多地接受红色文化教育虽然效果好,但是耗费的人力物力成本太高,难以实现。在全媒体背景下,借助于信息技术,通过建设红色文化数字资源库,整合各地的红色文化资源,让学生克服空间的阻碍,实现对红色文化资源的网络化高效利用,避免红色文化资源闲置和被遗忘。在红色文化网络资源库的基础上,发挥高校意识形态教育的人才资源优势,注重对红色文化精神力量的持续开发,为意识形态教育提供连绵不绝的动力。比如,红军在贵州活动的主要史迹有遵义会议会址、娄山关战斗遗址、"四渡赤水"旧址、黔东特区旧址、毕节中华苏维埃共和国川滇黔省革命委员会旧址。①

同时,高校既要以弘扬红色文化革命精神为主,也要统筹协调其经济价值与精神文化价值,挖掘持续性开发的价值。红色文化资源作为一种特殊的资源形态,其自身就蕴含着直接的经济价值,将其与实践基地和高校的文化建设产业进行综合开发,能创造教育实效和经济效益,以满足高校广大师生的精神文化需求,如建设包含塑像、图片、文字等的公益红色文化广场,出版红色读物和精品装饰物,尝试从人文、历史、地理等不同领域提炼新的红色文化标识概念,将自强不息、顽强拼搏、奋勇直前的精神和品质传递给大学生,使其在具体的历史叙事、历史情境和历史事件中去认知、感受红色文化资源的内涵及其历史意义,从而引起广大师生的情感共鸣和思想共振,在讲好红色故事、弘扬红色精神、传播红色声音的实践中全方位提高意识形态

---

① 王爱华.贵州省情[M].北京:清华大学出版社,2019:68.

教育的实效性。

（二）借助校园网站弘扬红色文化，开展多层次红色文化活动

高校校园网络是我国主流意识形态传播的主阵地。校园网站弘扬正能量，宣传阐释高校的政策、活动等内容，给高校师生提供了相关信息。此外，高校师生可以通过校园网站进行沟通交流。因此，可以把校园网站作为弘扬红色文化的重要窗口，达到红色文化育人的目的。具体来说，高校可以以校园官网为核心，通过设置新闻栏目或红色文化栏目，传播红色文化、新闻时事，根据师生的信息认知特点、价值需求、网络空间感受，精心打造不同层次、不同类型的红色故事，制作成红色视频，成为新闻信息发布、舆论舆情引导、思想理论教育的重要平台。除了校园官网之外，二级学院还可以在分设的网站中再设置红色文化栏目，或者使用二级学院的微信公众号、微博推出红色文化栏目，这样就可以让学校、学院两级媒体资源协同发展和优势转化，同时，依托高校网络信息中心、马克思主义学院、宣传部门成立红色文化研究中心和网络文化研究中心，从理论和实践双重维度上及时跟踪、把握和分析师生思想动态，推出相关红色育人文化精品和革命励志故事，使校园网络始终成为传播红色火种，弘扬红色基因，宣传主流文化、先进文化的重要平台。

同时，弘扬红色文化要发挥全媒体传媒优势，开展数字意识形态教育实践活动，使红色文化资源"活起来"。高校需要充分利用校园广播电台、微课、慕课、影视作品，以数字化、可视化、多媒体化的手段创新我国红色文化资源的表达方式，抢占互联网高地，吸引高校学生的注意力。具体来说：首先，高校可以根据自身具备的资源，录制红色文化方面的微课，以必修课、选修课的方式让学生进行学习；其次，结合学生的专业和社团性质，挖掘红色文化的价值内涵，开展立体化的红色文化教育，比如，艺术绘画类专业，可以组织红色文化绘画，设计类专业可以创作体现红色文化资源的作品，青年马克思主义者共青团、学习社等学生社团可组织党史知识竞赛、党史故事讲演；最后，引导学生在课余时间观看优秀红色影视作品，要让学生充满正能量，必须以优秀的作品来感染人，将红色文化基因传递给学生，增

强他们的知识和才干，激发他们的爱国热情和奋发向上精神，引起他们情感共鸣和强烈的反响，为增强高校意识形态教育的效果营造良好的环境氛围。

第二节 高校网络党建与意识形态风险防控机制构建

高校网络党建，必须加强意识形态风险防控机制建设。当前，学术界对高校意识形态风险防控机制尚未有统一的界定，不过学界对意识形态风险、意识形态风险防控能力等相关概念进行了一定的探讨，这为高校网络党建以及意识形态风险防控提供了一定的借鉴价值。

一、高校意识形态风险防控机制的内涵

在意识形态风险防控方面，学术界已开展了大量的研究，取得了一定的成效。有学者指出，"意识形态防控的风险既来自外部挑战如价值观念被分化，也来自内部冲击如主流意识形态的基础被动摇、理想信念被弱化"[①]。也有学者认为，"意识形态风险主要指以核心价值体系为标杆的主流意识形态在内侵外攻下出现话语失声、权威消解和阵地失守"[②]。当然，对"意识形态风险防控"这一概念的界定，首先要从定义"防控"开始。所谓防控，就是预防和控制，意识形态风险的防控是指使那些涉及意识形态安全隐患的各种因素得到及时的预防和有效的控制，确保主流意识形态的安全。高校意识形态风险防控机制的构建是高校意识形态工作能力提升的首要条件，如果没有机制的运行和制度的保障，高校意识形态风险防控就会流于形式，无法达到预期的目标。由此看出，高校意识形态风险防控能力的提升和机制的建设尤为重要。

---

① 杨宏伟，王亚妮. 我国主流意识形态安全问题探析 [J]. 山东行政学院学报，2017 (2)：29.
② 郑敬斌，孙雅文. 新时代高校意识形态风险与管控路径 [J]. 山东政治青年学院学报，2019 (2)：62.

在上述分析的基础上，我们可以对高校意识形态风险防控机制下一个定义，是指高校为了预防和控制意识形态风险，保障高校意识形态安全，针对性地建立起来的相关制度和规定，发挥组织和集体作用的方式和过程。高校意识形态风险防控机制需要考虑目的、内容、过程等方面。具体来说，从高校意识形态风险防控的目的来看，"机制"就是要求高校加大主流意识形态传播和教育的广度、力度、深度，强化主流意识形态的解释力和说服力，增强主流意识形态的引领力与凝聚力，同时化解高校的各种意识形态风险；从高校意识形态风险防控的内容来看，"机制"就是要加强对高校意识形态工作队伍能力提升，强化高校意识形态传播主阵地的管理，推进高校思想政治理论课教学改革，加强高校马克思主义理论学科建设；从高校意识形态风险防控的过程来看，高校意识形态零风险是不可能的，这种风险也经常处于一种动态的变化之中，不确定不稳定因素不时出现。为此，"机制"就是要根据高校意识形态风险现状，采取防堵结合的策略，不断化解风险和防患于未然，切实确保高校意识形态安全。

二、强化高校网络党建，健全意识形态风险防控数据库

在大数据的时代，区块链、云计算、人工智能等新技术接连不断出现，大数据技术已经渗透人们的工作、学习、生活等领域。大数据技术的运用同样也给高校网络党建带来支撑和红利，能够汇总和分析关于风险的海量信息，这就使高校意识形态风险防控数据库的建立成为一种可能。对于高校网络党建而言，使用大数据技术具有一定的区位优势。近年来，贵州深入推进大数据发展，以数博会为主要标志，大数据建设成果累累。由此可见，高校网络党建可以依托大数据平台构建风险档案库，为意识形态风险研判、评估、预警、处置奠定基础。

在网络党建内容上，风险档案库应包括学校党委党组及各支部职能分工、岗位职责、业务流程，教职工党员的思想状况、职业能力、职业操守等信息，还包括学生的思想状况、学习数据、考试成绩、行为习惯等信息，通过对这些信息进行汇总、整理、分析、比对，对发现风险的风险概率、损害

程度进行汇总、登记，为意识形态风险研判、评估、预警、处置奠定良好的数据基础。

在网络党建平台上，可以使用天玑互联网大数据分析系统、拓尔思大数据舆情分析平台。天玑互联网大数据分析系统能够一次性收集大量的移动App数据，搜索到海量的互联网各种各样的信息，通过信息甄别、筛选、过滤，抽取一些核心信息，进行大数据分析，实现跨网站、平台的数据内容融合、数据挖掘和深度分析，从而寻找到一些重要信息、热点问题，以此来预警、跟踪高校师生网民上网关注的内容和兴趣、爱好。① 拓尔思大数据舆情分析平台以拓尔思公司数据中心为基础，"主要围绕事前预警、事中分析、事后处理三部分构成的舆情处理的全生命周期进行舆情管理服务业务"②。

在网络党建流程上，可以综合使用云计算技术、人工智能技术，将分散在不同高校意识形态风险防控主体之间的数据和信息等各类资源要素进行共享与存储，整合具有共同特征或有链接的要素，通过这种方法，将不同的主体变为互联互通的网络节点，在此基础上实现高校网络党建及意识形态风险大数据的集合、挖掘、分析、预警。

三、构建高校师生党员网络意识形态风险评估机制

全媒体时代，高校师生党员生活在复杂的网络环境之中，思想意识和价值观念比较多元，尤其是高校学生党员正处于人生的关键时期，世界观、人生观、价值观尚未完全成熟，有着比较独特的群体身心特征和利益诉求，理所当然成为网络党建的重点对象。在高校的学习和生活过程中，部分学生党员容易受到自身成长的困惑和外界环境的影响，产生思想上的波动，有可能形成一些冲动和极端的想法，在意识形态方面容易出现问题。因此，高校需要设置常规性意识形态风险研判教研活动，建立健全师生党员意识形态风险研判机制，将意识形态风险研判工作制度化、常态化，落实到高校党支部之

---

① 北京中科天玑数据科技股份有限公司. 天玑互联网大数据分析系统［EB/OL］.［2019-12］. http：//www.golaxy.cn/pro/index.html
② 湖南识微科技有限公司. 拓尔思大数据舆情分析平台［EB/OL］.［2016-05］. http：//www.trs.com.cn/cpzx/dsjyqfxpt/201605/.

中，以促使党务工作运转机制日常化。一是建立风险研判的队伍，设立由高校校内专家学者、思想政治理论课教师、心理咨询教师、学工处教师、高校辅导员、学生干部组成的风险研判队伍，这种队伍可以发挥不同的学科特点，产生集群智慧，从不同视角观察师生党员群体可能会出现的意识形态风险领域；二是建立工作中问题导向的机制，在日常工作中，以高校师生党员、入党积极分子的心理特征和切身利益诉求为重点，树立预防意识，提前研判高校师生党员尤其是入党积极分子思想和心理上潜在的或已萌芽的问题，始终将意识形态风险研判重点对准高校师生党员的心理特点和思想动态，及时发现潜藏的意识形态安全风险点，能够超前采取相关的风险防范措施，达到比较全面、准确、高效的高校意识形态安全预防研判目标；三是重点关注意识形态风险频发的领域，关注师生尤其是学生党员特别关心的问题与领域，聚焦高校师生党员群体关注的社会事件和现实热点，判断是否可能会引起他们的思想波动，超前预警，并及时采取行动，由思想政治理论课教师、心理咨询教师、学生教育工作者给予思想、意识、心理上的解惑答疑，化解师生党员尤其是入党积极分子的思想波动及可能出现的非理性行为，并引导他们回归理性、纠正过激思想、消解不良情绪，树立正确的学业观和就业观，为师生党员教学、学习、就业的发展进步提供思想上的指导和现实中的便利。

如果说风险研判是"第一个关卡"，能够过滤和化解掉高校的部分师生党员意识形态风险，那么风险评估就是"第二个关卡"，继续对高校网络党建中可能爆发的意识形态风险进行预判和一定程度的消解。第一，高校网络党建工作应跳出高校视域限制，摆脱自身的惯习，拓宽高校的发展视野，建立由具有更大决策权的高校领导层人员组成的专门风险评估小组，并聘请校外的专家学者做风险评估指导，以提升高校网络党建工作中意识形态风险评估的科学性、公平性、合理性和前瞻性。第二，通过对大数据风险档案库中数据的分析，定期对可能出现的高校师生党员意识形态风险及时进行评估，对高校突发事件或者校园网络舆论进行评估，判断风险爆发的概率和损害的程度，决定是否要发出风险预警。第三，高校网络党建工作者要牢固确立以广大师生为中心的发展思想，科学而理性地做出决策，从符合高校教育教学规律出发，推动高校事业的发展进步，并把短期效应和长远发展有机结合，充分平衡相关各方的利益关系，同时尽量避免"一刀切"，以免因决策不公、有失公正而引起异议，造成师生抵触情绪与反感心理，从而引发网络舆论，影响高校党建的正常开展。第四，高校网络党建工作者在决策中要坚持"程序合法"，在决策酝酿和出台过程中，要保障师生党员的知情权和建议权，让决策以公开透明的方式进行，这个过程其实也是化解网络意识形态风险的过程。

四、健全高校师生党员网络意识形态风险预警及排查处置机制

除了对高校师生党员的意识形态风险研判和评估之外，高校还需要建立网络意识形态风险防控预警机制。高校网络意识形态风险防控主体通过对收集来的意识形态风险数据和材料进行精准的分析，然后对风险等级做出科学研判，并根据风险等级向相关群体、部门、个人进行预警，提醒他们采取一定的风险防控措施，以消除安全隐患。风险预警具体包括：一是设计预警指标体系，预警指标体系的设计应考虑高校网络意识形态风险发生的主体、环节、概率，以及风险可能导致的损坏程度这几个因素；二是分析预警信息，预警信息的分析可采用定量的数据分析与定性的价值判断相结合的方式开展，根据预先设计的指标体系对评估的客体进行测量、估计、评判，最终形成关于评估客体可能出现风险的分析报告；三是管理意识形态风险，高校网络意识形态风险评估主体在对预警信息进行分析的基础上，做出针对网络意识形态风险预警的响应和管理，并提醒出现网络意识形态风险的领域，要求相关群体、部门、个人及时采取有效的防控措施，将网络意识形态风险消除在萌芽状态。

高校师生党员网络意识形态风险防控既有防范也有控制，虽然经过风险的研判、评估、预警等环节可以消除部分的网络意识形态风险，但是不可能杜绝所有风险，一些突发事件或技术不能解决的风险，必然要通过控制来加以完成，控制环节一般由风险排查和风险处置两个部分组成。

第一，风险排查。高校师生党员网络意识形态风险排查可分为普遍性排

查和专项排查两种情况。在普遍性排查的工作中，排查的负责人员可以从岗位履职情况、组织制度的落实情况和外部环境输入等三个方面风险入手，对从事具体工作的党政部门、教职工、学生党员进行具体的分析和考察，将网络意识形态的风险当场查找出来并及时处置。因此，高校师生党员网络意识形态风险排查必须协同并进，以党务部门职责、分工、教职工、学生党员为不同的出发点，紧抓关键环节和要害部门，深入排查风险，形成"由点到面"的排查思路，重点排查三类岗位党员存在的网络意识形态风险。一是学校党政领导班子岗位。依据高校党政领导班子各自的岗位分工和任务职责，逐一排查其是否贯彻落实党和国家在网络意识形态教育管理方面的各项要求；二是学校各党政部门根据各自职责分工，查找各部门在日常管理和服务、行使职责等过程中存在的网络意识形态风险；三是教职工及学生党员队伍，主要是查找教职工及学生党员在岗位职责中存在的网络意识形态风险，查找师生党员在上网过程中可能产生的意识形态风险。专项排查的工作可以结合上级主管部门的督查检查工作，根据专门的主题进行排查，排查的负责人员对高校师生党员的网络意识形态风险进行专项排查。

第二，风险处置。高校师生党员网络意识形态风险处置是负责人员通过对高校党政部门、教职工、学生党员意识形态风险点的识别和分析，对排查出的问题及时进行处置，并得出有实际意义的处理结果。对在高校师生党员中出现的各类网络意识形态风险，视情节轻重和造成的损失程度，或在校内进行处理，或报告上级党组织处理，对有违法犯罪行为的移送司法机关处理。对意识形态问题的处置以上级相关文件为准，并且要上报核准。风险处置之后，高校师生党员要及时从中汲取经验教训，避免此类事件再次发生。在实施责任追究的过程中，可由高校分管意识形态领域的部门和相关领导及时向学校党委和纪委进行追责建议。本着惩前毖后、治病救人的原则对相关人员展开责任追究，并且要分清主要责任和次要责任、集体责任和个人责任。此外，在全媒体时代，高校并不是原子式的个体，各个高校以及高校学生之间的联络也日益频繁，高校应本着"公开透明、实事求是"的原则，借助互联网平台、官方报道及时向广大师生提供网络党建及网络意识形态风险处置的有关信息，阐明官方的立场和态度，征求广大师生的意见，利用媒介信息传播社会大众的正确舆论，防止引发次生舆情，避免网络意识形态风险扩大恶化，造成负面影响。

第三节　高校师生党员网络意识形态管理机制强化

全媒体时代，意识形态话语变得纷繁复杂，强化高校网络党建，必须加强对师生党员的网络意识形态管理，加强网络意识形态话语权建设，减少"杂音""噪音"，维护马克思主义在意识形态领域的主导权和话语权。

一、高校网络党建要加强意识形态话语创新

（一）进行网络党建理论创新，增强意识形态话语吸引力

在全媒体时代，社会主义意识形态话语要获得高校师生党员的认同，需要创新网络党建理论以增强吸引力。具体来说，网络党建理论创新需要正确处理好以下关系。第一，处理好"时代"与"文本"之间的关系。网络党建理论创新既要关注当前时代发展的潮流，也要把党建理论的文本作为根基，将理论和时代更好地结合起来以回应时代提出的重要问题。就党建理论来说，无论是革命战争年代，还是社会主义建设时期，我们党在不断斗争实践中积累了宝贵的建党历史经验，并取得了新民主主义革命和社会主义建设的伟大成就，党的"三大法宝"、基本路线、指导方针将成为网络党建理论创新的重要依据和文本素材。在中国特色社会主义新时代，社会基本矛盾发生了变化，大学生的思想观念也在与时俱进，网络空间千变万化，网民特别是高校师生网民的急剧增加，大大增加了网络党建的难度，因此，搞好网络党建，必须处理好"时代"和"文本"的关系，用实践的马克思主义来指导网络党建。第二，把握理论与实践的关系。"实践出真知"这句话告诉我们，进行网络党建理论创新时不能脱离中国特色社会主义的伟大实践。理论来源于实践，并指导实践。马克思主义并不是书斋里的学问，而是经过千万次实践检验证明是正确的真理；马克思主义不是僵死的教条，而是开放的、

不断发展的理论体系；马克思主义是科学，但是必须创新，创新的最终目的是解决实践问题；只有不断地对马克思主义进行理论创新，才能够彻底保证创新后的马克思主义理论为我国社会主义建设提供科学指导。第三，把握网络党建与高校发展的关系。党的路线、方针、政策是我国意识形态的重要体现。在高校的网络宣传平台上，要加大中国特色社会主义意识形态的阐释宣传力度。将它与高校的发展、教育的发展、产业行业的发展融合起来，从而切实丰富网络党建理论信息资源。

（二）贴近师生党员的现实生活，加深话语亲和力

经济基础决定上层建筑，社会意识形态是上层建筑中的"观念上层建筑"，它对经济基础具有反作用，这种反作用来源于对经济生活的不同需求，这种需求往往会通过人们的思想、观念反映出来。加强高校网络党建，就必须立足于新的历史起点、新的时代方位，结合时代的变化和人们现实生活的需求，重新审视高校网络党建面临的新情况、新问题，创新工作内容、工作方法、工作人群，加强党建工作的时代感和实效性，用广大师生最亲近的话语、时代最需要的声音获取他们的情感认同、理性认知和行为遵循，增强高校网络党建工作的生机活力。在全媒体时代，如果高校网络党建工作还是因循守旧和观念滞后，必然缺乏亲和力，不能解开当前高校师生党员在党务实践中的困惑和难题，更不能满足广大师生党员在现实生活中的需求，也难以解决矛盾，只会削弱高校网络党建工作的活力和效力。因此，加强高校网络党建工作要紧跟时代步伐、倾听党员的呼声、回应现实的需求、创新工作的话语，不断创新网络党建话语的亲和力、吸引力、号召力，不断增强网络党建话语的纯洁性、先进性、前卫性，才能加强网络党建内容的亲和力。

（三）开启"互联网+党建"模式，提升主流意识形态话语传播力

全媒体时代，网络媒介作为高校网络党建的传播载体，具有传播速度快、信息海量、互动性更强等优点，越来越受到高校师生党员的青睐，社区论坛、新闻网站、微信、微博、手机客户端等成为高校网络党建实践的主要载体。然而高校传统的党建平台、载体依然发挥着不可或缺的作用，如课堂教学的稳定与充分交流，思想政治理论课程与课程思政的有机结合，校园文

化育人的良好环境等。因此，建构"互联网+党建"模式，不是要完全排斥旧的党建模式，而是要将新兴网络媒体与传统媒体结合，将传统优势和新媒体优势高度融合到党建中去，发挥其最佳优势。为此，一方面，要充分发挥大数据、智媒体、自媒体传播的快速、海量、互动、无界等优势，利用各种媒介的转载、分享、点赞、评论的多功能，来提升高校网络党建的公信力、辐射力、影响力；另一方面，要利用好传统媒体的阵地优势和专业权威，发挥好高校理论报纸、杂志、橱窗、思想政治教育课、校园广播等宣传报道的优势，推送先进人物的优秀事迹，聚焦师生党员重大关切问题，增强社会主义意识形态话语的实践解释力。

二、落实高校党委（党组）网络意识形态建设责任制

（一）坚持高校党管网络意识形态建设

高校网络意识形态建设是高校党委（党组）工作的一个重要内容，是全媒体背景下舆论环境变化对高校党委（党组）工作提出的新要求，也是高校网络意识形态建设的责任，事关党委（党组）对意识形态建设工作的领导权、管理权。十九大报告指出："党政军民学，东西南北中，党是领导一切的。"[①] 强化党的领导是社会主义高校在长期实践中形成的重要原则，也是做好高校意识形态建设工作的首要任务。《关于进一步加强和改进新形势下高校宣传思想工作的意见》（2015）指出："高校党委要强化政治责任和领导责任，党委书记、校长要旗帜鲜明地站在意识形态工作第一线，充分发挥高校党委的领导核心作用。"[②] 高校党委（党组）作为高校意识形态管理工作的领导核心，必然要切实抓好网络领域的有害信息、负面舆论和不良社会思潮的整治工作，履行好政治责任和领导责任。一方面，高校党委（党组）必须高度重视网络意识形态建设的重要性，将网络意识形态工作作为高校党委（党组）的一项极端重要的工作来抓；另一方面，高校党委（党组）也

---

① 习近平. 决胜全面建成小康社会夺取新时代中国特色社会主义伟大胜利：在中国共产党第十九次全国代表大会上的报告［N］. 人民日报，2017-10-28（1）.

② 习近平. 加强和改进新形势下高校宣传思想工作［N］. 人民日报，2015-01-20（1）.

必须认识到高校网络意识形态阵地建设的艰巨性、复杂性。高校党委（党组）在进行网络意识形态建设时，必须提高思想认识，树立敢于斗争的意识。

（二）构建高校网络意识形态管理责任制度

高校网络意识形态建设最终要落实到人的身上，如果无人负责、职责不明、推诿扯皮，那么网络意识形态建设的效果就要大打折扣，甚至毫无效果。因此，构建高校网络意识形态管理责任制度非常重要。具体而言，第一，要建立高校网络意识形态管理责任的规章制度，并且责任制度要落实到人，明确每个部门、每个防控实施主体肩负的职责，确保制度的可操作性。第二，在网络意识形态管理责任制度中，要注重"防"和"控"双重结合，一方面做好意识形态风险的研判、评估与协同监管工作；另一方面也要落实网络意识形态风险防控任务，确保"守土有责、守土担责、守土尽责"，力图做到"控""防"双管齐下，两手都要硬，两手都要抓。第三，层级明确，各司其职。在教育主管部门方面，需要成立高校网络意识形态风险防控责任小组，尽到把控好高校网络意识形态安全整体方向的责任，守住高校网络意识形态安全红线，明确高校在开展网络意识形态建设工作中必须完成的任务，必须完成的目标；在高校方面，组成以高校党务工作者、辅导员教师、思政课教师、心理咨询教师和师生党员干部为主体的校内网络意识形态管理责任队伍，其中，由高校领导牵头，梳理明确各自负责的网络意识形态安全的具体任务，并将任务分派至校内网络意识形态风险防控专业队伍，确定高校内各区各块负责网络意识形态安全的具体人员，将具体责任落实到人，将意识形态任务进行从部门到个人的分解，实现层级负责、分块负责，形成"自上而下"的全面的责任网。当出现网络意识形态风险预警的时候，根据明确的分区分块责任划分，探寻网络意识形态风险的源头，第一时间找出风险责任承担者，化解网络意识形态风险。一旦网络意识形态风险失控，要能做到事后及时追责，找出网络意识形态问题到底出在哪里，以便及时弥补意识形态安全漏洞，跟进惩处措施，鞭策风险防控责任人更好地将风险防控工作落到实处，提高高校网络意识形态风险防控的成效。

（三）争取多方的支持，构建网络意识形态管理协同制度

如果把高校网络意识形态风险防控视为只是高校自己的事情，那么由于高校人力物力财力有限，在涉及网络领域工作的时候，高校的网络意识形态防控工作就很难展开，导致成效受限。高校网络意识形态管理不仅是高校、师生党员的事情，还需要整个社会协作管理、齐头共进，同时，高校师生党员不是独立个体，学生党员联结高校、家庭、社会，高校网络意识形态管理既要做到重点在学生党员的身上，同时也要动用多方力量共同解决问题。

第一，健全纵向和横向协同机制，落实完善青少年理想信念教育齐抓共管机制。具体来说，在纵向协同上，从高校内部建立协同机制，构建由高校党务领导层、意识形态工作人员、师生党员干部组成的纵向风险防控专业队伍；在横向协同上，着力于建立高校网络意识形态风险防控协同队伍，形成政府、社区、派出所、高校、家庭等多主体共同治理的格局。第二，在高校推进网络意识形态建设与其他工作协同的机制，既要强调主流意识形态的正面传播教育灌输，也要坚持逆向思维和底线思维，采取相应的"兜底"举措，部署好高校网络意识形态安全的工作任务；同时，及时清理错误的网络领域社会思潮，抓好错误典型。而高校需要将网络意识形态安全作为高校网络党建的重要任务来抓，安排专业的意识形态工作者、党务工作者、思政课教师或辅导员，专门关注师生网民思想动态，帮助他们解决遇到的困难，为他们提供排解错误思想与负面情绪的出口。第三，要关注部分"不愿发声"的师生网民，不愿发声并不代表没有想法，可能只是在遇到思想问题时不愿意主动寻求帮助。

第五章

网络德育与高校意识形态工作内容创新

意识形态工作是党的一项重要工作,高校必须充分认识它的重要性,把牢意识形态领域的主导权;面对当前多元复杂的网络环境,高校要树立因势而新的理念,以不断发展的新理论应对网络新环境,拓宽网络德育载体,创新高校网络意识形态工作的内容。全媒体时代,高校网络意识形态工作内容创新要以高站位、宽思路、实举措主动谋局布势,充分发挥平台支撑保障作用,托举思想理论建设的高地,拓展高校网络意识形态工作内容,搭建数字化平台。

第一节 拓宽网络德育载体 优化高校意识形态工作内容

近年来,我国使用互联网的人数不断增长,互联网给人们带来了巨大的物质和精神财富,同时信息来源繁杂的网络大环境也要求我们顺势而行,革新教育意识,加强网络德育,优化高校的意识形态工作,摆脱高校意识形态发展困境,丰富"媒体+思想政治理论课教学"的方法与路径,促进思想政治理论课程线上与线下的有机融合,拓宽网络德育载体,利用好微课、MOOC,配合高校思想政治理论课的多样化开展,丰富网络德育的教学资源,打造师生灵活互动的思政多媒体课堂。

一、促进高校思想政治理论课线上线下融合

当前是互联网技术迅猛发展的时代，互联网给广大师生的学习和生活带来了质的变化，信息传播方式也在不断革新。第49次《中国互联网络发展状况统计报告》调查，"截至2021年12月，我国网民的人均每周上网时长为28.5个小时，较2020年12月提升2.3个小时"①。互联网的繁荣发展也为不同思想文化交流提供了更广阔的平台，在互联网强大的背景支持下，各类网络技术应运而生，融入我们的生活之中，以"抖音""快手"等手机应用程序为例，这些娱乐性软件被高校广大师生广泛运用来获取信息，如果过多将关注点聚集在这些娱乐信息上，就容易干扰师生的教学专注力和学习注意力，这对传统的思想政治理论课教学构成了巨大的挑战，高校意识形态主导权随着各种干扰信息的出现也在不断弱化，习近平总书记反复强调"没有网络安全就没有国家安全"②，因此高校思想政治课教学必须注重线上线下融合，尤其加强高校的思想政治课网络载体建设是当前亟须加强的重要工作。高校思想政治理论课网络载体是打造思想的阵地，发挥着"为学生讲授中国共产党和国家所倡导的马克思主义信仰和社会主义意识形态的重要功能，具有主题鲜明的政治性和意识形态性"。而当前马克思主义在网络领域的指导地位在一定程度上受到了弱化，高校思政课网络平台必须发挥作用，思想政治课教师必须坚持因势而新，要丰富"媒体+思想政治理论课教学"的方法与路径，可以从以下几个方面着手。

（一）革新教学意识，打造多媒体课堂

关于高校思想政治工作，习近平同志提出"三个'因'""三个'遵循'"。所谓"三个'因'"，就是"因事而化、因时而进、因势而新"；所谓"三个'遵循'"，即"遵循思想政治工作规律，遵循教书育人规律，遵

---

① 中国互联网络信息中心. 第49次《中国互联网络发展状况统计报告》[R/OL]. [2022-02]. http://www.cnnic.net.cn/hlwfzyj/hlwxzbg/hlwtjbg/202202/t20220225_71727.htm.

② 习近平. 在中央网络安全和信息化领导小组第一次会议上的讲话[N]. 人民日报, 2014-02-27 (1).

循学生成长规律,不断提高工作能力和水平"①。新时代的大学生主体意识很强,这就要求广大思想政治教学工作者必须转变传统的教学理念,要注意学生关注的网络新闻热点,与实时的网络信息、动态的生活实践相结合,增强师生的双向互动,实现以教师为主体向教师和学生双主体模式的转变。教师是媒介信息的接收者同时也是传递者,思想政治理论课的建设要求教师利用好多媒体,思想清晰,抓住教学重点,围绕工作重心精准施策,积极研究和探索新形势下加强思想政治理论课建设的新途径。教学中对于那些内容枯燥、晦涩难懂的知识点,要合理借助思想政治理论课教学的各种手段和方式,选择有针对性、有亲和力、能解决问题的、学生愿意听的内容,利用好情景教学、小组讨论、大班授课等方式,寓情于理,将体现社会主义意识形态的思想觉悟渗透现实生活,使我国主流意识形态教育落到实处。

打造思政多媒体课堂,首先,要求教师贯彻"以生为本"的教育理念,面对手机在学生群体中普遍存在的现实状况,要用更人性化的学习方式唤醒这些"低头族",课上布置问题进行讨论,鼓励学生主动利用网络挖掘信息,培养学生对多媒体的操作熟练性,开展主动式、探索式的思政多媒体课堂,此外,教师应该结合高校学科发展和大思政课的特点,巧妙将网络视频、图片、音频融入教学之中,以移动学习平台提供的丰富教学资源和各种多媒体手段组织教学,将互联网打造成高校思政课教学的新阵地,利用新阵地强化思政课的育人效果。其次,打造思政多媒体课堂要学会利用网络进行课堂互动,不仅要关注学生的自主学习,同时也要开发网络激活课堂,促进思政传统课堂与网络课堂的融合。"网络是一种以'交流''沟通''互动'为内涵的'传播',它有助于感情交流、思想沟通、师生互动,使现代教学更加人性化和体现教学规律。"② 在多媒体课堂上,师生互动尤为重要,倘若仅是教师单方面的知识灌输,学生对课堂的参与积极性可能不高,并且教师也无法掌握学生的学习情况,而学生只是自主讨论得不到教师的反馈,也不利于

---

① 习近平. 把思想政治工作贯穿教育教学全过程 开创我国高等教育事业发展新局面 [N]. 人民日报,2016-12-09(1).
② 杨永志. 论高校马克思主义教育"互联网+"的实现途径 [J]. 贵州省党校学报,2016(6):23.

达到预期的学习效果。当前市面上的很多热门学习软件,如腾讯课堂、网易公开课等,都有着方便、快捷、互动性强的特点,打造思政网络课堂必须抓好这一点。最后,打造思政多媒体课堂同样强调对学生进行考核与评价,以往对学生学习情况的考核多集中在期末,平常的考核与评价较少,部分学生为应付考试,对于思政课的知识点通常会采用"死记硬背"的方式进行复习,多媒体课堂的便捷性给我们提供了随时考核的能力,而且通过日常测验也能督促同学们对知识点及时地复习,因此,教师要善于开发网络考核软件对学生日常学习情况进行评价反馈,检测学生自主学习能力,节省时间多用于教学活动,结合移动互联网技术的优势和学生学习的需求,打造更高效的多媒体课堂。

(二)丰富马克思主义教学内容,领会先进思想

习近平新时代中国特色社会主义思想作为新的历史条件下出现的先进思想,要进入高校课堂,融进高校广大师生头脑,广大思想政治理论课教育者要结合理论的创新和时代现实的变化向学生宣讲中国现阶段的特征和坚持马克思主义指导地位的重要性。要不断创新和丰富思想政治教育课的内容,将马克思主义中国化的最新理论成果写进教案、引入课堂,指导学生认清当今国际国内形势,了解我国经济、政治建设中遇到的前所未有的挑战与困难,鼓励广大高校学生直面困难、坚定信念。教师要加强对教材的把握,将马克思主义中国化的最新成果融入教材、融入课堂、融入学生头脑,以"中国梦""四个全面""五大理念""四个自信""两个确立"等内容为精神纽带提高学生对社会主义意识形态的信服力。要结合我国改革开放和社会主义不断建设过程的成就和经验,要结合高校实际和各地区实际,重点挖掘和弘扬爱国主义精神,传播改革开放大潮中涌现的正面人物和典型事例,弘扬正能量,讲好中国共产党的故事,感染学生,给予思想政治课堂生气活力,做到社会与课本、课下与课上、线下与线上的高度结合。

(三)搭建思政网络教学平台,加强教师队伍建设

思政网络教学平台需要加强思政课教师队伍建设。一方面,高校的思政课教师要主动跟上时代的步伐,学习发达地区教学模式和优秀教学经验,掌

握"MOOC""微课"等线上教学的运用,搭建网络思政教学平台,努力建成优秀的高校思政教学团队,打造省部级精品示范课程;另一方面,新媒体作为发展迅速的新技术,实实在在地影响着全国各地人民的生活方式,这就要求各思政课教师充分看到新媒体这个强大的信息平台,积极利用网络,主动开辟并占领网络阵地,将思想政治理论课教学资源、国际国内时事热点、党的最新政策等通过学校的微信公众号、班级QQ群等相关手机软件传播分享给学生,让思想政治理论课切实走出课堂,深入学生思想实际,把握舆论动态,提高高校网络意识形态安全教育工作效率,构建师生新型交流模式,同时增强思想政治理论课的渗透力。高校要抓住不同课程的教学特点,和各学科老师共同努力将思想政治理论课程与课程思政相结合,课堂中合理渗透思政知识,宣传马克思主义,传播社会主义意识形态。高校要定期安排思政课教师参与培训交流活动,向发达地区的优秀思政工作者学习,博采众长,取长补短,丰富教师自身的理论素养和教学能力,并因地制宜地转换成适合高校的思想政治理论课程教学模式。只有正视当前社会主义意识形态安全面临的挑战,在思想政治理论课的教学内容、方法等方面积极创新,提升话语权,才能真正实现高校思想政治理论课的育人功能。

高校思政课既是主流意识形态阐释宣传的重要平台,也是确保马克思主义的指导地位的重要载体。在高校思政课课堂教学及实践教学活动中,思政课教师既要立足于当前高校意识形态安全面临的严峻挑战,也要随形势、局势的变化而改变自己的意识和授课的方式方法。通过各种途径和手段牢牢把握党对意识形态工作的领导权,促进学生认同并维护社会主义意识形态,坚定共产主义理想信念,牢记党的初心使命,将社会主义核心价值观融入学习,融入生活,融入头脑,坚决做到"四个自信""两个维护""两个确立",这是高校教师维护国家意识形态安全的重要职责,也是高校思想政治理论课的重要职能。

二、发挥MOOC、微课的育人作用

伴随着时代的发展,MOOC以一种新鲜的表现形式进入人们的视野,也使高校对大学生价值观的培养塑造出现了一些新的矛盾和挑战。MOOC 和微课对大学生的精神世界产生不可忽视的影响，也对高校意识形态教育产生一定的冲击，大学生的好奇心在 MOOC 和微课复杂又多样的背景下显现出来。在这样的环境下，意识形态教育中传统的灌输模式已经无法顺应时代的发展，各思政教学工作者必须转变思想，抓住 MOOC 和微课的特点加以利用，将学生的注意力从 MOOC 和微课繁杂的信息中转移出来，发挥其便捷性、高效性，引导大学生树立正确的"三观"。新形势要求高校思想政治教育一定要明确重点，增强广大师生的"四个自信""两个维护""两个确立"。我们也要看到在全球化背景下，各地高校的思想政治理论 MOOC、微课也应顺势而变，开发品质高、内容好的高校思想政治理论课 MOOC 和微课，让全世界了解中国改革开放的成果，提高马克思主义在网络思想课教学中的主导权。

（一）发挥 MOOC 的育人功效

大学生作为互联网的广大受众群体，接触网络频繁，以 MOOC 为代表的在线教学模式更容易进入学生的视野，学生能利用网络按照自身发展的需要搜索相应的 MOOC 内容，使思想政治教育更深入、更灵活、更多面。高校思想政治理论课的 MOOC 教学要想办法为学生收集信息，提供丰富的教学资源，以多样的形式对学生开展教学，提高其自主学习能力。在以往的教育中，大家的关注点主要在于教师要"教什么""如何教"，而如今我们已经认识到学生才是教学的中心，教育者更应该去研究学生要"怎么学"。随着新时代互联网技术的普及和发展，学生也更愿意利用网络表达自己的观点，教师要抓住时机，抓准切入点，补齐传统思政课堂教学的短板，将学生感兴趣的话题和新闻与所要讲授的理论知识进行结合，激发他们的学习积极性和潜能，同时让学生"学得更好"，将网络视频、案例教学与社会生活相结合，在各类信息化教学平台上制作思想政治教学视频，线上教学与线下讨论相结合，把 MOOC 开放、便捷、多元、共享的优点融入高校"两课"教学，运用情境交互、师生互动、小组讨论实现"课堂翻转"，实现教学中教师和学生的高度统一，冲破"满堂灌"的被动局面，不仅要通过 MOOC 学习，也要将所学运用于实际生活。当然，进行 MOOC 教学并不意味着放弃课堂教学,它是课堂教学的补充和丰富,学生可以利用 MOOC 学习到不同教师对同一知识点的讲授,选择合适的讲授方式进行学习。此外,教师也能利用 MOOC 引导学生预先熟悉教学内容,鼓励学生参与课堂互动,帮助他们深入学习不易理解的知识,使思政教学取得更好的效果,MOOC 和课堂教学应该结合运用,共同促进思政教学的发展。

(二)将微课作为课堂教学的补充

除 MOOC 这种线上教学模式外,微课也能满足促进学生个性化学习和全面发展的需要,提高学生的满意度和获得感。因此,思想政治理论课教学也要制作"微课"作为课堂教学的补充。教师可以利用微课搭建"微平台",将思政课堂中的枯燥难以理解的内容制作成"微课"挂在网络平台上,也有利于发挥不同思政教师的长处,给学生带来更多元化的知识讲解方式,多方面地掌握知识点,同时还能对课堂内容进行具体化、精细化分解,给学生们提供更加自由、方便、迅捷的学习资源。"微课"必须在内容设置上进行创新,将生硬的、干涩的书本知识点设置成一个个有趣的"案例";或者以"问题"为线索,形成"小而精"的"微课堂"视频,进行教学讲解;或者做成精美的课件,通过互联网技术发布到学习软件平台。同时,在"微课"中要设置好马克思主义意识形态内容,便于学生个性化、自主地进行学习。比如,"《毛泽东思想和中国特色社会主义理论体系概论》要着重加强大学生在西方社会思潮冲击下对中国特色社会主义理论体系的理解和弘扬与践行社会主义核心价值观的教育;《思想道德修养与法律基础》要重在培养学生的'三观',增强集体主义、共产主义道德的认知,强化理性的爱国主义精神和为人民服务的社会公德;《中国近现代史纲要》则要突出强调'中国近现代历史与中国特色社会主义理论体系之间的有机联系'"①。

总之,利用微课、MOOC 创建思想政治教育网络平台,加设师生课堂提问、交流、讨论环节,以解决学生在意识形态领域的迷茫和困惑,这对于加强网络意识形态教育的实效性和强化思想政治教育的育人机制具有重要

---

① 李飞飞."因势而新"引领下高校思政课提升意识形态主导权的探索[J].教书育人(高教论坛),2020(21):112.

价值。

三、开发电子化教学素材，优化马克思主义数字化教学方式

在当前信息技术发达的环境下，网络信息的传播速度极快，并且各类信息资源呈现多样化与个性化并存发展的特点。如今高校广大师生社交活动的主要渠道慢慢由线下转为线上，喜欢网络虚拟空间中富有挑战和新鲜的事物，全媒体的发展给高校师生的社交活动带来了更多的自主性和选择性，拉近了感情沟通的距离，使高校师生能够通过网络平台开展社交互动和信息沟通。

（一）开发电子化教学素材，将书本中的马克思主义教学内容数字化、电子化

为了适应人们生活的特点和线上教学，实现网络德育和现代教育技术的融合发展，教师要开发电子化教学素材，将书本中的马克思主义教学内容数字化、电子化，以配合教学的需要。电子化的教学素材很好地补齐了书本教材的短板，更加方便快捷，并且也能够充当书本教材的补充，把网络上相关的党的建设和意识形态相关资料收集起来提供给师生使用，帮助建造马克思主义的线上学习平台，这不仅能增强大学生提升网络收集、利用信息的本领，提高学生的学习能力，同时也为教师搭建了更好的马克思主义理论资源库。思想政治教学工作者在网络中获取到实时的思想政治教学资料和最新的教育动态，根据教学安排利用电子化素材开展教学，可以减轻备课负担，能花更多时间完善教学方法，提高思政课对学生思想的影响力。

（二）对电子化教学素材和学习方式进行灵活调整，主动地建构知识

同时，电子化的教学素材也更有利于学生的个性化学习，即使是同样的知识内容，学生也可以用自己感兴趣的形式进行学习，根据自己的能力灵活调整学习方式，主动地建构知识。因此，在全媒体语境下，高校思想政治理论课程在实施的过程中可以按照高校大学生的身心特点、民族身份、学习风格、兴趣爱好，对大学课堂的思政课实行开放型创新教育模式，让大学生可

以运用适合自己的方法学习思政教育课程。比如，学校可以充分利用电子化的教学媒介，建立马克思主义网络化课程，自主安排思政教育课程的地点、时间、内容、方式和进程等，大学生还能利用学号或账号登录学校官网查看相关的课程内容，而高校也可在网络课程的设定上，针对思政教育工作的开展，给学生收集有关的参考资料，做成电子视频、文本课件等，然后打包上传到学习通、班级群上，供学生们下载自主学习。显然，电子化教学素材对于我们日常思政教学的助力已经很明显，它可以进一步促进学生学习的多样化、教师教学的个性化、课堂讲学的生动化、教学资源的丰富化，这样教材才能真正活起来，教师和学生才能真正动起来。

此外，搞好网络德育要促进教学素材电子化，思想政治课教学方式就必定要数字化，开展数字化教学方式是教学素材电子化的必要条件。简单来说，数字化教学就是利用多媒体教室、电脑等现代多媒体载体进行教学，它既能支持以 MOOC、微课为代表的线上教学，又能够提升校内教学的业务和效率，实现教育过程的全面信息化。随着网络的发展，网络德育教学必定对以往的非数字化教学进行更新升级，要加快对于具有较高水平的多媒体教学资源的建设，加强高校教师对多媒体运用的专业素养和能力，充分发展网络教学平台的优势，搞好教学资源的优化整合，以政策激励、目标引导、活动促进等方式调动教师数字化教学的积极性，推动德育数字化教学工作稳步进行。

第二节　打造数字化网站智库　拓展高校意识形态工作内容

面对全媒体时代，我国发展环境发生深刻复杂变化，党执政面临的重大理论和实践问题也更加突出，更需要高校思政工作者做好研究，要扎实推进理论工作网站建设，学习、教育、研究、宣传马克思主义理论，"以推动思想理论工作创新发展为共同使命，以研究重大理论和现实问题为共同任务，以出成果出人才为共同目标"①，帮助广大师生掌握马克思主义基本立场、观点、方法，提高运用科学理论应对重大挑战、抵御重大风险的能力。

一、打造马克思主义理论研究和建设工程网站

马克思主义理论研究是"对马克思主义这一科学体系所涉及的相关理论观点进行分析、讨论和深入思考。既包括对广义上的马克思主义的基本理论观点的阐释与研究，也包括对狭义上理解的马克思主义的理论观点进行陈述与诠释"。党的十九大以来，以习近平同志为核心的党中央把深入实施马克思主义理论研究和建设工程作为一项重要制度安排。这一重大工程在大力推进社会主义精神文明建设、培育时代新人中日益彰显着龙头作用、基础作用和带动作用。马克思主义理论研究和建设工程作为一项长期战略任务，为社会主义现代化建设和中华民族的伟大复兴提供重要理论支持。十九大以来，马克思主义理论研究和建设工程，在经典著作编译、理论研究阐释、重大问题研究、学科教材体系建设、壮大人才队伍等方面取得丰硕成果，如《习近平新时代中国特色社会主义思想学习纲要》发行量超过7100万册，再次刷新2016年《习近平总书记系列重要讲话读本》创造的出版发行纪录。工程组织编写的《习近平新时代中国特色社会主义思想三十讲》（2018年），以"八个明确"和"十四个坚持"为核心内容和主要依据，以专题的形式深入阐释这一重要思想的重大意义、丰富内涵和精神实质，并制作图文并茂、音画同框的多媒体课件，帮助党员干部听学新思想。工程推出《法治面对面》《新时代面对面》《全面小康热点面对面》《中国制度面对面》《新中国发展面对面》等系列通俗理论读物，发行总量达数千万册；《脱贫攻坚在路上》《马克思是对的》《我们走在大路上》《必由之路》等专题片，在全国范围引发追片热潮和热烈反响；国家博物馆的马克思诞辰200周年专题展览，观众累计超过120万人次。将马克思主义理论研究和建设工程推进网络，需要做到如下方面。

---

① 刘奇葆. 在推进理论工作"四大平台"建设工作会议上的讲话［EB/OL］.［2015-07-28］. http：//dangjian. people. com. cn/n/2015/0729/c117092-27378006. html.

第一,打造专业性与体系化的马克思主义理论研究与建设工程数字化网站。"'工程'已经成为凝聚和造就马克思主义理论人才的重要平台。"① 平台网站建设与长期发展都离不开学界积极参与和广泛认同,要积极组织马克思主义理论研究的专家学者共同参与网站的建设,增强网站建设的政治性、学术性和专业性,拓展马克思主义理论研究与建设数字化网站的管理体系,设置专门的组织委员和学术委员,组织委员负责把握政治导向,规划网站的总体工作,学术委员则负责学术内容的策划,网站内容的编写审核,各方共同协作,形成马克思主义研究的单位实体、学术团体、学者个体三方面的系统功能和资源整合机制,结合高校意识形态工作实际状况,把握正确的理论研究方向,着力打造有特色的马克思主义理论研究与建设工程数字化网站。

第二,提高马克思主义理论研究与建设工程数字化网站的公共参与性,建设线上交流沟通平台。注重整合各高校、党校、社科院、军事院校和研究机构的马克思主义研究资源,邀请多学科学者共同参与网站建设与线上交流活动,除马克思主义研究学科外,政治学、经济学、哲学、社会学、历史学等各学科学者共同参与,建构一个有影响力、辐射力的马克思主义理论研究与建设工程数字网站,利用好数字媒介、主流媒体全方位、全时域及时发布马克思主义研究与建设工程的最新研究动态、学术研究观点,鼓励各学者在数字网站切磋学术研究方法、分享学术研究成果,努力打造和谐、开放的数字化网站。

第三,促进马克思主义理论研究与建设工程教材电子化。多本教材的编写、出版、推广、使用是马克思主义理论研究与建设工程实施的重头戏,凝结了诸多专家学者的学术思想、观点。如何把凝结在教材中的专家学者的渊博学识和思想精华传播给我们的青年学子,让他们在教材和课程的学习中真正领略、感受、吸取文化的精髓是当务之急,必须深入推进教材体系向教学体系转化,加快工程教材优势向教学优势发展。具体来说,继续编写尚未完成的教材,不断修订已用教材,进一步规范教材的统一使用和推广,重点是

---

① 丁俊萍,谭晓玲. 马克思主义理论研究和建设工程实施情况的研究述评 [J]. 理论月刊,2016(9):18.

通过数字平台上线马克思主义相关理论和书籍。工程实施致力于"争用十年左右时间，形成充分反映当代中国马克思主义最新成果的学科体系和教材体系，形成一支老中青三结合的马克思主义理论研究和教学骨干队伍"①。要利用数字网站分享马克思主义理论研究的最新成果及电子化教学素材，方便大众的阅读和下载，正确理解、建设性地享用大众传播资源，利用网站的电子化素材培养"网络型"马克思主义工作者和学习者。

第四，建设符合全媒体时代发展特点的马克思主义研究与建设工程的数字化网站。马克思主义研究与建设工程自开展以来取得了一系列成果，但是成果的传播性不强，更多的是停留在相关专家学者之间，为此要建设面向大众的、有影响力的马克思主义理论研究和建设工程数字化网站，利用短视频、图片、直播等方式进行传播，扩大网络宣传的范围，加大宣传的力度，面向人民群众，尤其是高校学生和青年知识分子，发挥数字平台的互动性，以生动灵活的方式开展理论宣传，借助抖音、快手、微信等受众度广的手机应用程序打造多样化的马克思主义理论研究和建设工程数字化网站，增加趣味性，顺应全媒体时代人们的阅读习惯，不断扩大马克思主义理论的覆盖面和影响力。马克思主义理论研究与建设工程专家和学者要积极利用好主流媒体、理论刊物等阵地，敢于发声，善于发声，对各种错误思想敢于亮剑，帮助干部群众明辨是非，用主旋律、正能量占领舆论阵地。

二、打造青年马克思主义者培养工程数字化网站

在高校里，青年大学生是否拥有马克思主义理论修养，直接关系到高等教育培养质量。能否培养和造就一大批青年马克思主义者，将关系到社会主义后继接班人的问题，打造青年马克思主义者培养工程（以下简称"青马工程"）数字网站，对于培育青年马克思主义者具有重要意义。青年马克思主义者作为青年学生的先进分子，是高校培养德才兼备、贯彻党和国家教育方针、实现高质量的重要后备力量，不过目前高校"青马工程"建设仍然面临

---

① 中共中央文献研究室.十六大以来重要文献选编：中［M］.北京：人民出版社，2006：53.

一些亟待突破的"瓶颈"，通过打造数字化"青马工程"工作网站，提高青年大学生对这一工程的认识，加强思想观念的改造仍然任重道远。

首先，打造"青马工程"数字网站，要做到有的放矢。新时代"青马工程"数字网站建设需要着重考虑：第一，立足于青年大学生网络虚拟群体的思想现状和发展需求；第二，网络空间各种意识形态相互博弈以及党的指导思想在网络领域的主导地位；第三，共青团组织（以下简称"团组织"）的网络教育、培养的手段和方式。实践证明，在数字化媒介场域下党、团组织的意识形态工作必须符合网络化、信息化、数字化、时代化的要求，必须准确把握网络空间的意识形态的内在发展和演变规律，必须立足于网络意识形态治理的实效性和实践性的双重维度，认清形势，紧跟时代，密切结合青年大学生网络虚拟群体的现实需要和生活实际，不断创新理论，增强指导思想的科学性、时代感和说服力。同时，要正确处理好网络主流文化、网络亚文化、中华优秀传统文化的关系，准确把握大学生网民的网络心理、思想动态，确保良好的教育效果。要深入把握互联网发展的内在规律，用社会主义核心价值观引导党团组织开展"青马工程"工作，发挥"青马工程"数字化网站的育人功能，提升大学生网民的精神境界和道德素养，在实践中要不断广泛积累成功经验，不断充实团组织工作理论。

其次，打造"青马工程"数字化网站，要充分利用信息技术构建专业化课程体系。"青马工程"数字化网站建设，离不开网络信息技术和基础设施建设。由此，开发最新科技软件、加强微课录播，发展场景模拟和还原，结合传统媒介和新媒介各自的优势，推进"青马工程"由线下向线上发展。作为团组织，要充分利用好自身的优势，以"青马工程"数字化网络平台为突破点，通过"互联网+团支部+团员"的方式，在线上开通网课，创新和发展网络思想政治教育，充分发挥网络党、团组织教育、引导、凝聚大学生网民的功能。同时，"青马工程"网站要以《中长期青年发展规划（2016—2025年）》为指导，搞好顶层设计，从"关键少数"抓起，拓展"青马工程"专业化课程体系；应当兼顾高校德育资源，发挥思想政治理论课程与各类专业课程的协同效应，推动"思想政治理论课程"与"课程思政"协同育人机制，构建科学完善的课程化培养体系；充分挖掘各类专业课程的思政价值元素，充分发挥信息技术的作用，在媒介信息传播中凝聚思想共识，将"青马工程"融入高校专业课程培养计划和教学大纲。在此基础上发挥"青马工程"数字化网站优势，开设与大学生兴趣、爱好相适应的主题活动、课程培训。如"青年大学生与社会责任""学生干部角色认知与党性修养""红色基因与中华优秀传统文化""当前高校意识形态相关问题""党的建设与大学生法治"等内容，以此提高培养对象的马克思主义理论素养。

再次，打造"青马工程"数字化网站，要拓展社会实践的思路和工作机制。"青马工程"数字化网站建设要遵从"四全育人"的目标，以大学生网民的思想困惑和心理需求为切入点，推动协同育人、实践化人机制有效运行。社会实践作为"青马工程"的主要载体，要以"服务学生发展需求"为原则，侧重围绕政治立场和党性觉悟的提升、思想品德修养的养成、学习兴趣和爱好的培养、公益服务和志愿意识的加强等内容，合理设计"青马工程"网络实践教学环节的课程体系。要努力打造社会实践教学基地，充分运用好高校、党校、团校、企事业单位的资源优势，深入开展体验式、沉浸式教育。抓好学生预备党员这一"关键少数"，发展青年马克思主义者培养对象，遴选一批品学兼优的学生参与"青马工程"数字化网站建设工作，在数字化网站建设过程中，培养和锻炼他们的爱国主义、大局意识、集体观念、法制观念、责任意识、道德修养、党性觉悟，注重社会实践环节的强化。

最后，打造"青马工程"数字化网站，要加强平台师资库建设。

在协同理念的指引下，"青马工程"数字化网站必须要围绕党和国家对人才培养的指导方针、具体目标来建设，要注重探索青年马克思主义者成长成才的先进模式、有益经验，突出整体规划、改革创新，搞好高校顶层设计、注重底线思维，发挥党、团组织的作用，齐头协同推进；"青马工程"数字化网站建设也要注重选好网站管理员、各栏目板块版主，设计好栏目内容和选拔好优秀的网络教师队伍，在网络课程计划、课程类型、课程体系以及课程激励机制等方面要有新的突破，提高构建网站课程建设的质量。同时，也要进一步提高网站中的团干部理论素养。重视"青马工程"的网络人才队伍的培养，着力打造一支"能干事想干事干成事"的专业化队伍，优化配置，整合资源，合理设计专业人才培养规划，开展工作要以新时代背景下高校高质量发展和可持续均衡面临的新情况、新问题、新方向为突破口，保证马克思主义理论的实践指导价值。

三、利用大数据推进高校中国特色社会主义体系研究中心智库建设

智库，顾名思义就是"思想库"。大数据时代，高校中国特色社会主义理论体系研究中心作为国家公共决策的智库，是政府战略预测的重要平台，必须利用大数据推进高校有中国特色的社会主义的新智库，要完成这一目标，主要从以下三个方面进行思考。

第一，要开阔视野，高度重视全媒体时代的大数据决策思维。高校中国特色社会主义是马克思主义中国化的最新成果，是党最可贵的政治和精神财富，随着时代的进步发展，各种新情况新问题出现，如果仅仅依靠个别领导的"拍脑袋决策"，有可能会决策失误，甚至会酿成大错。因此，为了更好地对新时代马克思主义中国化进行研究，提高国家治理能力的现代化，为了适应现代社会发展的需要，构建以大数据为支撑的政府、高校研究院所为龙头的中国特色社会主义体系研究中心智库，利用大数据挖掘分析技术提升宏观决策的准确性和创新力，也是顺应大数据时代发展的必然。基于大数据的宏观决策信息化的中国特色社会主义体系研究中心智库，是为国家政策改革与发展存在的战略性、全局性问题进行研究讨论，这就要求建立数据规模更大的、时效性更高的、涉及面更宽的、有一定趋势分析能力的新型智库。

第二，要共同协作，打造高效、开放的高校中国特色社会主义体系研究中心智库。高校智库建设要积极发挥巩固马克思主义在网络领域的主导地位和促进网络领域中国特色社会主义理论的创新发展这两个功能。通过建立大数据库交互应用平台，对数据进行全面采集和分析，利用好新媒体技术高效快捷的特点，及时将相关时政信息和数据进行开放和共享，使社会研究咨询机构在法律许可的范围内，将相关数据用于分析研究，要鼓励各类高校的中国特色社会主义体系研究中心、研究人员以及各高校相关专业专家和学者积极参与，共同建设更便捷、更直观、更高效的智库，推动对于中国特色社会主义理论的分析研究。高校智库建设要利用好大数据优势，各方协同合作，坚持"引进来"与"走出去"相结合，注重同国外一流智库建立实质性合作关系，在全球性和区域性问题上展开国际交流与合作，举办、创办高层次国际学术会议；建立中国特色社会主义理论智库国外分支机构，提升理论智库在世界范围内的话语权、影响力和辐射力。同时，要加强地方政府对高校智库的资金投入，促进高校智库对企事业单位对口服务，面向区域发展需要，"有针对性地派出智库工作人员提供相应的政策咨询，让智库人才在实践中丰富经验、提升能力"①。

第三，要结合高校实情，打造有中国特色的中国特色社会主义体系研究中心智库。

邓小平提出："把马克思主义的普遍真理同我国的具体实际结合起来，走自己的道路，建设有中国特色的社会主义。"② 建设有"中国特色"的智库要利用好互联网为不同社会群体表达诉求和建议提供的平台和渠道作用，通过在线问卷调查等方式，直接采集到国家最新决策实施质量和效果的有效反馈信息，以事实为基础，发挥好大数据对高校智库建设的作用。要坚持围绕中心、服务大局的原则，紧紧围绕党和国家"十四五"规划和2035年远景目标，结合当地发展实际，把握信息传播的主导权，传递社会正能量，要深入研究党和国家亟须解决的重大理论基础性课题和现实难题，通过智库的大数据汇集海外优青、著名专家、文化名家的中国特色社会主义热点、难点、焦点问题，组织开展政策讨论研究，在专家学者的支持下坚持问题导向、把握正确方向，努力打造一批有创造性的精品力作，打造习近平新时代中国特色社会主义体系研究中心高端智库。

四、加强红色数字化网站建设，筑牢网络意识形态理论阵地

进入21世纪，我国高校意识形态工作的"红色网站"日益增多，它们的出现延展了思想政治教育的空间，丰富了马克思主义教育手段和方法。当

---

① 黄蓉生. 推进中国特色社会主义理论智库建设的现实路径［J］. 西南大学学报（社会科学版），2016（1）：33.
② 邓小平. 邓小平文选：第3卷［M］. 北京：人民出版社，1993：3.

然，随着网络信息技术的高速发展，我国网络系统发展得最快的是校园网络。校园网络以其费用低、网速快以及绿色环保成为校园广大师生青睐的交流平台，在高校广大师生群体中展示了其强大的生命力。近些年来，部分高校的校园网络上有了比较全面、系统的思想政治学习栏目。如北京大学的"红旗在线"、天津大学的"天外天"、武汉大学的"自强学堂"、湖南师范大学的"8580阳光在线"、山东理工大学的"青春在线"等，已成为高校广大师生关注社会主义文化和学习马克思主义理论的重要阵地。当然，马克思主义学院"红色网站"更是网络意识形态工作的重中之重。目前，多数高校马克思主义学院尽管也拥有自己的专门网站，但是缺乏对马克思主义学院"红色资源"的有效整合。

为此，高校意识形态工作必须加强红色数字化网站建设，筑牢网络意识形态理论阵地。

其一，加大红色数字化网站的阐释宣传力度。"红色网站"要想扩大影响力，除了资金投入外还要加大宣传力度，师生网民才会知晓这类网站并才拥有浏览网站的动机，继而详细地去了解网站。"红色网站"在宣传板块上要注意语言的运用艺术。网络语言蕴意丰富、种类多样，"红网网站"的语言表达需要根据师生网民的心理特点、价值取向和情感偏好进行选择，以便引起受众情感共鸣和价值认同。因此，我们应该根据网络本身的特征，吸纳网络语言的优点，综合运用搞笑段子、幽默视频、动态漫画、图文并茂的宣传方式，增强红色话语的生动性、形象性，让广大师生网民真正融入网络意识形态教育中去。当然，纯粹依靠网络宣传是远远不够的。的确，如何让更多的人更加倾向于浏览"红色网站"，而且定时登录网站，经常刷新浏览量、查看各种网内的信息，这也是红色数字化网站宣传阐释必须注意的一大环节。同时，"红色网站"还需要利用搜索引擎，如百度、知乎、快手、搜狗等，加以有效推送，增加与一些大学生经常关注的网站（如校内贴吧、BBS以及大型聊天网站）的友情链接，从而促进红色声音、红色信息进入每个大学生关注的视野。再者，要搞好校园网络宣传，借助网络论坛、微信短视频、微课的影响力让广大师生参与其中。校园级党团支部、学生会在相关会议场合也可以宣传"红色网站"，并通过校园橱窗、院宣传栏、电子屏、横幅标语、学校展板等扩大网站的影响力。此外，高校意识形态工作部门要致力于"红色网站"建设，及时更换新内容、新报道，讴歌先进党员干部的优秀事迹，宣传社会主义改革开放取得的巨大成就，弘扬时代劳模精神和社会新风尚，积极报道我党从严治党的历史经验和伟大成就，为扩大网站规模奠定基础。

其二，建立网站发展管理机制，加强网络宣传建设。面对当前高校意识形态的发展态势和高校马克思主义学院网络宣传情况，高校主流意识形态网络传播整体效果并不理想，各高校的宣传部门、党务工作对网络空间意识形态的重视程度、监管力度也有些不足，专业性网络宣传团队匮乏。因此，高校各部门要精心培养一批复合型网络意识形态专业网络宣传队伍，多层次全方位整合网络媒体平台，建设一支高素质的、专业化的马克思主义理论网络评议员队伍，牢牢守住网络空间的红色地带，争取和转化灰色地带，对黑色地带要敢抓敢管、敢于亮剑。首先，精心培养复合型的网络意识形态安全管理人才。网络意识形态安全管理人才对于高校网络意识形态治理至关重要，这种人才是具备网络意识形态安全的相关理论知识，具有一定的管理能力，要求较高的复合型人才。具体来说，这种人才要具备敏锐的识别、捕捉、分析网络是非、网络舆论的能力，能够运用网络信息技术、大数据、各种网络媒介挑选、评判各种网络文化形态和网络文化产品；要具备坚定的马克思主义立场、观点和方法，谨慎把握网络意识形态内容的性质及意识形态背后主体的行为动机。其次，建立"红色网站"长效管理机制。要把"红色网站"长效管理机制作为一项重要工作来对待，在建设过程中学校各部门要分工负责、齐头并进，对意识形态工作的筹划、网站的建设、学生网民的管理都要责任到人，学校党委、团委、学院支部要坚持"党管媒体党管意识形态"的原则，对于学生网民中出现的思想动态要及时关注并上报，抓好坏苗头，防患于未然，做到未雨绸缪。

其三，建立科学的评估机制来评价"红色网站"建设、运行、管理的效果。网络意识形态工作的评估价值在于使广大意识形态工作者、网站管理人员深刻认识到自己工作中取得的成绩和出现的纰漏，进而扬长避短、改进创新，促进意识形态工作不断向好的方面发展。在评估过程中，各级政府主管部门要承担起这个责任,由于"红色网站"归根结底是以其自身的内容性质来确定其归属,"红色网站"承载的是满满的正能量,富有极强的教育性,因此在评估过程中要以党和国家的大政方针及现代化教育管理理念来评估网站工作,评估方法要做到科学、规范、有效。一个科学的评估应该重在过程,而不是仅看结果,为此,应该经常派驻工作组进入各个高校"红色网站"进行调研,不仅要查看网站各个板块的话语表达、文字锤炼、主旨意涵以及网站自身建设方面的成果,而且要广泛听取网民受众的意见表达,然后综合评估的结果形成对高校意识形态工作的最终评估结论。

其四,"红色网站"建设应注重与学生的互动交流。"红色网站"要立足于我国主流意识形态建设,把握好服务的方向,对高校广大师生开展有质量的服务。因此,在网站设计过程中,开通师生互动热线,建立相关校院级领导信箱、班主任及辅导员栏目、心理健康咨询栏目,力图使网站内容足够精彩,增强网络的吸引力和凝聚力。在网站制作过程中,网页的内容和网页的栏目编排,要根据师生的需求和心理认知状况,力求生活化、大众化、通俗化,在网页设计以及内容插入过程中关注师生日常生活、学习、健康、娱乐、文化、军事、卫生、体育等栏目。从营销的角度来讲,网站浏览量要成倍增加,做到老用户不流失、新用户不错过,使网络与用户保持一种不间断的联系,以达到"润物细无声"的育人效果。因此,要保持学生网民与"红色网站"之间的沟通,及时接受广大师生的意见反馈,并及时保持网络畅通、信息发布及时迅捷。那么,"红色网站"应该设计机器人管理员,或者保持电话热线、在线QQ,对学生提出的问题要及时反馈回应,解决学生存在的疑惑从而使其感受到存在感。网站栏目的结构编排也尤为关键,栏目结构编排需要对内容进行详细分类,并且给各种类别加上标签,以便于网络用户迅速搜索并及时阅读。

第三节 搭建数字平台 创新高校意识形态工作内容

推动高校意识形态工作要把握好数字平台的建设,更新观念和革新手段相结合以应对发展需要,打造网络理论宣传"强矩阵",在推进媒体深度融合、资源共享、优势互补中形成理论引领的合力。

一、搭建高校哲学人文社会科学数字化平台

第一,以相关政策为保障,加强平台人才队伍建设。高校是人才培养的重要场所,也是先进文化思想传播的重要源头,高校哲学人文社会科学的发展要实现创新,必须借助多媒体时代优势搭建数字化平台,而数字化平台的发展需要平台运营维护人才,熟练运用多媒体技术的人才队伍是搭建高校哲学人文社会科学数字化平台的重要支撑,也是平台成功运作的关键。特别是网络信息技术发达的媒介化时代,高校每年的招生规模不断扩大,在校学生数量每年都在增加,学生的培养质量和思想素质要通过多种途径传播哲学人文社会科学的知识来提升,要辅以各种高校哲学人文社会科学数字化平台的途径创新来实现。通过上传哲学人文社会科学网络课程教学资源,发布最新哲学人文社会科学研究动态和研究成果到网站、公众号等,全面创新网络教学形式、改进教育方法,更好实现高校哲学人文社会科学数字化平台的育人功能。同时平台的稳定运营,也离不开地方政府及网络管理部门大力支持,相关部门要根据网络领域出现的新情况、新问题制定相关法律法规,发挥政策的导向作用,进一步规范和扶持数字化平台建设,确保其正常运营。

第二,提升数字化平台对哲学人文社会科学研究成果的信息收集和资源整合能力。随着社会经济的快速发展与网络新媒体技术的兴起,当今哲学人文社会科学的研究成果展示方式多种多样,已经不再局限于书本出版物,考虑到不同的交流渠道与出版物不同的其他资源存取方式,高校要配合开发具有信息收集和资源整合能力的数字化平台,建设与以往高校传统的封闭式的数据库相比更完整的高校哲学人文社会科学数据平台,为高校师生网民提供开放的网络学术资源,提供与哲学人文社会科学相关的电子期刊、数字化出版物和其他传播渠道的新鲜信息。此外,开放资源的存在能够帮助高校收集关于哲学研究成果更完整的数据,帮助我们对其进行更高效客观的评价。在线下和线上媒介融通的环境下,基础理论成果的评价就不仅局限于线下的纸

质化的出版读物、同行评议、文献信息收集，还要充分运用互联网、移动客户端等平台，使评价主体与被评价者双向互动更加顺畅。

二、构建人文讲座论坛、学术研讨会数字平台

互联网是各种思想文化信息的交汇地，也是各种社会舆论的集散地和放大器，对于新出现的、未解决的意识形态问题，我们要保持高度警觉并积极构建人文讲座论坛、学术研讨会数字平台，组织专家学者积极研究讨论。

第一，抓好线上主流媒体舆论场。利用多媒体技术，如腾讯会议、钉钉等线上直播软件积极开展人文讲座论坛和学术研讨会，并利用手机短信、短视频平台等新兴传播载体，对社会主义主流意识形态进行全方位宣传，抓好主流媒体舆论场，用人民群众喜闻乐见的手段开展网络德育，搭建数字平台，多方位地与高校师生进行互动，打破线下人文讲座论坛和学术研讨会的时间和空间制约。组织哲学、政治学、教育学、心理学、社会学等多学科的知名学者共同参与线上学术研讨会，参与学术研讨会各研究领域的专家学者，通过高水平的数字平台，交流学术思想、讨论学术前沿问题、展示学术成果。此外，还要注重邀请议题相关学科的青年学者参与讲座和会议，积极培养高校意识形态研究和建设工作的学术新秀。

第二，抓准线上讲座论坛、学术研讨会主题。当代中国，在网络领域思想观念和价值理念纷纭复杂，各种意识形态相互交织，社会思潮纷呈激荡，国际政治形势的深刻变化，国内改革开放进入"深水区"，社会各阶层分化，社会基本矛盾的转换，各类风险和挑战不断增多，全面从严治党进入重要阶段，党面临的风险和考验集中显现的背景下，要凝聚各级党校、高校、科研机构、学术社团等专家学者，紧密围绕高校意识形态工作的相关理论和现实问题，从学科的理论热点、平台建设、问题凝练等方面着手，找准定位、突出亮点，定位好每期讲座论坛、学术研讨会的主题。同时，探索建立有活力的讨论机制。所谓论坛，重在"论"，有论就有辩，讲座论坛、学术研讨会的设置要围绕学界有争论的前沿问题，安排每期的线上人文讲座论坛和学术研讨会时，都需要对主讲专家和研讨论题进行精挑细选，在论坛议程中要

"留白",让听众有足够的时间与主讲者进行交流,提升数字平台的学术质量和交流互动,逐步形成一个全面性、专业化、高水平的人文讲座论坛和学术研讨会数字平台。

三、打造心理健康教育与意识形态咨询数字平台

信息的多样化和网络的虚拟性,容易使个体的自我认知模糊,对健康人格培育和完善非常不利。高校应更加积极主动从身心健康的角度对师生网民进行关怀,引导他们不沉溺于网络,形成健康的心理和完善的人格。

第一,高校要利用好新媒体技术,搭建一流的网络心理健康教育与咨询平台。互联网时代,信息具有碎片化的特点,要搭建一个面向全体学生的,涵盖范围广的,能够给学生提供丰富的心理故事、心理知识、心理咨询、心理电影、心理测试、心理音乐、视频讲座以及交流活动等多方位一体的数字平台,在帮助学生学习相关专业知识的同时,也要教会学生正确认识心理自我的健康和调养。心理健康教育与咨询平台可以以性格、兴趣、年龄、专业为划分标准,根据不同学生的心理需求设置相应的咨询项目和培训内容,并因人而异,网站要及时更新相关心理学方面的知识,发布学生感兴趣的、生活化的心理常识和有益于身心健康的健康小知识。心理健康教育要线上线下结合,聘请心理专家、心情调理师开展线下心理活动,如心理沙龙、团体辅导等和心理相关的实践活动,同时对平台进行宣传,提升数字平台的利用率和关注度。

第二,高校应充分利用网络的优势,为学生心理健康状态建立档案。意识形态工作者应该随时调取、查看、检索学生心理健康的相关数据,以便对学生心理和思想状态进行实时监控和心理干预。学校在学生入学初期就要利用线上问卷调查、心理测试的方式为学生建立档案,档案中应该包含学生的姓名、性别、个人兴趣爱好、家庭成员信息、家庭病史、心理测试结果等方面,以方便学校对学生的健康状况全面掌握,对学生的不良心理进行及时的预防和干预。在学生的学习成长过程中,以月为单位定期对学生心理健康档案进行调查更新,对学生心理健康情况要做到有效评价和长期跟踪。总的来

说，完善的大学生网络心理健康档案能够为高校做到有目的、有计划地对有心理障碍、心理疾病的学生实施心理健康咨询、心理健康教育提供有价值的数据信息。并且，完善的大学生网络心理健康档案也能够使学生及时了解自己的心理健康状况，帮助他们正确认识自我，避免心理疾病的出现。

第三，拓展网络咨询渠道，推进网络意识形态咨询常态化。网络具有匿名性、虚拟性特点，相对于线下，大学生对网络和新媒体的接受和熟悉程度相对要高一些，并且他们对网络信息的兴趣较线下传送的信息要更加强烈。青年大学生大多是00后，他们已经基本适应电脑、手机上网，QQ、微信、微博、视频直播等交流方式，因此，网络社交在大学生网民群体中很常见，他们对这种新兴的网络咨询方式的适应能力很强。网络意识形态咨询能够打破网络时空的限制，在高校心理咨询机构和心理咨询教师明显不足，大部分辅导员、班主任、思政教师往往是心理咨询的承担者的情况下，网络心理咨询能够满足学生随时随地咨询的愿望，及时解决自己的心理疑惑和困扰。意识形态咨询工作的开展，不仅局限于个别同学或在校期间，对于那些寒暑假期间居家的学生也要不间断地开展线上咨询。另外，网络意识形态咨询尽量要保持一种相对保密的状态，咨询方与被咨询者是一种平等对话关系，这样，被咨询者才会更加毫无顾虑地敞开心扉，不必担心自己的"秘密"被公之于众，从而影响自己的形象。这样，既能够真实地、最大限度地了解学生的思想动态和心理状况，又保障了学生的隐私权利。

第六章

网络舆情引导、社会思潮批判与高校意识形态阵地打造

网络受众的全球化和大众化严重冲击了我国高校意识形态工作，特别是大学生作为网络受众的主要群体，对其加强意识形态教育更是刻不容缓。网络时代，西方敌对国家创新了意识形态渗透的方式和途径，更多地以网络为载体，从高校学生关心的事件着手，隐蔽地灌输其价值观念和政治信仰，以动摇学生的共产主义理想信念。因此，必须加强高校学生的网络舆情鉴别能力以及对各种社会思潮的判断能力，打造坚固的意识形态阵地。

第一节 加强网络舆情引导 促进高校校园网络舆情净化

网络舆情是网民对社会上的焦点问题所秉持的看法和评论，是其情感态度价值观的一种表现形式。随着信息技术的快速发展，网络舆情成为西方敌对国家意识形态渗透的新方式、新途径，他们雇佣网络写手混迹于微博、论坛等平台，对一些事件发表煽动性评论，将单纯的事件本身复杂化，甚至引导事件向负面发展，加剧社会矛盾，隐蔽地灌输其价值观念，诋毁我国的制度体系和社会价值观。大学生长期处在较为单纯的环境中，缺乏社会生活阅历，价值观尚未完全确立，加之喜欢追逐新鲜事物，无法正确地对事物加以评判，容易被负面舆论影响，进而会动摇其理想信念，阻碍高校网络意识形态工作的顺利开展。

一、加强校园网和校务微博的管理

（一）加强校园网的管理

校园网是学校师生利用多媒体网络进行教学、科研和综合服务的信息平台，具有平台优势、门户优势和资源优势。师生可通过校园网了解学校最新新闻资讯、学校的机构和人员设置、招生就业信息等内容，也可以通过校园网查阅学习资料，同时校园网还承担着主流意识形态教育功能，这一功能对高校学生的影响并不突出。调查发现，大部分高校校园网处于一种"三缺乏"状态：缺乏阵地话语权、缺乏内容引导力、缺乏舆论疏导力。很多高校都开设了官方网络账号，简单地进行校园资讯内容的设置，对主流意识形态教育方面不够重视，发布了相关内容而没有引导学生去学习，网络阵地话语权不强；对内容生产不够新颖和独特，对于素材的使用具有重复性，且缺乏时效性；多数学校有 BBS①，但是疏于管理，在里面有学生随意发布的一些不当言论。鉴于上述情况，应从以下三个方面加强校园网的管理。

首先，创新校园网络平台。校园网络在网络德育中发挥重要的育人作用。高校校园网应该开设国内外新闻动态、优秀传统文化、红色文化等核心板块，利用科学信息技术，创新意识形态内容，融学理性与趣味性为一体，吸引学生参与和交流，强化校园网的育人价值。校园网络是全体师生的"必需品"，除提供学校新闻动态之外，打造内容健全且有趣的意识形态教育板块是高校义不容辞的责任，因此高校要结合本地区和本校的特色，将这些特色融入意识形态教育，吸引和引导学生积极主动地浏览和学习相关内容，使全体师生在了解其他内容的同时接受意识形态教育，坚定理想信念。

其次，加大马克思主义和红色文化内容的网络占比。以社会主义核心价值观引领，促进高校师生对马克思主义和中国特色社会主义理论的认同，坚定"四个自信"，提高政治认同，坚持正面宣传教育，弘扬主旋律，帮助学生了解党和国家的大政方针。大部分高校官网重点板块是学校新闻动态，这

---

① BBS 是 Bulletin Board System 的缩写，中文译名是"电子公告牌"，是一种向用户提供公共电子白板，每个用户都可以在上面发布信息或表达看法的电子系统。

也是学生关心和关注的重点内容，应加大马克思主义和红色文化的内容占比，做到及时更新，增强内容的吸引力和竞争力。

最后，加强校园网络专业化队伍建设。整合学校资源，建设校园网络专业化队伍，形成包括党委（党组）支部书记、思想政治理论课教师、学工部工作人员、辅导员、学生干部和网络技术人员等在内的队伍，发挥各自的优势和专长，共建具有影响力和吸引力的校园网。专业化的校园网络建设队伍应是一支抓重点、善编排的队伍，能够准确把握国内外最新新闻动态，找准切入点，对内容进行编排设计，以充分吸引学生的注意力。

（二）加强校务微博的管理

新媒体时代，微博具有传播迅速、内容多样以及互动性强等特点，契合广大师生追逐时尚和猎奇的心理，使大学生群体成为它的主要用户。微博对于高校意识形态教育具有双重影响，一方面微博传播速度的及时性和内容的简洁性，使大学生可以及时了解社会信息，也使教师可以选择具有典型性、代表性的事件对学生进行意识形态教育，通过事件引发学生思考和分析，强化主流意识形态；另一方面由于微博信息良莠不齐，且部分学生容易受到各种有害信息的诱惑，容易偏听偏信。因此，校务微博的监管应从如下两个方面强化。

第一，提升广大师生的微博媒介素养。微博信息海量，每个人都可以根据兴趣选择自己喜爱的博主，在潜意识中大部分学生是对这些博主信任和认同的，这些博主成为学生获得信息的重要来源，对学生的思想观念具有一定的影响，成为另类意见领袖。在网络受众看来，来自身边的意见领袖的声音更有亲和力，更容易被推崇和接受，因此，学校应该发掘思想正确、道德崇高，具有一定影响力的学生代表，将其作为意见领袖的培养对象，通过意见领袖的发声来引领学生树立正确的"三观"，坚定马克思主义理想信念。同时，高校也应该加强对微博的监管，派遣专人监管微博，关注学生思想动态，收集真实有效的舆情数据，带领学生进行分析和研讨，提高他们对信息的判断和鉴别能力。

第二，高校应介入微博平台，对舆论发声。随着微博受众面和影响力的扩大，高校应参与融入微博平台，打造具有本校特色的校园微博，传播和输送正能量的信息和内容。对网络舆情进行监管和评议，及时利用社会热议问题对学生进行教育,将舆论引向正确走向。

二、加强校园 BBS、微信公众号的净化

(一) 校园 BBS 的净化

随着 QQ、微博、微信等应用软件的兴起,BBS 的影响力日渐式微,但也不可忽视其独特性。首先,校园 BBS 用户身份较为统一。校园 BBS 涵盖多种板块,学生可以在里面充分表达观点、分享资源、获得信息。群内用户由于共同爱好或兴趣围绕一个话题或热点主题而相互聊在一起,拥有固定 ID、对于群规有较强认知度和认可度的用户比较容易形成稳固的成员关系网络。在校园 BBS 上,尽管各自的专业背景不同,但是基于共同的讨论主题,群内用户对论坛板块乃至论坛整体具有较强的归属感和依赖性,在比较宽松且匿名的氛围中,各用户趋向于流露出真实情感。平时在日常学习生活中,或者是与教师面对面交流、转发微博或微信朋友圈的场合,很多学生碍于面子或者存在戒备心理,羞于表达自己真实情感,很难毫无保留地说出自己心里的真实想法,而在校园 BBS 上,群体成员之间可以自由、平等地就某个主题或者议题发表自己的见解,并产生强烈的情感共鸣,日常生活中的真实内心情感在这里得到了自然流露,其个性和情感得以凸显。其次,参与群体知识层面大体一致。高校 BBS 的参与群体主要是在校大学生、少数专业人士和毕业校友,从总体上看思想修养和科学文化素养较高,因此在对某一主题或议题有较为相近的价值取向和判断时,可以借助 BBS 分享和交流共同的兴趣、爱好,或者对某个学术问题和时事政治进行讨论,得出较为一致的结论。再次,讨论内容与时俱进。高校 BBS 初建时期,聊天的内容主要以传播知识为主旨,相关的帖子主要是围绕与知识相关的问题进行提问及回答。包括学习中的专业性问题、招聘就业信息、专业领域前沿发展和趋势、生活中的困惑、网络知识和应用技巧等。上述问答交流,对于那些刚刚接触网络的初学者来说既是接受学术新发展方面的启蒙,也是接受互联网知识的启蒙,大部分成员充满着好奇和探究心理。发展到兴盛期,各高校 BBS 顺应广大师生的需求,加大各个板块,涉及经济、政治、历史、文化、生态、国情省情等各个领域,以及高校内部教学、科研、管理和服

务等领域，有利于进一步拓展对学生心理、感情、文化、道德、思想等方面的启蒙教育。其次，培养实践创新力强的人才。在高等学校人才培养过程中，高校BBS也具有其独特的功能，如高校学生可以通过BBS涉猎本专业及一些非专业的知识，探究人生问题、增长见识、学习攻略、广交学友，这对打破传统线下的知识壁垒和单一性思维，培养学生的思维创新和实践能力具有一定的帮助。同时，高校BBS也为学生团队提供了良好的参与管理、提升网络技术、养成协作能力的实践平台。在团队合作中，部分学生创新运用、运营网站、开发软件、组织线下活动，在实践中验证创意，在独立中接受实践检验。可以说，目前各企业界、行政组织、事业单位中的知名人士都有高校BBS工作的经历；中国知名学者、企业家、网络大V等均受到过高校BBS的熏陶。最后，孕育积极向上、引领性强的校园文化。高校BBS经过发展到兴盛，孕育了诸多积极向上的校园文化，塑造了较好的学习氛围，随着每年数百万莘莘学子毕业之后走入社会并引领社会网络文化。其特征包括大爱无疆的精神、团结互助的学子情怀、求真务实的生活态度、无私奉献的价值追求、对美好生活的憧憬向往。当然，追逐时尚、讨论爱情，也是高校BBS不可或缺的内容。

　　随着网络信息技术的发展，QQ、微信等即时通信工具异军突起，吸引了广大受众，老用户转移，没有新用户加入，校园BBS逐渐没落，成了一代人的回忆。校园BBS由盛转衰的原因是多方面的：一是即时通信工具对用户的分流；二是限制登录用户，各高校纷纷限制校园BBS的登录用户仅为本校学生；三是高校对校园BBS的维护和开发力度不足。[1] 因此，高校学生选择了更加便捷和更具吸引力的即时通信工具，舍弃了校园BBS。与微信、QQ相比，校园BBS用户更加具体和集中，借助其进行主流意识形态教育更具针对性和实效性，因此必须加强校园BBS的净化。

　　一方面，提升校园BBS的影响力和竞争力。校园BBS的地位和影响力亟须提升，而这与高校对其的态度呈正相关关系，学校应该重视其对广大师生的思想政治教育方面的作用，配备专业的人员，给予专业的指导，提高管

---

[1] 刘继红，孙新建，黄广发. 加强校园BBS建设　重振校园BBS威力 [J]. 科协论坛，2009（10）：52-53.

理水平，加强对信息的筛选和过滤，充分发挥其弘扬正能量的作用。

另一方面，创新校园BBS的技术水平。BBS式微的另一个原因是受到了新技术的冲击，没有跟上技术发展水平，高校应将新技术引入校园论坛，使其具有即时性、互动性、知识性和趣味性，扩大受众面，重塑其在主流意识形态宣传、教育方面的功能。

（二）微信公众号的净化

微信公众号是各高校进行意识形态教育的网络新媒介，构建了教育者与受教育者线上沟通交流的新平台，融文字、图片、声音与动画为一体，且具有快捷方便、沟通流畅的特点，是各高校进行宣传教育和校园服务的重要平台。一方面，随着微信的普遍应用，大学生对于主流意识形态知识获取不再局限于书本和教师的讲授，他们可以直接通过微信公众号搜索相关知识，而且微信公众号上提供的这些知识以图文并茂、音频视频的方式展示，极大增加了知识的趣味性，丰富了高校意识形态教育资源，提高了高校意识形态工作的成效；另一方面，微信公众号对青年大学生也有不利影响，由于其申请门槛较低，传播速度快，监管力度不大，容易成为不良思想传播和渗透的平台，对高校青年大学生的"三观"产生重要影响。高校微信公众号普遍存在运营队伍不稳定、内容新颖性不强以及受众单一的情况，一般由团委老师进行指导，学生干部进行内容的编排设计，在能力上需要强化，加上内容缺乏新颖性，学生将关注微信公众号作为硬性规定，对其内容很少关注或不关注。因此，要切实加强微信公众号的管理，具体来说有以下四点。

首先，明确微信公众号内容的性质。微信公众号对青年大学生的影响力强，应该明确微信公众号传播内容的性质，以社会主义核心价值体系为导向，传播马克思主义理论、爱国主义等内容，将这些知识融入学生的学习和生活中。根据不同阶段学生的需求推送相关内容，新生阶段和毕业阶段都要设置不同的内容要求，扩大理想信念教育占比，引导学生树立积极健康的思想道德观念。

其次，设置微信公众号的推送方式。高校大学生喜欢简短、直观、幽默的文字内容，因此微信公众号推送主流意识形态内容要符合他们的喜好，尽量避免长篇大论和说教式口吻，有效利用图片、音频、视频等方式策划知识内容，在语言运用上做到生动形象和通俗易懂，同时要找准对大学生进行主流意识形态教育的契机，从学生关心的社会热点问题着手。

再次，严格把控对微信公众号的管理。加强对微信公众号的管理，主要从三个方面入手：一是在队伍建设方面要专业化，各司其职，领导把控方向，教师确定主题及内容，学生进行编排设计和发布，做到专责和专业；二是严格把控微信内容的思想审核，高校公众号不仅承担着主流意识形态教育的功能，而且代表学校的形象和态度，对微信公众号推送文章要进行严格的审核，确保其内容符合党和国家的标准，真正发挥学校公众号应有的功能；三是加强高校大学生的网络素养，大学生难以分辨庞杂的网络信息，只有提升大学生的网络素养，帮助他们树立正确的"三观"，增强他们对网络的辨别能力，才能有效避免不良信息的侵蚀。

最后，打造双向互动的微信公众号。高校微信公众号的受众主要是全体师生，推送内容应做到新颖性与互动性并重，既有校园资讯和学术文章内容，也有主流思想教育部分，让广大师生能够积极主动地打开文章、阅读文章，并且有所感有所得，鼓励学生在微信公众号内进行交流讨论，老师帮助学生答疑解惑，构建学生与教师双向互动的交流平台。

三、加强手机媒体、QQ、微信、微博客的管理

（一）加强手机媒体的管理

科学技术的发展使手机媒体广泛应用于社会的各方面，渗透融入学习、工作和生活中。对于广大师生来说，使用手机媒体有利也有弊。就其"利"而言，主要表现在两个方面：一是手机媒体蕴含着丰富的教学资源，高校思政课教师可将这些教学资源充分融入课堂教学中，增加思政课的趣味性和实效性，减少其纯理论，以吸引学生对思政课的兴趣；二是手机媒体打破时空的限制，蕴含大量的知识内容，学生可以利用手机媒体拓宽知识面，丰富信息的渠道来源，做到不出门便晓天下事。就"弊"来说，手机媒体中蕴含的信息庞杂，个人主义、享乐主义、拜金主义思想糅杂其中，学生容易受到这些思想的诱导，对"三观"产生冲击，不利于正确价值观念的建立；此外，手机媒体的使用也会大大影响高校课堂

教学实效,手机媒体中含有丰富的娱乐项目,缺乏自制力的学生无法抵制其吸引力和诱惑力,学生在思政课上使用手机已成为常态。基于此,必须加强对大学生群体使用手机媒体的管理,促进高校意识形态工作的顺利开展。

首先,加强手机媒体信息管理。大学生正处在"三观"形成的关键时期,辨别能力和判断能力较弱,虚假信息、违规广告以及西方一些国家传播的价值观念都会对学生产生影响,动摇其理想信念。因此,高校应与相关部门相互沟通协调,共同营造良好的手机媒体环境。要对信息进行把关,过滤不良信息,对信息进行监管,同时高校应加强对学生合理使用手机媒体的教育,提高学生的信息鉴别能力。

其次,规范对手机媒体的应用。手机媒体包含众多娱乐项目,学生易将时间和精力花在这些项目上,进而对学习有所忽视,应规范学生对手机媒体的使用,减少娱乐项目占比,扩大意识层面的知识内容,同时教师应该有意识地引导学生通过手机媒体进行主流意识形态内容的学习。

(二)加强 QQ 的管理

QQ 是大学生人际交往,分享和传播信息的重要平台,QQ 具有即时聊天和窗口新闻的功能,通过弹窗弹出新闻以主动吸引受众的眼球。通常只要腾讯用户一登录 QQ,这些弹窗就会出现,并且需要用户主动关闭才会退出。有研究发现,QQ 新闻每一页的新闻频率并不一样,首页新闻的频率要高于后面页的新闻频率,就算在首页,新闻的排版也是有讲究的,譬如,图片新闻频率排在第一位。此外,腾讯窗口新闻专题栏目也很全面,涉及种类众多,如体育、财经、娱乐、新闻、汽车、视频、游戏、博客、购物、读书、IT 等。新闻栏目既有专题性新闻,也有各类综合新闻。对大部分 QQ 用户来说,新闻弹窗是否被关注,主要在于页面的新闻标题、新闻的版面位置、字体大小、个人的兴趣。加强对 QQ 和 QQ 空间的管理,具体如下。

首先,充分发挥 QQ 传播的隐性教育优势,利用网络"言传身教"。与线下传统媒介相比,QQ 传递的信息往往是隐蔽的,相关信息会慢慢渗透受众的头脑,促使受众的身心健康和个性发展产生潜移默化的影响。实际上,博客的自媒体特性,是隐性教育行为实施的途径之一,尤其是 QQ 空间,是小范围群体传播信息的渠道,如班级 QQ 群中,通知、图片、视频、作业、微课往往会受到班内学生及家长的关注,专业教师、系主任、生活老师、辅导员的网络举动、行为态度自然受到群里其他成员的高度关注。又如,辅导员或生活老师对时事政治的认知,往往影响学生对时事的态度和立场;课程教师对所教学科专业知识的理解,往往在学生中引起连锁反应;生活教师对校园生活的感触,对生活小常识的讲解,对学生心情的激发,往往会引发学生的人际互动,使他们感悟人生、快乐成长;系主任对所在系的群体成员关怀有加、教学有方,其言论将被更深远地传播,其理念将被更持久地关注。因此,全媒体时代要求高校广大师生必须运用新媒体、自媒体,关注网络信息传播,从线下的课堂教学拓展到线上的网络课堂、社群和社区,在线上传播思想和观念,发挥三尺讲台的"学高为师,身正为范"的作用,无形中传播的信息往往对学生品格的培育起到了潜移默化的作用。

其次,加强媒介素养教育,培养学生正确认识媒介和新闻。媒介素养教育包括"发展关于媒介的思想,建立对信息批判的反应模式,学会有效地利用大众传媒帮助自己成长与进步,提高对垃圾信息的辨别力、抵抗力等"。承认新闻的选择性是媒介素养教育的前提。鉴于我国新闻业由国家管制,普通的商业媒介与政府媒介的信息内容各不相同,前者娱乐化程度很高,负面报道率较强;而后者党性原则强,政治化程度浓,正面报道也高于其他媒体。因此相比之下,政府媒介鉴于其政治性强而网络受众要单一一些;而商业媒体由于内容繁多、种类复杂,拥有网络受众也要多一些。面对各种网络诱惑,网络媒体特别是新闻媒介必须搞好议程设置,正面呈现党和国家的政策与要求;同时,高校广大师生也要积极面对"媒介现实",冷静思考媒介现象,对媒介中的信息进行独立的分析和判断,以免"误入歧途"。

(三)加强对微信的管理

微信具有庞大的用户群体,其中以高校青年学生数量为最多,成为高校师生传播交流的普遍工具,除了社交作用外,它也承载着思想政治教育功能,传递着新型思想文化信息,蕴含主流与非主流的思想观念,是网络舆情的一个重要传播地和扩散地,是多种意识形态的斗争地。全媒体时代,加强对微信的管理，是高校意识形态教育的重要内容之一。就其积极性而言，主要表现在两个方面。一是拓宽了高校意识形态教育的途径。传统的意识形态教育，主要通过思想政治课教师的课堂灌输，教师负责讲，学生负责听，课堂之外无思想政治教育；微信的广泛应用提供了一种新型的意识形态教育途径，大学生可以通过微信与教师平等交流和沟通，接受思想政治教育的熏陶，教师也可以通过观看学生的朋友圈了解学生的思想动态，对其进行教育和指正。二是提升了高校意识形态教育的成效。传统的课堂讲授成效并不突出，学生在课堂上表现沉闷，兴趣平平，更多是应付学分而已；微信融文字、图片、音频、视频为一体，将冗杂、静止的知识内容以简短、动态的方式加以呈现，有效刺激了高校学生的视觉、听觉和感觉，使他们对于知识的理解和记忆更为深刻，大大提升了意识形态教育的实际效果。就其消极性而言，主要表现在两个方面：一是对高校学生的"三观"造成不良影响，微信信息海量，好坏交织，主流意识形态与非主流意识形态糅合，不良网络舆情借助微信的即时性和用户群的庞大性广泛传播，大大影响了部分是非判断能力较弱的高校学生，对他们的"三观"造成冲击；二是弱化了教师在意识形态教育中的作用，加大了意识形态教育的难度，微信在提供丰富教学资源的同时弱化了教师的主导性，教师不再是知识的唯一来源，其权威性受到质疑。微信信息的海量化加大了信息的筛选难度，学生容易被不相关的信息干扰，时间和精力被侵占，在复杂的微信信息里面找出正能量的内容并加以编排设计成为一个难题。因此，必须加强对微信的管理。

第一，增强高校学生的自律意识。为了迎合市场需求，微信设置了多个板块内容，涵盖生活的多个方面，由于自控能力的不足，部分大学生容易沉迷于微信游戏、短视频以及网络社交，埋头于课堂上、饭桌上和闲暇时间，罔顾学习要求和身体健康，因此，必须加强对高校青年学生的教育和引导，帮助他们树立自律意识，妥善处理好学习与娱乐的关系。

第二，加强对微信的监督管理。一方面，加强对网络舆论的管理。社会突发事件、公共焦点问题的传播便于高校学生及时了解事件的动态和走向，权威媒体和官方公众号客观的报道有利于学生了解事情真相，还原事件本身；反之，一些反社会组织和西方敌对势力会将事件扩大化，使其向负面发展,煽动学生的情绪,使他们对国家和社会产生怀疑,动摇理想信念。因此,要加强对网络舆论的管理,帮助青年大学生看清事件本质,不信谣、不传谣。另一方面,创新微信推文内容。主流意识形态内容缺乏鲜活性和个性化,只有融合网络的新特征和新内容,才能有效吸引广大师生的关注,有效提高微信在意识形态教育方面的成效。

(四)加强对微博客的管理

微博客是一个融有线网络、无线网络、即时通信为一体的交流平台,用户可以通过网页、手机短信、IM 软件、上百种 API 向网络受众发送不超过 140 个字的信息,从而分享自己的所见所闻的自媒体。微博客作为一种新兴的网络互动媒介,主要借助于它自身新颖的信息传播方式,受到师生网民的喜爱而得以广泛发展。网络主流意识形态的传播必须借助现代化信息手段,采用先进的信息传播方式和传播载体来进行。毫不例外,微博客是网络主流意识形态传播的新方式。但是,微博客属于自媒体的范畴,微博客主可以通过微博客空间随意抒发自己的情感、阐述自己的观点,这对于意识形态传播既是机遇,也是挑战。相较于别的网络媒体,微博客具有如下特点。

首先,传播媒介的多样化与简单化。传统网络媒体通常把网络作为唯一的传统媒介,而微博客还可以把手机作为传播介质,从而实现了传播方式多样化与简单化的特质。随着 5G 手机的出现,广大师生通过手机及时更新与传播信息,这是以往的网络媒体无法比拟的。传统媒体往往通过单一线性形式进行信息传播,网络媒体的传播是网状式传播,微博客则是一种裂变式传播:传播密度厚积,传播方式快捷,传播载体便利。其次,信息内容的去中心化与碎片化。在传统社会,信息的传播往往是由权威部门或上级机关层层传达,信息传播过程是通过行政命令"自上而下"的传播,传播手段往往具有中心化与权威化取向;在网络媒体中,媒体、版主、博主往往对信息的传播设定了一些限制,信息发布者不能随意发布自己想发的信息,信息的发布必须要经过审批。微博客则完全不受这种限制,它可以让微博客主自由地抒发自己的情感、自由表达自己的观点看法,网络话语权集中于微博客主自己手里。这种信息传播模式释放了社会的话语空间,增强了人们言论自由的意识。同时，微博客降低了准入门槛，微博客主可以用140字以内的简短语言描述自己的生活，表达自己的情感、观点和评论，从而使信息呈现碎片化的样态。这些不成系统的、简短的语言散播呈几何式倍增，积累到一定程度便形成了网络亚文化。再次，在微博客中的个体均有可能成为信息生产、散布、流动的关键点，这就使微博客在一些公共事件信息散布、小道消息传播上体现出了与新闻媒体和商业媒介不同的自主性，成为"第一新闻发言人"。最后，传播主体的大众化与平民化。微博客可以使微博客主不受官方媒介的制约，随时可以利用网络、手机发表自己或分享转帖他人的信息。在微博客上，人人既是信息的发布者，也是信息的传播源。作为信息发布者，激发了微博客主的主体意识性和原创性；作为信息的传播源，往往导致信息失真、是非难辨。并且，微博客也会推动公共事件持续发酵，为民意表达、公民参与、信息交流提供了共享空间，从而使公权力更加透明，人民的社会责任感更加强化。因此，对高校师生的微博客管理，需要做到如下方面。

首先，加强微博客空间的意识形态建设。微博客是意识形态传播的新阵地，在微博客空间，在网络空间，微博客常常作为意识形态传播介质，与其他网络媒体发生有机链接。当前，很多家网络媒体都已入驻微博客，微博客主只要一登录自己的微博客，马上就能收到各种网络媒体发过来的新闻报道。可以说，微博客为微博客主开辟了一个参与政治、表达自由、互动交流的空间，促进了广大师生网民对网络突发事件的关注、讨论、传播，同时也为政府的政策透明、程序公正、民意表达增加了渠道，增强了网络受众对公权力的关注。高校德育工作者应该抓住微博客这一意识形态传播的新领地，结合微博客的新动态、新特点、新变化，促使其信息传播要做到合理、合规、合法，最终让社会主义意识形态成为微博客主的共同价值追求。

其次，调整意识形态工作的思路，建立完善微博客空间的规范体系。微博客的裂变式信息传播，使信息传播的速度较其他媒介更快，传播范围更广，波及的人群更多。因此，要加大对微博客信息的审查力度。目前对于微博客的言论，我们采取的是严格的白名单与信息内容过滤制度，如果发现微博客信息中的关键词与主流意识形态不相符，需要马上用屏蔽、删除、封号等方式加以解决。但是，如果对微博客中的个人言论和信息封锁过于严格，就会导致公众反感，也可能导致谣言的传播。因此，对于微博客空间的意识形态问题，主要还是采取以疏为主、疏堵结合的方法。在便于民众配合、言论得以控制的前提下，使微博客真正成为民意表达的重要"窗口"。

第二节 批判网络社会思潮 打造高校意识形态高地

社会思潮是指"在特定的社会历史条件下，以某种理论为指导，以群体的社会心理为基础，以特定的社会议题为焦点，集中反映一定的阶级、阶层或集团的群体利益或诉求并具有广泛影响的社会意识的运动形态"①。社会思潮实质上是经济领域利益诉求和价值取向的表现，目的是要争夺在意识形态领域的主导地位，它主要具有四个方面的特征：一是内容上具有现实性，关注社会现实和社会问题，企图提供解决方案；二是表述上具有新颖性，与传统的一般的说教不同，很多社会思潮表述上企图通过新的内容来体现其与众不同；三是性质上具有隐蔽性，很多社会思潮与我国主流意识形态相悖，将其资产阶级的性质进行隐蔽，佯装站在群众的角度上，传达其价值观念，使人潜移默化地受到其影响；四是不断发展变化的，社会思潮具有伴生性，会随着时代的变化而变化，以适应群众心理，随着网络技术的发展，社会思潮也借助互联网平台获得了较快的传播和较大的影响力。高校是思想文化的主要传播阵地，也是国家进行意识形态教育的主渠道，青年学生对于新兴思想接受度和包容度较强，因此成为各种社会思潮的争夺对象，这给高校意识形态工作带来了两个方面的困扰。一方面，青年学生成为各种社会思潮的争夺对象，各种非主流社会思潮从学生关心的社会问题和人生际遇问题切入，争夺广泛的受众，企图降低主流意识的受众面。另一方面，降低我国主流意识形态教育的成效，我国教育的目标是要使青年学生成为兼具理想、本领和担当的时代新人，延续中华民族的伟大复兴。青年学生由于鉴别能力较弱，容易受到错误思潮的诱导，动摇自身的世界观、人生观和价值观，进而对马克思主义

---

① 朱汉国. 当代中国社会思潮研究［M］. 北京：北京师范大学出版社，2012：7.

的社会思潮产生怀疑，削弱我国主流意识形态教育的权威性和话语权。

一、网络领域的社会思潮对大学生造成的影响

2020年极具影响力的社会思潮主要有新自由主义思潮、民族主义思潮、民粹主义思潮、女性主义思潮、生态主义思潮、反智主义思潮、消费主义思潮、泛娱乐化思潮、新儒家主义思潮和人道主义思潮。① 在互联网领域，民粹主义和民族主义思潮传播势头一直居高不下，泛娱乐化思潮对大学生的影响不断扩大，历史虚无主义思潮对高校学生也具有较大的影响力。因此，本文主要选取上述四种对高校大学生影响力较大的社会思潮加以阐述。

（一）民粹主义思潮

传统民粹主义对精英阶层较为仇视，表现为反政府和反精英，网络民粹主义是传统民粹主义在网络空间的发展和演变，对某些具体个别问题进行夸大，以此推动平民大众与精英阶层的对立，利用群众的爱国主义心理加剧事件的演变，向极端民族主义和排外主义方向发展。如成都某中学学生坠楼事件，就有人在带领节奏，污蔑事情真相，宣称学校官官相护和社会黑暗，诋毁法律的公平和正义性，以此加剧社会矛盾。网络民粹主义打着草根阶级的旗号，站在道德制高点，一味同情弱者，掌握并利用部分人的心理，获得其支持，扩大受众面。

第49次《中国互联网发展状况统计报告》显示，截至2021年12月，20~29岁网民占比为17.3%，高于其他年龄段群体，② 而这一年龄段的网民大部分是大学生，网络民粹主义对大学生的影响总体上是弊大于利的。首先，网络民粹主义弱化主流意识形态的指导作用。网络民粹主义利用大学生利益诉求的难以满足性对事件大肆渲染，煽动情绪，使学生主动带入弱者身份，加剧平民大众与精英阶层的对抗，抹杀精英阶层的社会作用，认为是精

---

① 2020国际十大社会思潮 [EB/OL]. 人民论坛网，2021-01-15.
② 中国互联网络信息中心. 第49次《中国互联网络发展状况统计报告》[R/OL]. [2022-02]. http://www.cnnic.net.cn/hlwfzyj/hlwxzbg/hlwtjbg/202202/t20220225_71727.htm.

英阶层侵害自己的利益，造成社会的不公。将个别矛盾激化扩大，激发受众对于社会的不满，削弱主流意识形态的指导作用。其次，动摇大学生的政治认同。政治认同主要体现为"四个自信"，是对国家政治制度的认可和赞同，是国家长治久安的重要基石。民粹主义打着公平公正的旗号，曲解社会公平的内涵，将共同富裕片面理解为全民同步和平均富裕，对国家取得的一系列成就视而不见，质疑党和国家的领导，质疑国家的基本制度和政治制度，削弱大学生的自信心和爱国心。最后，破坏民族精神。民粹主义常把爱国主义作为幌子，将民族主义推向非理性和攻击性边缘，排斥其他民族的合法利益，加剧民族仇恨，损害国家利益。

（二）民族主义思潮

民族主义是一种包含对民族、种族与国家三种认同在内的意识形态，目的是要培养民族自我意识、态度和行为倾向，将推进和维护本民族利益作为根本任务。民族主义思潮在国家革命、建设和改革过程中起到了积极作用，有着强大的凝聚力和号召力。随着网络技术的飞速发展，各种社会思潮奔涌而来，民族保守主义、民族分裂主义以及极端民族主义崭露锋芒，阻碍国家复兴的进程，破坏民族团结。高校大学生受民族主义思潮的影响是双重的。积极理性的民族主义强化大学生对主流意识形态的认同感，极端民族主义则会弱化主流意识形态的凝聚力和话语权。网络民族主义兴起的动因主要有四个方面：首先，网络信息技术的发展为网络民族主义奠定了物质技术基础；其次，全球化进程中国家之间有着不同的利益诉求，维护国家民族利益诉求成为网络民族主义兴起的一个重要因素；再次，公民通过网络参与政治生活也推动了网络民族主义的发展；最后，网络民族主义是传统民族主义在网络空间的发展和延伸。

（三）泛娱乐化思潮

泛娱乐化思潮强调个人观念，以消费主义和享乐主义为核心，利用互联网的信息媒介，传播话题并进行炒作，以影响大学生的价值观念。这种思潮主要表现在两个方面。一是混淆传统历史，为了追逐利益最大化，很多影视资料不顾历史现实，大肆改编和杜撰历史事件，使影视观众混淆或模糊历史,这是对我国历史的不尊重,也是对民族精神的不尊重。二是炒作低趣味话题。自 2012 年起,真人秀节目在我国异军突起,直至现在已经吸引了大批稳定的观众,其中大学生比例更是居高不下。真人秀没有角色扮演,没有剧本,强调现场实时直播,是一种声称完全反映真实的电视节目。很多真人秀节目看似红火,能让观众捧腹大笑,看完之后除了开心,观众什么都没有收获,节目本身没有内涵性。选秀节目同样拥有广泛的受众,它给年轻观众的影响也是巨大的,幻想自己和他们一样突然成名,沉迷于追星,把明星作为自己的榜样,扭曲价值观念。泛娱乐化思潮对高校意识形态工作造成如下影响。

首先,会造成高校师生政治冷漠和信仰的缺失。泛娱乐化思潮虽缺乏内涵性,但由于其趣味性受到大批年轻观众的追捧,自然会降低对主流意识形态的关注度,对政治新闻漠视,对党和国家的认知度和理解度大大降低,久而久之学生便会缺失社会责任感和集体荣誉感,不仅会使个人孤僻,而且会造成学生在政治上的冷漠。加之对商业价值的追逐,泛娱乐化思潮追求趣味性,恶意篡改历史和恶搞历史,在浓郁的娱乐氛围下受众容易模糊和降低基本判断能力,冲击其价值观和情感导向。

其次,冲击高校思想政治理论课课堂教学。高校思想政治理论课是进行主流意识形态教育的主渠道,但由于其政治性和理论性加强,课堂氛围缺乏活力,不被学生喜欢,加上娱乐信息和娱乐节目的盛行,学生在课堂教学过程中随时利用手机浏览和观看娱乐信息和娱乐节目;另外有些教师为了吸引学生的注意力和兴趣,将视频、图片、音频作为教学的主要载体,将学生分组进行课堂参与,但由于过分注重娱乐化,使教学内容脱离了理论知识,大大影响了高校思想政治理论课程的教学实效,未达到预期效果。

最后,不利于学生思想政治素养的提升。高校学生正处在"三观"形成的重要时期,思想尚未完全成熟,在互联网加速发展的背景下,学生会接触到多元价值观念,好坏糅杂,学生的知识储备加之社会阅历难以对其进行筛选和分辨,容易受到趣味化的娱乐信息和价值观念诱惑,将时间浪费在刷视频、关注八卦新闻、追星、追剧等方面,搁置学习任务,颠倒主次,在不自觉的情况下形成不良的价值观和人生观。在微博、抖音等平台,不乏学生关注游戏主播、美妆主播、旅行主播等,甚至搁置学习任务，自己开通直播。

（四）历史虚无主义思潮

历史虚无主义思潮是一种反马克思主义思潮，它从唯心史观视角将历史切割、任意裁剪，任意虚构历史事实，从历史支流中挖掘史料，重新解读历史事件与历史人物，重构历史，虚无历史主流。① 这种思潮的本质在于通过虚无历史来否定中国共产党的领导，否定领袖人物，否定马克思主义意识形态，最终达到颠覆社会主义政权的目的。历史虚无主义思潮对大学生的消极影响主要表现在三个方面。

首先，动摇高校师生的政治信仰。历史虚无主义借助新媒体更广泛地传播，在形式和表达上更具隐蔽性，通过碎片化时间对历史进行裁剪，断章取义，歪曲事实，利用夺人眼球的图片或视频来吸引受众，使其在无意识中受到熏染。历史虚无主义披上文艺的外衣，通过电影、电视剧、音乐、微博等宣传自己的主张，很多受众听之任之，基本上不会去考校真伪，以此动摇学生的政治信仰，达到扰乱思想、弱化主流意识形态的目的。

其次，动摇高校师生的民族精神。以爱国主义为核心的民族精神是中华民族五千年历史的见证和精华凝练，是中华文化最本质的体现，是各民族生存和发展的精神纽带，能够转化为巨大的物质力量。历史虚无主义思潮通过对本民族历史的消解，大力赞扬西方的历史和价值观念，动摇了高校师生民族精神的根基。

最后，影响高校思想政治理论课的教学效果。随着新媒体的出现，历史虚无主义传播借助于视频、文字、图片等形式，对历史进行歪曲。由于大学生的马克思主义理论水平不高，加上欠缺历史知识，历史观念匮乏，容易被历史虚无主义迷惑，不能看清其本质，转变历史观和价值观，削弱高校思政课的教学效果。

---

① 李继兵，刘研.历史虚无主义思潮对大学生的影响及应对［J］.学校党建与思想教育，2016（2）：8.

二、加强对网络社会思潮引领，占领意识形态制高点

（一）坚定社会主义核心价值观对各种社会思潮的引领

如果一个社会思潮带有负面、消极影响的因素，就会对高校大学生的理想、信念、价值观念造成一定的不良影响，动摇他们对于主流意识形态的信仰。因此，要坚定社会主义核心价值观对各种社会思潮的引领，学深学透中国化的马克思主义，提高马克思主义理论水平，增强对各种社会思潮的鉴别能力和分析能力，对各种社会思潮进行批判。

第一，牢牢坚持马克思主义在网络领域的指导地位。必须坚持马克思主义在政治、经济、文化各领域的指导地位，高校应打造具有特色和具有吸引力的宣传平台，通过校园网、校务微博、微信公众号等途径建立马克思主义宣讲平台，及时更新、创新宣讲内容，贴近高校学生生活、贴近实际。同时，高校应该建立社会思潮讨论专区，通过权威人士解读社会思潮，帮助学生答疑解惑，引领学生正确了解和看待各种社会思潮，坚定"四个自信"，巩固马克思主义在网络领域的话语权和权威性。

第二，牢牢坚持社会主义核心价值观的引领。社会主义核心价值观从不同层面凸显了中国价值、中国精神、中国道路，分别从个人、社会、国家三个层面规范了价值准则、价值目标以及价值取向，三者共同发力，共同实现中华民族复兴之梦。多元社会思潮代表不同群体的利益诉求，不能全盘否定，也有可取之处，把社会主义核心价值观作为方向性指引，取其精华，去其糟粕。

（二）牢牢掌握舆论宣传阵地

新媒体时代，舆论宣传阵地成为继高校思想政治理论课又一开展意识形态工作的重要阵地，也是马克思主义社会思潮与各种非马克思主义社会思潮较量的舞台。要牢牢把握舆论宣传阵地的社会主义性质，把握意识形态工作的受众群体，从他们的切身利益着手，加大主流意识形态的宣传力度，筛选和过滤各种不良社会思潮，对这些社会思潮进行权威性的解读和批判，引领青年大学生正确看待各种社会思潮，自觉抵御不良思想的冲击。

第一，高校应综合运用新媒体平台。新媒体平台吸引了广大高校学生受

众，具有独特的吸引力，高校通过综合利用多种新媒体平台对高校学生进行意识形态教育，会起到事半功倍的效果。结合社会热点以及学生的兴趣点选择内容，同时要注重内容的准确性、权威性和创新性，以学生喜闻乐见的方式传播和宣讲内容，运用文字、图片、音视频、动画等方式展现内容。

第二，高校应注重意见领袖的培养。多元社会思潮在表述上更具隐蔽性，以自由、民主、人权的旗号吸引了部分受众，高校学生长期处在单纯的环境之中，容易被反马克思主义思潮迷惑，因此，高校应该打造一批正能量的意见领袖，敢于发声、正确发声，在大学生普遍关注的新媒体平台发表正确意见，解读多元思潮，帮助他们厘清这些思潮的实质，对主流意识形态进行合理性辩护，牢固坚持马克思主义。

(三) 高校要打造主流意识形态教育网络平台

高校要打造一个适合本校学生，具有特色的主流意识形态教育平台，将社会主义核心价值体系以学生喜爱的方式进行传导和灌输，对网络信息进行筛选和监管，切断学生与不良社会思潮的接触，提升学生对主流意识形态的认同感，学会正确辨别马克思主义社会思潮与非马克思主义社会思潮。高校要建设与思想政治理论课互补的网络教育平台，发布相应的任务，将教师的课堂讲授与学生的网络学习结合起来，做到课上课下一致、网上网下一致，提高思想政治教育的实效性。

第三节　打通两个舆论场　筑牢网上网下同心圆

全媒体时代，人人都是信息的发布者、传递者和接收者，网络舆论的生成、传播和扩散都离不开网民的参与，必须将新闻客户端与高校师生自媒体结合起来，用官方话语引导个体话语，加强网络监管，筑牢网上网下同心圆，共同打造风清气正的高校意识形态阵地。

<<< 第六章 网络舆情引导、社会思潮批判与高校意识形态阵地打造

一、优化网络议程设置

议程设置具有一种隐形暗示作用，媒体通过对议程的设置告诉受众应该想什么，而且能在潜移默化中告诉公众怎么想，对公众的认知、态度和行为产生影响。[①] 议程设置是否得当深刻影响高校学生对事件本身的看法和评论，进而影响其思想和行为，因此，必须优化网络议程设置。

首先，设置生活化议题。全媒体时代下高校主流意识形态教育内容设置要更加贴近生活，在继承优秀传统的基础上推陈出新，将新鲜血液注入教育内容之中。议题设置应该坚持"三贴近"原则，以生活、实际和学生需求为议题，衔接大学生的现实生活，搜集大学生关心关注的问题，对各类信息进行议题分类，区分主流与非主流、主旋律与非主旋律的议题，并对其进行消解，选用正面导向的议题来指导学生的时间，以增添主流意识形态教育的活力，回答学生对社会焦点和校园热点的思考，有效防范不良舆情的蔓延，化解舆情危机。

其次，议题设置应注重需求的多样化。人们通过网络满足其信息、娱乐、社交和心理的需求等，注意力主要集中在三种议题上：一是社会关注度高的议题，这种议题的辐射面广，具有较强的话题性；二是关系切身利益的议题；三是趣味性很强的议题。高校在进行主流意识形态教育时应以学生的现实需求进行议题的设置，充分考虑学生的需求和意愿，主动介入学生关注的议题，然后将理论知识与议题进行融合，积极解答学生的困惑，正视并深入分析这些问题，以提高网络意识形态教育的有效性。

再次，营造互动的传播方式。充分发挥学生在网络意识形态教育中的主体地位，尊重学生的积极性、主动性和创造性，发扬个性、展现自我，师生都要了解网络热点和网络话语体系，设置新颖的网络议题，回应师生对社会问题的评论和看法，掌握师生的思想动向，在网络空间展开亲切友好的对话交流，拉近双方的距离，形成互动的传播方式。

[①] 张东，覃林. 基于议程设置的高校思想政治教育创新［J］. 重庆邮电大学学报（社会科学版），2021（4）：98.

最后，融合各媒介进行议程设置。新媒体是高校开展意识形态教育的另一有效渠道，但由于众多新媒体平台传播信息的杂乱性，对于意识形态内容设置比例不同，也会给意识形态工作的开展带来挑战。高校应该融合各种主要媒介，统一进行主流议题的设置和编排，发挥不同媒介的优势，以吸引学生关注，更好地提供校园咨询服务，履行宣传教育职能。

二、打通新闻客户端和师生自媒体"两个舆论场"

网络阵地话语权的掌握攸关党的长期执政、国家的繁荣昌盛，争夺网络空间的广泛受众是不同意识形态的目标所在。在全媒体时代，意识形态斗争更多地承载于自媒体和新闻客户端，它们是网络舆情的发源地。新闻客户端更多地代表官方立场，具有较强的权威性，自媒体更多地站在个人角度，传达个人的价值观和价值立场，只有将新闻客户端与师生自媒体结合起来，将官方话语与个人话语结合起来，才能打造坚定的高校意识形态阵地。

首先，新闻客户端要"四力"迸发。作为官方语言的代表，新闻客户端在内容的选取上要紧跟时代潮流，抓住师生心理，对内容进行整合创新，打造具有吸引力和影响力的新闻内容。新闻客户端要扮演好主流意识形态引导者的角色，引导和提升大学生对它的认同感，扩大主流意识形态在网络空间的话语权。在自媒体与新闻客户端之中，虽然新闻客户端更具权威性，信息更具公信力，但是大部分学生更倾向于选择自媒体，因为其内容更具趣味性，新闻客户端应吸取自媒体的优点，进行信息的创作整合，创新表达方式和传播方式，提升竞争力。

其次，净化师生自媒体。相较于新闻客户端，自媒体更具个人主义色彩，彰显个人的情感态度和价值观。高校师生既是信息的接受者，也是信息的制造者和传播者，都在通过各种自媒体平台共享信息，在网络空间中潜移默化地受到他人价值观的影响，不自觉地参与了网络舆情的扩散，无形中被其他社会思潮感染，动摇了马克思主义的立场和观点。因此，必须加强媒体监管，净化师生自媒体空间。通过监管，筛选出与主流不符的信息，或进行屏蔽，或邀请权威人士进行解读，防止或减少舆情的传播。

三、加强网络监管，筑牢网上网下同心圆

大学时期是学生树立正确三观的重要时期。此时学生在心理和生理上有待成熟，部分学生对网络缺乏控制能力，时间被手机媒体占用，无论是在吃饭时、睡觉前，还是在课堂上使用手机的情况并不少见，这是对自媒体的严重依赖。自媒体成为高校学生的重要信息源，由于好奇心的驱使，学生对网络上的各种信息都有一定的关注，潜移默化中受到了影响，譬如，美国大片、韩剧都受到了高校学生的普遍喜爱，其实质是一种文化输出，通过文化渗透传播其意识形态，间接弱化爱国情感和民族认同感。高校对师生自媒体的监管可以采取四方面的措施。第一，高校应该制定关于自媒体使用的条例。高校掌握对学校师生的意识形态领导权和话语权，应明确学校各级党委和监督管理部门的职责，制定相应的校园网络条例和准则，使学校师生在使用自媒体时有规则意识。学生通过对条例的学习大致知道不能传播不良信息，不做负面舆情的扩散者，在发布信息时要谨慎。第二，学生干部分层监管。各级学生干部分别负责一定班级的学生，对他们经常使用的自媒体平台进行监管，及时发现及时上报处理。学校对上报信息要按照校园规章制度进行处理，采取有效措施，不能姑息，以此净化网络。第三，提高师生的媒介素养。高校应开设网络媒介素养课程，作为所有专业的选修课或者必修课，使学生增强对网络的认识，能够善用网络，通过网络获取信息的同时学会鉴别信息。此外，学校可通过讲座的形式帮助大学生增强网络参与意识，做到不信谣、不传谣，解读各种社会思潮的实质，在网络舆情面前理智对待。关注校内外突发事件和社会敏感话题，对舆情进行准确判断，了解师生思想动态，对于谣言进行辟谣，对舆情做出直接、及时的反应，建立专业的校园网络队伍。第四，社会相关部门要配合辅助高校网络监管。高校与社会是紧密联系的，社会对高校发生的事件进行紧密关注，而社会事件的发生则又引起高校师生的热议，二者共同形成舆论圈。因此，社会各方面要加强对社会公众在意识形态方面的引导，高校也要加强对师生自媒体的监管。

第七章

校园网络文化培育与高校意识形态环境优化

在全媒体时代，网络成为高校广大师生获取学习、就业、生活、健康、娱乐、社交信息的重要抓手。由于网络环境的复杂性，一方面，高校师生通过网络信息拓宽了他们的知识面；另一方面，高校师生会受到西方敌对势力意识形态渗透的影响，网络上关于西方思潮的各种言论会导致他们缺乏对马克思主义意识形态的认同。因此，净化校园网络文化环境，建设以社会主义意识形态为内容的校园网络文化，是当下高校意识形态环境优化工作的重点。随着改革开放的深入发展，各大高校也随之融入时代发展的潮流，高校网络意识形态环境面临着各种风险和挑战。因此，高校需要整合网络教育资源，培育校园网络文化，从而优化高校意识形态环境。

第一节　弘扬中国特色社会主义意识形态　　提升校园网络文化育人环境

在"互联网+"时代背景下，互联网对高校大学生的思维方式、价值观念和行为方式产生了深远影响。手机上网是高校大学生接收信息、学习和生活的重要工具。受全球化、信息化的影响，如果没有正面的引导与教育，高校大学生对庞杂的网络信息缺乏甄别能力，缺乏警惕性，很容易在国外意识形态的冲击下形成错误的思想观念。以美国为首的西方国家利用其掌握的网络话语霸权以及网络信息技术的垄断地位,通过影视作品、饮食文化等向外宣传他们的生活方式、政治制度和价值理念,不断向我国进行意识形态渗透,极大地冲击了我国优秀传统文化的地位。高校大学生具有学习能力强、思维活跃、容易接受新事物等特征,同时,这一群体正处于人生观、价值观和世界观形成的关键时期,他们也具有价值判断能力偏低、甄别信息的能力较差的特点,很容易在包罗万象的网络环境中迷失方向,被错误的思潮影响,形成歪曲的价值观念。因此,高校应该抓住网络育人这个主阵地,利用大学生感兴趣的媒介平台,打造正面积极的网络育人环境,大力弘扬社会主义核心价值观和勇担中华民族伟大复兴的伟大使命,引导学生形成爱国、爱家、爱社会的价值观念,大力培育校园网络文化,优化高校意识形态育人环境,引导高校大学生树立远大的共产主义理想信念。

一、将社会主义核心价值观融入校园网络文化

在当前网络化、信息化的大背景下,为了加强对高校大学生的思想引领、价值引导和文化熏陶,帮助广大青年学子扣好人生的第一颗纽扣,走好人生的第一步,高校必须加强社会主义核心价值观教育。社会主义核心价值观与高校校园网络文化建设最终追求的价值取向要相一致。践行社会主义核心价值观,其根本目的在于培养出能够为社会主义现代化奋斗、肩负民族复兴大任的时代新人;高校的职责在于培养全面发展的高素质人才,所以二者的终极目标是一致的,都是促进人的全面发展和人的价值实现。将社会主义核心价值观渗透高校校园网络文化,有利于拓宽高校社会主义意识形态的传播途径、丰富传播方式、扩大传播范围,同时有利于以隐性教育的方式营造高校清朗的校园网络空间,以友善融洽的环境氛围带动大学生主动接受中国特色社会主义制度,增强他们对马克思主义和中国特色社会主义道路的信心。将社会主义核心价值观融入高校校园网络文化建设,可具体从以下方面入手。

(一)加强社会主义核心价值观主题的校园网络文化阵地建设的组织领导

社会主义核心价值观融入校园网络文化是一项持久性工作,高校要充分

认识网络时代下信息传递和网络阵地的特点，结合高校自身特色，将这项工作纳入学校顶层设计，兼顾整体性和长期有效性为其制订系统的建设方案。第一，要高校党委统一领导、主管部门组织实施，联合校学生会、院学生会以及学生社团齐抓共管校园网络文化阵地建设。第二，高校要建立一套职责明确、奖惩分明的校园网络文化建设体制和运行机制，有效提升建设团队的凝聚力，为制度的执行提供保障力，建立制度管人机制，促进学生恪守社会主义核心价值观的要求，以此约束、规范和引导学生的思想和行为，净化校园网络环境。

（二）构建社会主义核心价值观网络教育平台

在网络时代，网络媒体作为一种开放性资源，为新时代高校大学生提供了海量的网络信息资源，也为高校对大学生进行社会主义核心价值观教育提供了有效途径。习近平同志说："一种价值观要真正发挥作用，必须融入社会生活，让人们在实践中感知它、领悟它。"[①] 人是环境的产物，特别容易受到外在网络环境的影响，对此，在全媒体时代，高校应该加强校园网络监管机制建设，构建社会主义核心价值观网络教育平台，充分发挥网络平台的协同育人功能，让社会主义核心价值观成为学生自觉自主的价值追求。新时代高校要抓住当前青年大学生的价值观念、道德理念、行为方式的变化动态，从大学生最喜欢用的网络媒介和通信方式入手，建设以社会主义核心价值观为内容的微信公众号、微博账号、主题网站、QQ订阅号、百度贴吧等网络教育平台，并通过这些网络教育平台定期推送社会主义核心价值观相关内容的文章、报道、实践活动，对大学生进行社会主义核心价值观教育。具体来说，构建网络教育平台，一方面高校可以将抽象枯燥的理论内容通过媒介变成生动有趣的视频、图片等资料，提高大学生学习社会主义核心价值观的积极性，促进学生将其外化于行、内化于心；另一方面高校可以利用网络媒体实时传播和覆盖面积广的优势，用社会主义核心价值观对当前社会舆论进行实时引导，同时增大社会主义核心价值观内容辐射力

---

① 习近平在中共中央政治局第十三次集体学习时强调 把培育和弘扬社会主义核心价值观作为凝魂聚气强基固本的基础工程［J］.党建，2014（3）：4.

与覆盖面。

（三）打造以社会主义核心价值观为主题的精品校园网络文化

高校在学校官方网站、学院二级网站建设中，要开设社会主义核心价值观等板块，推送以社会主义核心价值观为主题的优秀原创网络作品，如社会主义核心价值观精品课堂、微视频、微电影等，以大学生容易接受的方式传播社会主义核心价值观。对此，高校要组建专业的师资队伍，从当前大学生关心的社会热点和校园新闻入手，创作优秀的、以社会主义核心价值观为内容的网络作品，对当前社会和校园舆论进行引导，帮助学生扬善抑恶、严于律己、积极向上，使大学生真正将社会主义核心价值观内化于心、外化于行。另外，高校可以通过举办社会主义核心价值观主题网络文化节，设置奖励机制，鼓励学生自主创新，从中挑选优秀的网络作品。在这一过程中，不仅可以充分发挥学生的主观能动性和创造性，而且可以促进学生主动学习，增强社会主义核心价值观对学生的感染力与吸引力。

二、构建能勇担中华民族复兴历史使命的校园网络文化

习近平同志首次阐述"中国梦"这一概念，是在他2012年11月29日参观国家博物馆"复兴之路"展览时发表讲话中提到的。他指出，中华民族近代以来最伟大的梦想就是实现中华民族伟大复兴。在十二届全国人大一次会议闭幕会上，习近平同志系统地论述了"中国梦"的丰富内涵，指出坚持和发展中国特色社会主义的总任务，是实现社会主义现代化和中华民族伟大复兴。作为有担当、有自信、有气魄的中华儿女，每一位高校师生都义不容辞，要勇于挑起中华民族伟大复兴伟业的大梁，主动担当民族复兴的历史责任。随着互联网的快速发展，校园网络文化阵地，如学校官方网站、学校官方微博账号、微信公众号、QQ订阅号、校园贴吧、校园广播等，已经成为备受大学生欢迎的校园文化载体，在校园网络文化中渗透中华民族复兴使命，激发广大师生勇担使命，意义重大。

（一）在校园网络文化中加强"四史"教育

在互联网技术飞速发展的今天，校园网络文化是当代高校师生日常生活

不可或缺的一部分。高校应该加强党的历史、新中国的历史、改革开放的历史以及社会主义发展的历史的"四史"教育,帮助当代大学生深刻理解和讲好新中国的历史和党的历史,帮助大学生了解民族复兴的理论来源,讲好改革开放的历史和社会主义发展的历史,帮助大学生了解民族复兴的实现路径,把握正确的政治方向,为大学生进一步坚持中国特色社会主义道路、勇担民族复兴大任提供思想动力。

高校应该充分发挥现代媒体的优势,一方面,积极开展线上"四史"教育专题宣讲活动,邀请党史、近代史方面专家、学者深入开展"四史"教育,确保"四史"教育的全面、深入;另一方面,在高校的校园网站、学校官方微博和微信公众号、校园网络文化社区等阵地,设置"四史"教育学习板块和实践板块,通过组织"四史"知识线上答题竞赛、"四史"主题网络作品创作大赛,设置线上"四史"知识话题讨论等方式激发学生的学习积极性和对"四史"知识的深入了解。让学生在"四史"学习中了解民族复兴的深刻内涵,搞清楚、弄明白历史原貌,杜绝歪曲历史、诋毁党史的行为,从而培养学生正确的历史观,勇担民族复兴大任。

(二) 在校园网络文化中铸牢中华民族共同体意识

当代大学生成长于多元的网络环境,处在多种社会思潮并存的网络时代,同时也处于百年未有之大变局的重要时代。所以,高校作为人才培养的重要阵地,应该站在实现中华民族伟大复兴的战略高度,在校园网络文化中铸牢中华民族共同体意识,激发当代大学生的使命感和责任感,勇担民族复兴大任。

建设校园网络文化,要结合新媒体的技术手段,在校园广播、校园电子屏、校园报刊等各种媒介中铸牢中华民族共同体意识。首先,高校要在校园媒体阵地中加强文化认同教育,深化学生对中华文化的认同,让学生在中华民族悠久的文化中增强共同体意识。文化认同是民族团结的基础,也是最深层次的认同,高校要帮助学生正确把握中华文化和各民族文化之间的关系,把各民族文化融入中华文化,并使之成为中华文化的重要组成部分,中华文化是主干,各民族文化是枝叶,只有根深干粗壮才能枝繁叶茂。其次,高校要在校园媒体阵地中加强历史观教育，让大学生从中华民族厚重的历史中增强民族共同体意识。促进学生通过对历史和当下时局的审视，形成正确的国家观、民族观、文化观和历史观，从而唤醒学生的历史使命感，激励学生勇担民族复兴大任。最后，高校要在校园网络文化中宣传党和国家的路线、方针和政策，促使学生自觉拥护中国共产党的领导、坚定共产主义远大理想，并将个人理想与国家未来相结合，坚定不移地为中国特色社会主义事业接续奋斗。

（三）在校园网络文化中加强爱国主义教育

中国近代争取民族独立、人民解放的战争持续了百余年之久，在这段艰苦的奋斗历程中，中国共产党找到了正确的理论指导，找到了正确的斗争方式，经过了艰苦卓绝的奋斗历程，带领中国人民从站起来到富起来再到强起来，并且逐渐走近世界舞台中央。民族精神是中华民族屹立于世界民族之林的强有力支柱和团结中华儿女的精神纽带，爱国主义精神作为民族精神的核心，鼓舞着革命先烈为中国革命奋力前行，同样也是新时代大学生承担民族复兴大任的精神动力。校园网络文化中要加强学生的爱国主义教育，首先，要在校园网络文化中加强"四个自信"理论宣传，不断加强学生对我国的道路自信、理论自信、制度自信和文化自信，促使学生将爱国、爱党、爱社会主义三者相统一。其次，高校要在校园网络文化中宣传国家表彰的英雄事迹。在近代中国的奋斗历程中，涌现了大批可歌可泣的英雄模范和先进典型，他们是民族的脊梁、国家的骄傲。因此，高校要在校园网络文化中讲述英雄人物和英雄事迹，让学生在英雄人物无私奉献的高尚品格的熏陶下，自觉接受爱国主义教育，主动将爱国主义精神内化于心、外化于行、融进于脑。最后，高校要在校园广播、校园电子屏、校园报刊等校园公共媒体平台中播放红色影视作品，在校园网络文化阵地中渲染红色文化氛围，让学生从红色文化中汲取爱国主义精神，从而激励学生勇担中华民族复兴的伟大使命。

第二节 培育民族文化和红色文化 提升网络育人环境

文化是民族的血脉，是高校育人的重要资源。特别在民族地区高校，民族文化和红色文化是当代高校大学生的宝贵精神财富。无论是基础性教育还是高等教育，都应该挖掘这一宝贵的文化资源，加强民族文化和红色文化的教育。我国丰富的民族文化和红色文化是高校校园网络资源重要的组成部分，高校要运用现代化的新媒体技术，创设民族文化、红色文化特色的网络学习平台，把不具象的民族精神、红色文化知识变得直接、具体，更适用于高校学生碎片化的学习时间，让学生能有多种途径积累民族文化和红色文化知识，以此激发学生学习的兴趣。

一、加强民族文化和红色文化教育主体建设

民族文化和红色文化教育主体是民族文化与红色文化教育活动的组织者、发动者，是培育民族文化和红色文化育人功能的实践者。在民族地区高校，民族文化和红色文化的教育主体主要是高校文化宣传部门与教育者，加强教育主体建设尤为重要。

（一）加强对民族文化和红色文化的育人功能的认知水平

高校文化宣传教育队伍充分认识民族文化和红色文化的育人功能，是培育民族文化和红色文化育人功能的基础条件。第一，必须充分了解民族文化和红色文化的内涵，将民族文化和红色文化承载的正确精神内涵传递给学生，促进学生将其内化。对此，高校需要对文化宣传和教育者进行相关知识的培训，组织相关人员进行实地考察和科研讨论等活动，促进他们深刻理解民族文化内容、红色文化以及红色文化背后真实的历史事件，从而正确把握民族文化和红色文化传递的精神内涵。同时，高校需要设置完善的激励机制，调动广大师生对民族文化和红色文化研究的积极性及热情，促进民族文化和红色文化的创新性发展和创造性转换，赋予民族文化和红色文化新的时代内涵。第二，文化宣传教育者要有坚定的政治立场。只有拥有坚定的政治立场，才能提高批判各种错误思潮的能力，遏制不良思潮的传播，为学生营造一个健康的学习氛围。为此，高校文化宣传部门和教育单位要在思想上、行动上同党中央和国家保持一致，正确把握我国国情和树立坚定的政治立场，自觉增强"四个意识"，坚定"四个自信"，做到"两个维护"，确保"两个确立"，及时了解党和国家的新政策和新思想，并将其融入红色文化教育，确保红色文化教育的实效性、科学性和价值性。

（二）充分挖掘民族文化和红色文化的育人功能

民族文化和红色文化作为比较独特的文化资源，蕴含着中国共产党人和劳动人民的精神品质和价值追求，具有重要的传承价值和教育功能。高校要充分挖掘民族文化和红色文化资源，整合我国少数民族的民俗、歌谣、史诗、传记、民间文学、生态文化中的有益成分，不断提升各民族文化和红色文化的育人效果。首先，高校要对民族文化和红色文化进行甄选，将主题和功能相似的民族文化和红色文化进行优化，深入挖掘其背后的人文历史，将其独特的内涵和价值进行提炼，提高民族文化和红色文化资源供给质量。其次，整合民族地区的民族文化和红色文化。在深度挖掘民族文化和红色文化的同时，将同一区域的文化资源进行系统规划，明确民族文化和红色文化在发展进程中的定位和影响力，将分散的资源整合起来，协调四方，形成合力，让其育人效果达到最大化，从而提高民族文化和红色文化的供给质量，提升其育人效果。

（三）提升对民族文化和红色文化育人功能的运用水平

高校文化宣传部门与教育者要将民族文化和红色文化有效传递给学生，就要提高对民族文化和红色文化育人功能灵活运用的水平，将民族文化教育旨归于培养学生的民族认同感，将红色文化教育旨归于培养学生践行社会主义核心价值观的时代新人。

第一，高校文化宣传部门和教育者要提高运用民族文化培养学生的民族认同感、增加民族自尊心与自豪感的能力，用区域民族文化发展促进我国民族文化的弘扬与发展，进一步丰富我国传统文化内涵。民族历史上创造的绘画、音乐、舞蹈等艺术作品以及在风俗习惯、建筑艺术中所凝结的审美意识等，逐渐沉淀为民族心理和民族品格，形成人们自身的素养，从而成为民族发展的精神力量。因此，高校文化宣传教育者要对民族文化中蕴含的优秀精神品质进行解读，将其与现代思想进行结合，形成具有现代特征的民族精神，发挥其独特的育人功能。

第二，提高高校文化宣传教育队伍依托红色文化培育学生践行社会主义核心价值观和担当时代新人的能力。教师将红色文化中蕴含的优秀基因，如革命先烈的优秀事迹、崇高理想和高贵品格，运用到社会主义核心价值观教育中，促进学生将社会主义核心价值观内化入心、付诸行动，激发学生的爱国情感，加深学生对建设富强民主的国家的理解，自觉做到爱国敬业、诚信友善。中华民族的伟大复兴不是简简单单、敲锣打鼓就能够实现的，它需要一代又一代的中国人努力奋斗，而青年是主力军、先锋力量。高校青年大学生要厚植红色基因，勇担时代潮流，做民族复兴大任的时代新人。因此，高校文化宣传教育队伍要实现红色文化与社会主义核心价值观双向互动，帮助学生正确认识中国革命、建设和改革的历史，使学生时刻谨记生于忧患，死于安乐，国家的建设离不开每一位中华儿女的努力，要帮助学生坚定共产主义远大理想，坚定中国特色社会主义道路不动摇。

二、激发高校师生接受民族文化和红色文化的主动性

激发高校师生接受民族文化和红色文化的主动性，是培育民族文化和红色文化育人功能的重要保证。高校应充分挖掘民族文化和红色文化的价值，释放其魅力，帮助师生生成学习民族文化和红色文化的主动性，同时提升民族文化和红色文化的吸引力，促使学生发生"要我学"到"我要学"的转变，从而提升民族文化和红色文化的育人效果。

（一）激发学生的内在动力

学生学习主动性的发挥，需要驱动其内在动力。要激发学生的内在动力，首先，教师在进行民族文化和红色文化教育的过程中，要关注学生的成长需要和发展需求，给予学生平等对话的身份，把教育方式由单向灌输转变

成双向互动,以满足学生的内在需求,激发学生学习民族文化和红色文化的内在动力。其次,教师在民族文化和红色文化教育的过程中,要注重完善学生的认知结构。新时代的大学生出生在民族意识相对淡薄的多元文化时代,且距离中国革命、改革和建设的时期较远。在高校民族文化和红色文化教育的过程中,学生对各地区民族文化和红色文化所传达的精神内核和政治立场不会直接认同,他们往往会借助自身的认知结构对民族文化和红色文化的内容进行分析和审视,考虑这些内容是否有利于自身发展,是否符合时代发展要求,最后决定是接受还是抵制教师所传输的民族文化和红色文化内容。因此,教师要不断提高学生的创新思维方式和辩证思维方式,促进学生提高学习民族文化和红色文化的效率。最后,教师在民族文化和红色文化教育的过程中,要调动学生的积极情感。积极的情感能够激发学生学习民族文化和红色文化的主动性。相反,消极的情感能够抑制学生学习民族文化和红色文化的主动性。因此,教师在教育的过程中,要帮助学生克服和消除排斥民族文化和红色文化带来的负面情感,不断激发学生的民族自信心、自豪感、爱国情感以及责任感等积极情感,充分发挥学生的主观能动性,自觉将民族文化和红色文化的精神内涵转化为自身的价值取向和行为规范。

(二)提升民族文化和红色文化对学生的吸引力

教师要不断提升民族文化和红色文化对学生的吸引力,促进学生自觉自愿地发挥主观能动性。第一,教师要把握学生的聚焦点。在网络时代背景下,学生容易被视频、音频等对感官刺激比较大的信息吸引,教师要抓住这一"聚焦点",充分利用现代多媒体手段,将其合理地运用在民族文化和红色文化的教育过程中,吸引学生的注意力,让学生产生学习民族文化和红色文化的兴趣,从而在教育过程中发挥学生的主动性。第二,教师要不断挖掘红色文化的话语魅力。首先,民族文化和红色文化教育话语要贴近生活、通俗易懂。只有民族文化和红色文化贴近学生的生活,符合学生的发展需求,学生才会对其产生价值认同。因此,教师要尽量使用生活化的话语体系反映社会现实生活,让民族文化和红色文化教育脱离抽象的理论层面,从而吸引学生的注意力和关注度。其次,民族文化和红色文化教育要立足于现实社会，要回应现实社会的热点问题，以满足学生的精神需要。因此，教师需要及时关注社会热点问题，以民族文化和红色文化中的精神内涵来解释社会现实问题、疏导舆论导向，形成良好的校园舆论环境。最后，民族文化和红色文化教育要注重情感传递。教师在教育过程中注重"寓教于情"，增加与学生的情感互动，与学生建立良好的情感桥梁，以情感传递意志，让学生感受教师对民族文化和红色文化的情感，在教师营造的情感氛围内，主动接受民族文化和红色文化传递的精神内涵，达到以"情"传"情"的效果，从而激发学生的主动性。

三、创新民族文化和红色文化教育内容

各地区民族文化和红色文化教育内容是决定其育人效果的重要因素，创新民族文化和红色文化教育内容，是提升其育人效果的重要途径。要创新民族文化和红色文化教育内容，主要通过挖掘民族文化和红色文化育人内容，优化民族文化和红色文化的传播载体，改进民族文化和红色文化的教育方法，来提升民族文化和红色文化的育人效果。

（一）挖掘民族文化和红色文化育人内容

深入挖掘民族文化和红色文化的育人内容，有利于加强学生对民族文化和红色文化的认同，提升民族文化和红色文化教育的效果。第一，民族文化和红色文化要立足于现实，连接时代和历史，贴近学生生活。如果民族文化和红色文化只是脱离现实生活、抽象的理论知识，学生就会对其产生排斥心理，很难发挥其育人效果。将民族文化和红色文化立足于现实社会，在内容选择上，将民族文化教育与民族传统节日相结合，将红色文化教育与社会热点问题、国家重大会议、党的最新理论相结合，引导学生正确认识民族文化，树立正确的政治立场和价值追求。第二，红色文化内容要坚持思想性和科学性。红色文化内容必须输出正确的价值取向，通过革命事迹反映革命者的精神和情怀，体现中国人民的价值追求和政治立场，让红色基因融入学生血液，让革命先烈的英雄精神成为学生的精神支柱。同时，红色文化要有彻底的科学性，要符合历史事实和客观事实，才能被学生相信、理解和运用。

(二) 优化民族文化和红色文化传播载体

传播载体直接影响民族文化和红色文化的传播效果，影响学生对民族文化和红色文化的认识程度和掌握程度，进而影响民族文化和红色文化教育的育人效果。因此，高校要优化民族文化和红色文化的传播载体，拓展和丰富民族文化和红色文化传播媒介。

第一，高校要依托中华民族节日和红色纪念日，唤醒学生的红色革命记忆和中华民族记忆。中华民族节日承载着人民的共同记忆，依托民族节日进行民族文化教育，可以帮助学生感受民族节日文化的魅力和产生民族身份认同感，增强学生的民族认同感和民族自豪感。在红色纪念日活动中，学生能够切实感受红色文化氛围，同时关注到重大的历史事件和时间节点。远离革命战争的新时代大学生，很容易在多元化的信息潮流中淡忘历史。因此，要依托红色纪念日，唤醒学生的历史记忆，增强国家凝聚力。

第二，利用好网络平台，提升网络育人环境。在互联网时代，网络能够丰富民族文化和红色文化的传播方式。一方面，高校可以建立"红色微信""红色微博""红色贴吧"等校园网络论坛，在这些校园网络阵地上对先进事例和优秀楷模进行宣传。另一方面，高校可以组织专业团队制作精良的红色短视频，在校园抖音账号、微信公众号、微博账号、高校官网上进行宣传。将民族历史和革命历史凝练成短视频，确保学生的记忆点。

(三) 创新民族文化和红色文化育人方法

传统的灌输式的教育方法不适用于新时代大学生，因此，创新教育方法可以有效提高民族文化和红色文化的育人效果。第一，对于民族文化教育，运用理论与实践相结合的方法。教师通过理论讲授使学生对民族文化有了全面的了解之后，为学生安排与之相关的实践活动，让学生深入了解民族文化，如安排学生观看民族文化纪录片、参观民族文化博物馆、走访民族地区等民族文化体验活动，让学生在实践中加深对民族文化的认同。第二，对于红色文化教育，采取榜样示范的方法。选取在中国革命、改革和建设期间，对国家和社会做出重要贡献的先进典型人物作为榜样，为学生传递社会正能量。对于榜样的选取还要来源于生活、贴合实际，高山仰止的榜样会让学生产生思想上的鸿沟，减弱学生的效仿欲望。同时，高校要加大榜样的宣传力度，组织学生参加志愿者服务，让学生在社会实践中找到自身和榜样的契合点，引导学生将个人理想与国家目标相结合，激励学生献身于中华民族复兴的伟大事业。第三，运用情感渗透的方法。教师在对学生进行民族文化和红色文化教育的过程中，要不断激发学生对民族文化和红色文化的情感，增强学生对民族文化和红色文化的认同，才能提升民族文化和红色文化的育人功能。

四、优化校园网络民族文化和红色文化育人环境

进入新时代，网络已经成为高校大学生学习和生活中不可或缺的一部分，而网络环境具有情感渗透的作用，影响着大学生的价值判断。因此，高校要利用好民族文化和红色文化育人功能，积极培育校园网络环境育人功能，优化网络育人环境。

（一）增强校园媒体阵地的育人功能

将民族文化和红色文化融入校园媒体阵地可以有效激发民族文化和红色文化的活力，同时发挥其在校园网络环境中的育人功能。高校要打造蕴含民族文化和红色文化的校园网络环境，利用学校微信公众号、微博账号、校园大屏幕、校刊校报、校园广播等宣传媒介，通过展示民族故事和红色故事的方式传递民族文化内容和红色精神内涵；将抽象的民族文化和红色文化以具象的形式呈现给学生，向学生展示多彩的民族文化以及革命先辈的辉煌事迹和伟大贡献，使高校校园网络环境成为积极向上的文化舆论场所，以潜移默化的方式增强学生的民族认同和激发学生的奋斗意识。

（二）优化民族文化和红色文化的网络传播环境

良好的网络环境有利于提高民族文化和红色文化的教育效果，提升其育人功能。因此，高校在民族文化和红色文化教育的过程中，要积极营造有利于民族文化和红色文化传播的网络环境。在多元文化时代，网络各种思潮盛行，非马克思主义与反马克思主义思潮相互交织，各种网络舆论错综复杂，网络环境受到严重影响。对此，高校要在校园网络阵地中，向学生传递正确

的思想理论，帮助学生用正确的思想武装头脑，丰富学生的精神世界，主动辨别和批判错误思潮。首先，高校要加强对马克思主义理论的网络宣传。马克思主义揭示了人类社会发展的客观规律，为社会主义的发展指明了正确方向，是科学的世界观和方法论。正如习近平总书记所说："就科学性、真理性、影响力、传播面而言，没有一种思想理论能达到马克思主义的高度，也没有一种学说能像马克思主义那样对世界产生了如此巨大的影响。"① 高校要加强对网络正能量的宣传，促使学生自觉将马克思主义作为思想武器武装自己的头脑，以此抵御错误思潮的入侵。其次，高校要加强党史教育以及对党和国家重大方针政策的学习。高校在校园网络阵地中对学生加强党史教育，帮助学生通过学习党史来铭记历史，从而传承红色基因，促进学生将爱国、爱党和爱社会主义相结合，并以此抵御历史虚无主义等错误思潮的入侵。学生通过学习党和国家的重大方针政策，可以了解国家的政治情况、发展状态和发展目标，激励学生勇担民族复兴大任的使命。

（三）净化校园网络舆论环境

网络环境下各种信息真假混杂，这也是影响高校校园网络舆论环境的重要因素。这些信息对传承民族文化和红色文化以及校园网络环境育人功能的培育都提出了挑战。高校要高度重视校园网络舆论环境管理。首先，高校要加强自媒体管理，着力规范校园网站、微信公众号、微博账号等校园主流媒体的建设。相比传统媒体的采编流程，自媒体缺乏管控和筛选，很难保证其传播新闻的真实性。因此，高校要加强自媒体制作人的思想道德素养和职业责任感，要明确自己的责任，不要为了吸引点赞数量和传播量而发布一些不实消息，将舆论导向引向错误的方向。同时，高校要充分利用自媒体平台资源共享、传播速度快等特点，在校园自媒体平台上发布弘扬正能量、传播社会主旋律的网络作品，为学生提供积极有益的精神食粮。其次，高校要有健全的网络技术。健全的网络技术是净化网络舆论环境的重要保障。民族文化和红色文化宣传工作要充分利用现代多媒体技术，用学生喜闻乐见的方式传播民族文化和红色文化，并在网络平台上提供交流平台，让学生在轻松的学

---

① 习近平. 习近平谈治国理政：第2卷[M]. 北京：外文出版社，2017：65.

习氛围中主动接受民族文化和红色文化教育，从而形成民族文化和红色文化健康正面的舆论环境。最后，高校要完善网络舆论监控系统。高校要设置专业的校园网络舆论监管部门，对自媒体发布的内容进行监控，及时阻止不实信息的传播和扩散，保障校园网络舆论环境。同时，高校也要对校园网用户进行监控，识别不良言论发布者，以此规范人们的言论，优化校园网络舆论环境。

第三节　整合校园网络教育资源　优化网络育人环境

优化和整合校园网络教育资源，是高校网络育人的重要内容。尽管西部地方高校处于经济发展相对不发达的地区，但随着网络信息时代的发展以及我国教育建设项目工程的不断深入，网络教育资源已经成为高校教育资源的重要组成部分。各地高校应该整合现有网络教育资源，整合高校校园媒体阵地，加强校史、校训的宣传和教育，强化师德、师风和创新校园文化活动，优化校园网络育人环境。

一、利用校园媒体，优化网络育人环境

随着网络技术的快速发展，网络已经成为当代大学生接收信息的重要工具。高校应该积极重视校园媒体的创新运用，整合高校校园媒体资源，优化网络平台建设，创作优秀的网络文化作品，引导网络的正面宣传作用，将高校校园媒体打造成具有高效传播力、强大凝聚力和引领力的马克思主义意识形态宣传阵地。

首先，高校要整合校园媒体阵地，优化网络平台建设。当前，新媒体平台层出不穷，信息传播渠道不断更新，大学生获取信息的方式更加便捷。高校必须主动掌握话语权、占据主动权，才能对校园网络环境进行思想引领、舆论引导。想要在日新月异的新媒体世界掌握话语权、占据主动权，就要让传播手段更先进，传播速度更快，传播能力更强。高校要整合学校的官方网

站、微信公众号、官方微博、百度贴吧、抖音账号等新媒体平台，构建校园媒体平台。当社会热点问题在学生群体中引发争论时，高校主流媒体如校园网、公众号等要把握立德树人根本任务，坚持正确的政治方向、舆论导向和价值取向，针对争议内容对学生进行正面引导，结合社会热点问题和校园热点问题，敢于发声、主动发声，引导学生抵御网络环境中的各种不良思潮，弘扬中国特色社会主义意识形态，努力把思想政治工作和意识形态宣传工作覆盖整个校园和每一个师生。

其次，高校要创作优秀的网络文化作品，引导网络正面宣传。当代高校大学生是最具活力、喜欢追求新鲜事物的年轻群体，这一群体倾向于通俗易懂的网络语言、生动丰富的视频内容以及接地气的大众语言。高校校园新媒体应该在坚持正确的政治方向的基础上，深度挖掘容易被当代大学生接受的、具有时代感的时事热点内容，严格进行政治把关，积极弘扬和践行中国特色社会主义意识形态，做好网络文化作品，这样的作品更容易引起大学生的情感认同、思想共鸣和价值认可，让意识形态宣传工作的效率达到事半功倍的效果。同时，在高校校园新媒体平台集中推送优秀网络文化作品，以深入人心的网络语言和生动的视频、音频相结合的方式，对大学生进行思想和价值引领，达到筑牢高校网络意识形态阵地的效果。

最后，高校校园新媒体平台应该开放提供意见和思想表达的信息互动平台，满足学生的表达欲和参与欲，将优质的评论内容顶置，营造积极健康的校园新媒体文化氛围，优化高校网络意识形态环境，培养担当民族复兴大任的时代新人。

二、高校要发挥校训、校史的育人功能

校训是学校师生共同遵守的基本行为准则与道德规范，往往体现了学校创办者的初衷和办学理念，是一所学校的精神、文化底蕴和意识形态的集中体现，有着明确的政治导向，潜移默化地影响着全校师生的价值观念，有激励、约束、引领和教育的功能。每一个进入高校的大学生，都经历过高考的选拔，他们曾经在高中时期为进入这个学校而奋斗，而大学的学习方式不同

于高中，高中的学习方式是被动的，而大学的学习方式是主动的，需要发挥学生的主观能动性，很多大学生结束了高中生活以后，在大学自由的学习氛围中迷失了自我，忘记了自己读大学的初衷，也忘记了自己曾经追求的人生理想，沉迷于网络，浑浑噩噩地度过大学四年，浪费了最宝贵的青春年华。大学的校训以简短有力的形式蕴含着自强不息、奋斗进取的精神，鞭策大学生牢记自己的初衷、树立崇高的价值理想。这是校训的激励功能。不同于规章制度有着强制性的约束功能，高校校训有的是隐性的约束功能，表现在它鼓励和促进学生主动去遵守，时刻铭记，慢慢变成自己的内在价值尺度，以此规范自己的行为道德。例如，财经类高校的校训往往提醒学生以诚为戒，提醒他们在今后的职业生涯中有良好的职业精神；师范类高校的校训比较重视师德、师风教育，培养学生学高为师、身高为范的高尚品德；医学类高校侧重于培养学生的仁爱精神和救死扶伤的伟大情怀等。这些校训在高校办学过程中起到引领价值文化追求的作用，在学生的人生道路中起着重要的内在约束作用，指引着大学生追求人生理想。高校校训作为校园文化的核心内容，是一所学校的灵魂，无论社会怎样变迁，校训都有引导学生价值观念、凝聚师生精神力量、鼓励学生奋斗进取的教育意义。

高校的校史是一所学校建立、发展和变迁的真实记录，是该学校校园文化建设的重要内容，表现了该学校辉煌的过去、现在的成就和对未来的展望，是该学校师生的情感归属。从对校史的宣传意义上看，校史馆可以运用现代技术和多媒体手段，提高校史宣传的趣味性，在校史展览中加入图像和音频，使校史学习变得更加生动有趣，不枯燥；组织学生轮流担任校史馆的讲解工作，提升校史宣传效果的质量。高校要发挥校训、校史的育人功能，再将其融入校园网络文化阵地，优化校园网络育人环境。

第一，高校要发挥校训、校史的育人功能。首先，高校要向学生正确诠释校训内涵、正确讲述校史内容，让全体师生形成共同的价值追求。高校可以在校园新媒体阵地中以图文形式诠释校训、讲述校史，让学生深入学习和了解校训、校史。其次，高校可以在校园内开展校训解读活动和校史宣传活动。关于校训解读活动，各高校可以根据自身情况邀请专家学者、优秀教师来解读校训，围绕校训的由来、内涵和精神，向广大师生解读校训的内涵和外延。同时,要让校训精神与社会主义核心价值观相结合,赋予校训新的时代内涵,从而引领学生树立正确的价值观,激励学生积极进取。最后,高校要利用微博、微信、QQ、校园贴吧等网络平台,在校园网络阵地开展校训经典解读分享、校训精神话题讨论等活动,促进学生深入了解校训。关于校史宣传,高校可以在校园网络平台上,将校史以微视频、微故事、微图文的形式进行宣传,以校训精神和校史文化凝聚师生精神力量,构建和谐网络校园环境。

第二,高校要在校园网络文化阵地中充分发挥校训、校史的育人功能。一方面,可以在校园网站建设中宣传校训精神、解读校史故事,以当代大学生容易接受的形式对校训精神和校史故事进行宣传,如将其做成视频、音频、漫画等网络作品的形式,而这些作品可以通过举办以解读校训精神、讲述校史故事为主题的网络作品创作大赛来获取,将优秀的参赛作品放在校园媒体平台上进行宣传和嘉奖,充分调动学生的积极性和创造性,增加学习校训、校史的趣味性,将校训精神和校史故事的宣传深入人心。另一方面,班级可以开展校训精神和校史文化的主题班会,主题班会的内容可以设计为学生分享校训精神和校史故事,学生学习校训精神和校史故事的心得体会,关于校训精神和校史故事的演讲等。

三、在校园文化中加强师德、师风建设

教育是国家事业,是国家发展的基础,而教师是教育工作的中坚力量,教师工作关乎着青年一代身心发展和民族素养的水平高低。高校是人才培养的摇篮,高校教师是立德树人的楷模。因此,高校教师要做思想品德和学术知识的双重教育者、社会主义核心价值观的最佳传播者、中国特色社会主义的坚定信仰者和忠实实践者,牢固树立终身学习理念,不断拓宽视野,更新知识,提高教学质量和业务能力,做学生喜爱的高素质教师。高校要在校园文化中承担好立德树人的重要任务,加强师风师德建设,要做到以下几点。

第一,促进教师优化个人职业动机。首先,对于教师来说,需要把教育事业看作是崇高的事业,将培育社会主义现代化的时代新人作为自己的职业

动机。高校要在校园文化建设中加入网络主流文化、先进文化、革命文化和优秀传统文化等相关内容，用以上优秀文化引领校园文化建设，对教师进行情感熏陶，促进教师优化个人职业动机。其次，高校还应该对教师进行师德教育。如把"四个引路人"、"四有"好老师标准、"四个相统一"等内容作为教师的培训课程内容，而且要对学习培训的效果及时进行评估、反馈。最后，高校可以开展不同形式的师德传承活动，发挥优秀老教师的榜样作用，将师德榜样的影响力传递给其他教师，激励教师努力奋进，提升教师的理想信念水平，促使教师充分认识"立德树人"的使命，从而促进教师优化个人职业动机，并且落实在实际教学工作中。

第二，激发教师爱岗敬业、奉献社会的热情。在校园文化中，高校党务工作者要激发教师爱岗敬业、奉献社会的热情。习近平总书记说："好老师要做到学为人师、行为世范。……真正把为学、为事、为人统一起来，当好学生成长的引路人，为培养德智体美劳全面发展的社会主义建设者和接班人，全面建设社会主义现代化国家不断做出新贡献。"① 对此，高校可以在校园内深入开展"黄大年式教师团队"创建活动，鼓励广大教师以黄大年同志为榜样，结合高校自身条件，鼓励教师学习考察、调查研究、挂职锻炼，深入了解国家形势和社会现象，从而提升教师的教育积极性和教育实效性。同时，高校要积极在校内外宣传学校教师的优秀成果，让学生和社会了解教师优秀的师德事迹，树立优秀教师形象，以此有效激发广大教师爱岗敬业、奉献社会的热情以及引导教师坚定崇高的理想信念，用实际行动奉献社会、报效祖国。

第三，增强高校学术氛围。高校要在校园文化中重视学术活动。对于高校教师而言，除了日常教学工作以外，还要有一定的科研任务，作为教师职称评聘的必要条件，部分高校教师为了晋升职称而不得不进行科研，这就不免出现学术功利化的问题，部分科研成果只有数量而没有质量且创新性不强。然而，学术研究作为高校发展的重要支柱，高校教师团队的学术研究成果与高校的发展密切相关。因此，高校要通过提供完善的科研条件、设置完善的科研成

---

① 习近平. 真正把为学为事为人统一起来 当好学生成长的引路人［J］. 公安教育，2021（9）：2.

果奖励机制等方式在校园文化中增强学术氛围,提高教师科研成果质量。

第四,加强教师团队建设。高校要加强教师团队建设,首先,高校要优化教师管理制度,让制度极大可能地趋于合理,充分尊重教师的个性,发挥教师的主观能动性。其次,高校要建立规范的教师竞争机制和奖励机制,促进教师在良性竞争中促使个人健康成长。最后,高校要增强教师之间团结协作的意识。教师个人的力量也许并不大,然而教师团队的力量是无穷的。高校要在教师团队建设中培养奋发向上、团结协作、和谐创新的校园文化,增强广大师生之间的团队合作意识。高校教师之间的团队合作,尤其是一个专业或教研室的教师之间,可以让每个教师将自身优势最大化,让教师力量形成合力,从而促进高校学科建设的发展和高校的健康良性发展。

四、创新校园文化活动,优化校园网络意识形态环境

校园文化是高校所具有的特有的文化氛围和精神环境,既包括校园景观、校园建筑设计,也包括学校的校风、传统、学风、人际关系、学校集体舆论等内容。健康的校园文化可以启迪学生的心智,陶冶学生的情操,促进学生的全面发展。高校的校园文化活动是高校校园文化的重要载体,是对大学生进行隐性意识形态教育和促进学生全面发展的实践方式。高校校园文化活动是一种大学生高度自主、自发、自觉的文化活动,是大学生特有的价值取向、思维方式和思想观念的体现。在这种以大学生为主体的活动中,可以让学生形成有校园特色的人际关系和生活方式,优质的校园文化活动还有利于营造良好的育人氛围,优化校园网络意识形态环境。但是,当前高校的校园文化活动存在内容形式单一、学生参与过于被动等问题,导致校园文化活动育人的效果不尽如人意。在互联网技术飞速发展的时代,大学生很容易沉迷于形形色色的网络世界,而很多高校的校园文化活动,无论是活动的内容、主题、形式还是风格都是一成不变的,高校校园缺乏集思想性、艺术性、实践性和时代性于一身的优质校园文化活动。老套的校园活动对于当代大学生来说缺乏吸引力,也导致学生没有参与校园文化活动的积极性。因此,当前高校要与时俱进,利用互联网高新技术,推进校园文化活动创新,提高校园文化活动的趣味性和内涵，营造良好的意识形态育人环境。

首先，高校要进一步解放思想，实现校园文化活动的理念创新。高校在校园文化活动的规划上，要注重时代化、多元化、科技化和大众化。校园文化活动时代化，要求文化活动紧密联系当前国家的重要话题和时事热点，以适应当前网络信息化、文化多元化的时代要求；校园文化活动多元化，要求文化活动形式灵活多变、内容要丰富多彩，适应当今学生的多元化需求；校园文化活动科技化，要求文化活动将娱乐内容与科学技术相结合，通过提高活动的趣味性和观赏性，进一步开发学生的智力；校园文化活动大众化，要求文化活动结合学生喜闻乐见、易于接受的大众话语，提高学生的参与度。

其次，高校结合办学及当地特色，实现校园文化活动的内容创新。为弘扬社会主义核心价值观和社会主义先进文化，增强校园文化的感染力和号召力，在活动的内容、主题等方面高校举办校园文化活动可积极征求教师和学生的意见和建议，提高师生参与活动的积极性。地方高校可以结合当地民族文化举办校园青年文化艺术节。如以青春和民族文化为主题，开设民族文化手工技艺比赛项目，如民族歌舞、民族刺绣作品、民族乐器、民族主题的摄影等，鼓励学生创作原创作品参赛，先线上海选，甄选优秀作品，再进行线下复赛和决赛，最后推荐优秀的作品参加省级、国家级比赛，同时将优秀作品在艺术节上进行展示和嘉奖。此类比赛，既调动了学生学习和弘扬民族文化的积极性，又丰富了学生的课余活动，展示了学生的艺术修养，同时提升了学生的审美素质，可促进学生的全面发展。

最后，高校要活化载体，推动校园文化活动的创新。校园文化活动的创新，需要从内容、形式、载体、介质、环境等方面来表现。高校要整合各种校内外资源，推动校园文化活动深入发展，大胆创新组织模式，如商业赞助、校企合作、主题班会、现身说法、模拟职场、竞争激励等形式。在活动形式上，紧扣时代脉搏，体现时代特色，使用现代的多媒体技术，增强活动的吸引力，增强对中国特色社会主义制度、理论、道路、文化的认同。对于校园文化活动的承办方式，高校可以采取教师部门监督、学生社团承办的方式，在这个过程中，充分调动学生积极性，发挥学生的主观能动性，锻炼学生的组织协调能力和社会交往能力。

第八章

网络能力提升与高校意识形态工作者队伍建设

网络异常迅速的发展深刻地改变了人们的生产方式、交往方式、生活方式、思维方式和社会关系。在信息技术的持续更新下，网络的功能日益从媒体化转向社会化，网络有开放性强、信息传播速度快、覆盖广、影响大、社会动员能力强等诸多特点，这使它逐渐成为利益诉求聚集的平台和意识形态交锋的阵地。在全媒体时代，网络的迅速发展对高校意识形态工作者队伍建设既是机遇又是挑战。它使得高校意识形态工作者与广大师生之间的关系进一步接近，加强了对高校意识形态工作的监督，加大了对思想理论的传播力度，促进了意识形态工作者管理的现代化；但它为高校意识形态工作者的公信力、舆论引导力及对意识形态的控制力带来了一定程度的挑战。因此，高校意识形态工作者队伍提升网络能力是必然的、紧迫的。具体来说，应大力提升对以高校师生为主的网络虚拟社群的驾驭能力，强化高校网络意识形态理论话语创新、宣传和传播能力，提升把握、管控和引领网络意识形态的能力，提升统筹意识形态工作与教学事务性工作的能力，进而提升高校意识形态工作者的能力。

第一节 提升对以高校师生为主的网络虚拟社群的驾驭能力

网络虚拟社群中的"虚拟"一词，指互联网世界中对自然或社会事物及其过程的数字模拟。基于国内外一些专家学者的观点，我们认为网络虚拟社群是一个新的虚拟生活空间，由具有共同兴趣和需求的独立社会人构建，利用网络传播的特点，通过在线社会互动满足自己的需求。它提供了各种交流和服务手段，上述手段可以由真实社群在互联网上提供。除了演讲、交流和讨论之外，在网络虚拟社群中，群体成员更重要的是交流思想，寻找具有相同价值观和道德观的"志同道合"的人。

网络虚拟社群改变了高校意识形态工作的主体地位，使工作效果得到明显增强。工作主体完成了其角色的时代转型，从半主体性、非主体性再到三者的共存，这也为意识形态工作教育的国际融合和文化碰撞提供了较为丰富的资源。网络虚拟社群的匿名性也使高校意识形态工作者在不暴露真实身份的情况下得到真实的思想信息，有效减少受教育者的阻力，收到意料之外的工作成效。网络虚拟社群极大地拓展了高校意识形态工作的时空，提升了其吸引力。它使人与人之间的时空距离得以缩短，使高校意识形态工作的时空得以延伸，其基于互联网的资源共享和独特吸引力符合高校师生的个性特点。多媒体技术融合了声音、色彩、感知、绘画等现代手段，使高校意识形态工作的吸引力得到较大提升。此外，网络虚拟社群提高了意识形态工作的快捷方便程度，加强了预防教育。在一定程度上，网络虚拟社群以独特的速度使人与人之间的空间和心理距离得以缩小，这不仅为意识形态工作者提供了较多的机会，也为他们提供了独特的优势。"凡事预则立，不预则废。"① 因此，搞好高校网络意识形态工作，必须提升对以高校师生为主的网络虚拟社群的驾驭能力。

一、完善网络立法，加强对高校师生网络社群平台的集中统一管理

作为高校师生较为重要的生活领域之一，网络并不是一个非法的场所。习近平同志指出，我们应依法加大对网络社会的管理力度和对网络新技术、新应用的管理力度，确保互联网的可控性及可管理性。目前，网络虚拟社群正处于发展阶段，各种虚拟网络社群应运而生，网络社会中隐藏的一些深层

---

① 郭庆祥. 中华传统经典精粹 [M]. 北京：人民出版社, 2015：100.

次矛盾尚未充分暴露。而对于这些问题，我们必须积极应对。一是通过相关立法的不断完善，进一步加强对高校师生网络虚拟社群平台的集中统一管理，建立规则、划清底线，以确保网络社群的正常运行，依法规范网络社群的运行行为，促使高校师生养成严格自律的好习惯。二是有序完善网络法制，对于网络犯罪，要加大惩治力度，坚持做到发现及时、反应快速、处置有效，进而为广大师生创造一个健康、积极向上的网络空间。三是推广一些已经实施并行之有效的办法，如对网络监管队伍的建设力度逐步加大，全面实施后台实名制，进一步强化有关造谣者及其谣言的投诉处理机制等。

二、加强对网络虚拟社群运营人员的管理，强化行业自律与个人自律相结合

高校加强对以广大师生为主的网络虚拟社群的驾驭能力，关键在于抓好对网络虚拟社群运营人员的管理。具体做法有以下几点。一是督促网络虚拟社群平台运营商提高识别网络虚拟社群平台信息的能力，采取有针对性的行动对公众的一些误解进行耐心纠正。虚拟网络社群实际上可谓是中国复杂舆论领域的一个缩影。这个舆论领域如同一枚硬币的两面，它既体现出了驱动力，也体现着破坏力，这两种力量同时存在并发挥着作用。网络虚拟社群平台运营商应能洞察现象和本质，提高对网络信息的识别能力，积极采取有针对性的措施对公众的一些不正当认知进行校正。二是建立一支专业的网评员队伍。网络评论员不是单纯地在网络上为政府说好话，而是向人民大众陈述事实、分析事情真相、引领积极思想。建议对一些新兴媒体建立职业准入机制和评估提升体系，特别是对地方政府部门网站和"两微一端"（微信、微博、客户端）运营商，要认可其职业资格，规范员工职业准入管理。

三、抓好高校学生线上社团的意识形态工作

高校应充分认识到，在新时期、新形势下，大学生线上社团应置于重要地位。加强高校意识形态工作最重要的内容之一就是要树立政治意识，并将其渗透到高校工作的各个环节。因此，作为高校意识形态工作的重要组成部

分，大学生线上社团建设也应重视政治建设，特别是学校要重视引导大学生进行政治方面的线上社团建设，使学生线上社团建设始终坚持积极健康的价值取向和政治方向。具体做法有以下几点。一是高校要紧紧把握住对学生线上社团的意识形态领导权。党委、团委要加强对学生社团的意识形态指导，并使党建和意识形态工作有序推进至学生线上社团，进而为高校线上社团提供政治指导，推动线上社团尽快发展。同时，线上社团建设要始终与高校意识形态工作的主线保持一致。各级部门要根据社团的特点，共同制订出相对应的发展规划，并依据社团的不同属性来划分给各学院，使其实施帮助。专业教师应加强对线上社团的理论性指导，高校"思想政治课"教育工作者必须具有良好的政治素质，要成为高校里党的优秀先进文化的重要传播者和发扬者以及主流意识形态的宣传者，确保正确的方向。其他学科的教师也要增强政治意识、大局意识、核心意识和看齐意识，紧抓学生的意识形态工作，耐心引导学生线上社团，让他们为线上社团的发展积极献言、献策。二是高校要加强对学生社团的硬件建设和资金投入。高校应尽可能地对社团活动进行帮扶，包括财力、物力和人力等资源。高校要把学生线上社团建设归属到高校议事日程和整体建设的规划之中，进一步加大对学生线上社团建设资金的资助力度，把学生线上社团建设成为一个意识形态宣传的重要阵地。同时，要加强对高校线上社团的审批和准入制度建设，认真审核线上社团活动是否与党和国家的发展要求相符合，是否与高校的长远发展规划相符合，是否符合社团组织成立的标准和要求等。高校应为线上社团搭建一个真正的"舞台"，帮助线上社团完成活动，实现目标。高校在充分发挥师生活动中心等网络平台作用的同时，应依据自身实际情况，努力为学生线上社团活动提供必要的办公场所、活动场所、用具和设备等。三是高校大学生线上社团必须加强制度建设和组织建设。加强社团制度建设，高校党委、团委应积极带头对社团管理的各项规章制度加以优化，如社团审批制度、评估考核制度等，也应建立相应的奖励和淘汰机制。社团要注重制度建设，依据自身建设和发展需要提出合理化建设目标和发展纲要。推进高校大学生社团党支部建设，发挥社团党支部的政治领导力、思想引领力、社会公信力，始终确保学生党员干部在社团中的先进性和纯洁性。四是有关大学生社团的政治理论方面要强化教育。社团成员要加强对文化理论知识的学习，特别是马克思主义理论的学习。社团应按计划组织学习特色社团文化品牌，并鼓励开展社团文化活动。此外，高校学生线上社团也应着力提高社团成员的政治素质，对社团成员的社会主义核心价值理论教育应加以重视，注重对社团骨干的培养。马克思主义理论系列社团、中国特色社会主义理论系列社团、实践系列社团等具有较强理论性和实践性的社团建设要紧抓，切实为高校意识形态工作做出贡献，为社会主义发展做出贡献。

第二节 强化高校网络意识形态理论话语创新、宣传和传播能力

改革开放四十多年，中国经济迅猛发展，GDP 稳居全球第二。西方国家认为中国的发展和壮大对资本主义制度与意识形态造成了威胁。毫无疑问，学术交流和知识分子聚集的主要场所是高校，而高校的风气是否正，广大师生对主流意识形态是否认同直接关系到国家意识形态安全。目前，西方国家利用互联网、杂志等重要传播媒体以及社团、校园论坛、协会等主要传播团体，大力将其所谓的西方"自由""民主"理念传播给大学生，这对我国高校的意识形态话语权构成了较严重的威胁，对高校意识形态教育的发展发起了更加激烈的挑战。

随着市场经济的快速发展和经济水平的日益提高，中国社会也逐步发生愈加明显的变化。特别是当前，我国正处于经济转型和"新常态"多阶段叠加的关键性时期，两个"百年目标"正逐渐临近，一部分有待整理解决的重大性问题被提了出来。比如，人们对公平正义、教育质量、食品安全、环境保护、收入分配、道德失范等诸多较为重要的社会问题十分关注，而我们的理论又较为落后，因此无法及时给出比较科学且权威的答复；导致马克思主义的科学性和真理性特征被日益削弱，进一步使马克思主义理论在高校意识形态话语体系建设中的领导权逐步"边缘化"。与此同时，在如今的互联网

行业，我国的网民数量正在以极快的速度增加，特别是大学生对网络十分依赖，不计其数的各类信息正在通过微信、微博、博客等官方账号和服务平台蔓延出来，进而传播到大学生的日常生活学习中，对其造成了一定程度的影响。在当前信息共享的社会中，西方国家非常清楚被诸多信息涵盖的意识形态功能所具有的作用。所以，西方资本主义国家在网络信息的掩护下，加之对现代媒体的利用，将具有较强隐藏性和传播性的西方意识形态进行光明正大的宣传，这对现阶段大学生正确价值观的形成和发展很不利。所以，强化高校网络意识形态理论话语创新、宣传和传播能力势在必行。

一、强化高校网络意识形态理论话语创新能力

（一）坚持马克思主义真理性与价值品质

要在坚持马克思主义的时代背景下进行高校网络意识形态话语体系的构建，为马克思主义网络话语的创建提供新的理论指导。一方面，坚持马克思主义的科学性和真理性，任何科学理论的形成和发展离不开实践。无论愿景多么完美，若不和现实联系，就不能具体实施。实践的观点是马克思主义区别于一切旧唯物主义的最基本观点。中国从革命战争年代到新中国成立、改革开放和习近平新时代中国特色社会主义现代化建设新时期，一直在马克思主义的指导下，积极坚持其实践观，并与中国的具体国情相结合，逐步居于世界第二大经济体。另一方面，体现马克思主义的价值品质，它是实现社会理想与个人理想的统一，它不应该是僵化的教条，而应该是与集体价值、社会价值、个人价值息息相关的。我们要坚持马克思主义一元化领导、多元化推进的理论品质。现在互联网给人类活动的场域由线下转为线上，各类文化思潮之间相互交流、彼此碰撞。加强马克思主义理论和话语的创新能力，应建立以党委、党政联合管理为主导的工作机制，再加以工作组、宣传部门的领导和指导，各个院系的集体辅助，众多优秀党员干部的示范；在讲座、论坛等重要载体上也要加大力度宣传马克思主义的真理和价值，切实做到"走进课堂""走进教材""走进网络"，促进广大师生网民坚持在实践的基础上对马克思主义当代价值观进行深层次了解，并把社会主义核心价值观奉为理

论指导。

(二) 提高教师职工队伍素质，落实制度服务保障

在高校网络意识形态话语体系建设中，教师起着至关重要的指引和促进作用。被西方资本主义意识形态影响后，高校教师特别是从国外深造回来的青年教师，不能成为"两面人"，必须永葆习近平新时代中国特色社会主义的本质，在政治方面应保持较强的敏感性，在授课和做学术时应把国家利益和集体利益结合起来，二者缺一不可，坚持严格要求自己。最近几年，高校"学术不端"和"学术腐败"的情况屡次发生，甚至有论文交易的情况出现，这对高校思想形态话语体系的构建造成了负面影响。高校意识形态理论课的教育质量也大幅度降低，特别是当西方文化强力传播过来时，它常常无法进行合理应对。高校意识形态话语权的建设与创新，既需要持续完善的教师队伍，又需要相关政策、条例和规定的补充。作为学生的知识导师和生活导师，高校教师的价值观和行为会对学生的主体意识带来较为深刻的影响。为此，扩展教师的知识面，提高教师的理论层次和思想境界是至关重要的，这就要使教师培训学习机制和定期考核机制得以完善，经过科学合理性反馈与评价后，帮助教师快速发现自己的不足之处，特别是关于高校意识形态话语权的主导地位和话语体系的构建方面，我们应该尽力做到使其与国家主流意识形态高度一致。

(三) 创新教学方式方法，有力回应西方意识形态挑战

高校传统的意识形态教育在平时的课堂上主要以教科书、期刊和杂志的形式将马克思主义科学理论的基本知识讲授给学生。此时意识形态教育的主要途径是思想政治理论课，而其他专业课对相关内容的学习不多。很多学生因为思想政治理论课比较枯燥、晦涩难懂而厌倦学习，乃至放弃学习。所以，我们应合理妥善对待理论规范与话语大众化二者之间的关联。一方面，对意识形态话语做出表达时，我们应坚持"适度"原则，既要合理通达，又不能不结合理论，也不能过分武断。另一方面，我们应时刻牢记学生的主体地位，要保证自己所讲的话学生能理解，坚持理论联系实际，把理论解释得具体生动，将以前理论性话语采用现在潮流的生活性的易懂的网络性语言，

对理论进行创新、阐释；讲案例；讲故事；通过图片、微视频等，将强制性和命令性语言换成说服式语言，力求达到"信、达、雅"的效果。例如，大学生关注时政问题、热点问题和难点问题，热衷于用自己喜欢的方法将个人见解展示出来，诸多幽默风趣、具有个性的表达方式随着网络话语的不断更新日益受到大学生的欢迎。另外，创新高校意识形态话语体系还要合理解决视野和方法问题。因为意识形态属于文化的一部分，面临文化多样性日益增强的趋势，我们应持公平的态度去对待全球化的话语环境。对于西方优秀文化成果和表现形式，我们不能全盘否定，而要科学地批判，认真地进行学习吸收。我们应该从全球的角度对中国的意识形态话语体系实施创新，在确立主流意识形态话语立场和观点的基础上，仔细斟酌好需要借鉴之处，不能机械地模仿或自言自语。

（四）加强网络舆论管控，构建和谐校园环境

互联网使全球变成了"地球村"，媒体领域和舆论生态所产生的巨大变化在带来诸多机遇的同时也带来了极大的挑战。其中，最严重的应该是舆论争议。当下，特别关注当前的政治问题、热点问题和社会问题的高校师生的工作、学习和生活都是基于互联网的，他们在网络上可谓是活跃度最高的群体。因此，要最大程度发挥高校师生的主体作用，对高校网络意识形态话语体系进行构建和创新，消除网络上纷杂的舆论纷争，抵制西方不良思想的渗透，高效率审查网络信息发布者和发布内容，建立健全网络舆论监督机制；及时查看论坛、公共平台、博客发布的信息，仔细留意暗地里宣扬西方意识形态的信息和人员，处理经常引发舆论争议、扰乱网络环境清净的"大人物"；通过创建公共平台和官方账号发布和共享与广大学生有联系的信息，有利于网络环境和校园师生生活的意识形态话语体系相互促进，从而使我国高校意识形态理论和话语体系持续创新发展。

二、强化高校网络意识形态理论话语宣传能力

（一）高校意识形态理论及话语宣传要"接地气""易接受"

在全媒体时代，更多的信息主要通过视频和图片进行传递，这种传递方

法较以往更加具有生动性和吸引力,当然也就更易于大学生认可、理解和吸收,主流意识形态内容也能按照不同的媒体特点进行收集和编辑,从而逐渐对学生产生一定程度的影响。比如,在"弘扬主旋律,传播正能量"的爱国主义教育中,短片"中国军人不畏严寒坚守祖国边疆",图片"车站执勤武警遇到父母却动不得,只能咬牙看着母亲哭泣",描述的文字虽少,却使许许多多的人为之感动,它传达出一种舍弃家庭、保卫国家的伟大爱国主义情怀。抖音平台发布"特靠谱的发言人"荣获极高的阅读量,外交部发言人对国际问题的部分精彩回答和发声也通过抖音短视频发布,收获了众多粉丝。因此,准确提炼高校网络意识形态理论和话语的具体表达内容和事件是很有必要的,我们要将更通俗易懂、接地气、易接受且有吸引力的信息内容传播给大学生。

(二)高校网络意识形态理论及话语宣传平台要"多元化""全覆盖"

构建多元化、全覆盖的高校网络意识形态理论及话语宣传平台要做到以下两个方面。一方面,对于高校中目前仍存在的一些传统宣传渠道的内容要持续加大创新力度。大学成立以来,在高校师生中比较具有权威和公信力的传统媒体当属学校报刊,这是理论和主流文化得以传播的主要途径。然而,新媒体时代的到来,在一定程度上降低了报刊的传播效果。尽管这样,我们也不可以完全放弃学校报刊的生产,而应让它们的存储价值延续下去。并且,学校报刊应增加设置《互动主题》栏目,以学生为中心,出版更多受广大师生欢迎的好文章,并努力增强纸质媒体的视觉冲击力和提升对大众的吸引力,如从纸品、色彩、排版等着手提升。另一方面,要重视新媒体的功能,学会运用新媒体手段搭建意识形态宣传的新平台。如高校的宣传工作可以通过微信公众号、微博、语音信箱、热线电话等。另外,许多高校还通过重组建立了全媒体中心、新媒体中心、金融媒体中心等传统媒体与新兴媒体相结合的宣传机构,这些机构负责注册、打开和操作各种新媒体应用程序。

(三)高校网络意识形态理论话语宣传要有"创新性",要"丰富化"

全媒体使高校广大教师和学生获取知识的渠道增多,为了保证师生对高校网络意识形态理论和话语怀有兴趣，应大力运用新媒体工具，促进宣传载体的创新。其中，促进高校网络意识形态理论和话语宣传的主要载体是日常的思想政治课堂，也是学习理论知识的重要场所。然而，目前多数学生在思想政治课上之所以学习效果并不理想，是因为很难接受过去一些古板或死记硬背的教学模式。如今，第一课堂与第二课堂的整合与创新已成为一种学生喜欢的教学模式。某些高校马克思主义原理课堂中穿插"阅读经典作品·建设学术校园"活动，鼓励学生参与指定经典作品的接力阅读，并录制语音视频上传到喜马拉雅在线音频平台发布。这种班级延伸活动极大地增强了学生的融入感，使学生亲身体验并与其他人分享。促进高校网络意识形态理论和话语宣传的重要载体是丰富多彩的第二课堂。在组织文化活动时应注重其深入性和有意义，应起到学生热爱参与、乐于分享的良好成效，进而使网络意识形态理论和话语宣传卓有成效。

（四）高校网络意识形态理论话语宣传要"可视化"

高校网络意识形态理论与话语宣传不仅要以教育引导为目的，还要符合全媒体时代的宣传规律，使高校意识形态理论和话语在大学生中的宣传成效日益凸显，改变"有理说不出，说了没人听，听了传不开"的现状。目前，高校网络意识形态理论和话语宣传效果将"阅读量、转发量、点赞量、评论量"作为可视化指标。例如，在微博主题中，阅读量较高的话题可以自行进入"热搜"排名，并自动推送给每位读者，同时会激发较多的阅读者关注并转发它们，这样又增加了转发量。2018年的军训纪录片《00：00》是由燕京理工学院推出的，它主要围绕留学梦、孪生姐妹花、军旅梦这三个角度，选取五名最富有个性的新生，将他们在军训过程中的心路历程和在燕理的成长历程记录下来，最后对所有新生的军训成绩进行展示。结尾曲是由学校的雷锋连改编的《燕理海棠》，这表达了尊重学校、热爱学校的美好情感。

第三节　提升把握、管控和引领网络意识形态的能力

网络意识形态是物质生活条件的反映，是由人的价值、利益需求、经济

状况、科学技术所决定的。马克思主义意识形态在网络领域旨在提高网络民众的价值诉求、利益追求，提高人们的经济生活水平，反映最广大人民群众的根本利益，使他们产生价值认同，其核心是筑牢党在意识形态领域的领导权、话语权、管理权，提升中国主流意识形态的凝聚力和引领力。围绕深入把握网络意识形态发展规律、加大管控网络舆论力度、提高用马克思主义引领社会思潮的能力等这几个方面有利于提升我们把握、管控和引领网络意识形态能力，进而对意识形态发展的未来趋势把握得更加科学化。

一、把握网络意识形态发展规律

（一）坚持网络意识形态自身发展与相关利益相协同的规律

在《神圣家族》中，马克思对鲍威尔赋有理想性的唯心主义学说进行了深刻的批判。他非常清楚地表明，假设存在一种想要在没有利益障碍的情况下生存的思想，那么它不可避免地会出丑。我们应该承认，意识形态的发展必须与利益有关系，并且服务于某些利益。这种利益服务性和关联性促使意识形态本身不可避免地具有利益的根本特点。在阶级社会里，意识形态所处的社会制度不同，它的利益追求、利益代表及服务对象也就不同。例如，社会主义意识形态维护的是最广大人民群众的根本利益，而资本主义国家的意识形态维护的是资产阶级的利益。在我们国家，人民当家做主，所以社会主义意识形态必须为绝大多数人民群众服务。中国共产党始终坚持捍卫最广大人民的根本利益并努力付诸实践，因此，在网络意识形态领域，必须坚持听从党的声音，重视中国主流意识形态在网络领域的发展，让马克思主义意识形态承载的利益在互联网领域持续生根发芽。

（二）把握网络意识形态发展多主体、多维度综合推动的规律

任何一种意识形态的发展都是由诸多主体或多或少共同作用下的结果，这些主体包括政治、文化和经济等方面，并对其产生难以估测的作用，它不可能是单一主体独自行动的结果。网络意识形态本身就有独特的话语体系，对于如何理解其概念，不同学者的理解并不一致。即使这个理论体系的形式相同，其本身也展示出一种非常烦琐的理论逻辑系统划分。推进意识形态发

展的主体不同，其形成的自身发展规律也就不一样，具有一定的独特性。英国学者伊格尔顿在《马克思为什么是对的》一书中指出，某种意识形态尽管是一定阶级整体意志的体现，但从来不是某一少部分人的意志反映，在意识形态宏大的叙事体系中，一种相互分歧甚至冲突的世界观在所难免。因此，在全媒体时代，尤其在网络意识形态领域，我们必须坚持马克思主义的指导地位，这取决于历史和现实两个方面，是历史发展进程中历史和人民亲自做出的选择，是网络自身运行规律的必然结果。在网络意识形态建设过程中，我们应始终秉持这一点，把握意识形态发展多主体、多维度综合推动的规律。

（三）注重网络意识形态发展继承和创新相结合的规律

继承和创新构成了矛盾的两个方面，从某种程度来讲，继承包含了创新的意义，因此可以说继承属于矛盾的主要方面。创新尽管以继承为前提，但创新又是继承的自然逻辑和必然结果。世间一切事物的产生和发展都要符合客观规律，我们在注重意识形态发展时也是如此。因此，我们应在坚持马克思主义基本观点的前提下，用马克思主义的立场、观点、方法分析网络意识形态发展规律，以便我们在对规律做进一步了解的同时，也能极大地推动理论方面的实践。

二、加大管控网络舆论力度

（一）打造主题鲜明的网络媒体平台，发挥引导作用

构建主题鲜明的校园网络媒体平台，是全媒体时代构建高校网络舆论管控与意识形态教育整合优化模式的首要任务。校园网络媒体平台应从大学生的心理特点、接受特点和现在意识形态理论教育的主题出发，再加以联系媒体及时高效地发布信息的特点，用心构建一些有特色、生动且主题鲜明的媒体平台，进而对"主旋律"和"正能量"进行广泛传播和弘扬，高效打造网络意识形态主阵地。值得注意的是，我们应该推进网络媒体平台的宣传以吸引大家眼球。例如，在主题宣传教育、新生入学、读书会等活动中，张贴海报，扫描二维码进行关注，在微信公众号和学校官网、图书馆主页、新生

入学手册、一卡通等位置设置微信二维码图标。尤其是要对网络媒体平台的内容建设方面加以重视，要准时更新学生喜欢和关注的积极性信息，使学生对此产生兴趣和给予好评，充分发挥平台的引导作用。此外，也应恰当运用大数据对学生在平台上的一些浏览、关注、点赞、评论、转发等行为进行高效率的搜集和掌握，并做进一步的筛选探查，清楚学生行为趋势，找出他们的隐形需要，进而在数据上为平台的内容建设提供帮助，把握网络舆论引导的主动权。

（二）建立具备综合素质的舆论工作队伍，发挥主导作用

在对网络舆论工作队伍建设的推进中，要基于学生自主意识弱、跟进意识强的特点。当前网络舆论工作队伍主要是高校意识形态教育工作者、网络管理部门专业人员和网络评论员等。应增加人员的配备，尽可能完善网络硬件设备，要对学校网络舆情的监测、分析和预警等一系列相关工作更加用心，尤其是要及时预警并处理一些不好、消极的网络舆情，以防严重化。高校意识形态教育工作者在网络舆论的引领中起着"中流砥柱"的作用，尤其是高校辅导员，他们自身的知识水平和言行修养对学生有着潜移默化的影响，因为他们和学生接触比较频繁，且统领学生的学习教育和管理等诸多工作。因此，加强专业化建设是至关重要的，我们不但应着力建设一支"政治意识强、工作能力优、个人形象正、学生待遇好"的意识形态教育队伍，而且应努力建立一支网络评论员队伍。该团队可结合学校实际情况，对学校各个领导、教师、辅导员和学生代表提出或发表的一些具有鲜明性特征且文案有趣味的观点和意见进行广泛性接纳，要格外重视这些学生代表，因为他们本身就是学生，经常与其他学生接触交流，能更好地理解大多数学生的思想，并且其他学生也较关注他们的言行举止。这支具备综合素质的舆论工作队伍在网络舆论中起到引领作用，引导学生思想向积极健康的方向前进，引导高校网络舆论正面向上发展。

（三）加强广大师生网络安全教育，增强自律意识

做好高校网络舆论管控工作，要重视以师生为主体的教育基础，要本着提高广大师生对网络主流意识形态的认识，提升自身综合素质及运用网络的

能力的目的。要始终抓住"意识形态斗争"这根弦,丝毫不能放松。目前,在网络新媒体的快速发展下,意识形态领域斗争的主要场地即成了网络新媒体。在平时,每当我们打开微信、微博、百度等,便会更新大量的信息,时不时会看到一些政治谣言和灰色新闻等,它们的渗透性和隐蔽性都较强,不易被察觉。由于现在部分大学生的政治判断力和识别力不敏锐,再加上偶尔情感化,易被负面思想迷惑和利用,做出一些不当行为,如盲目点赞、评论,或者转发,导致不良结果。因此高校意识形态教育要注重提高广大师生的网络道德修养,规范他们在网络上的言行举止。可以采取一些有效的方式,对学生实施道德修养和网络自律教育,如主题班会、线上教育课和专题讲座等,进而让学生对网络道德的原则和底线有更深层次的了解,使其自觉抵制负面、不积极、不健康、不道德的网络行为,增强自律意识。

三、提高用马克思主义引领社会思潮能力

(一) 坚定马克思主义立场,以社会主义核心价值观引领社会思潮

党的十九大报告指出:"必须坚持马克思主义,牢固树立共产主义远大理想和中国特色社会主义共同理想,培育和践行社会主义核心价值观,不断增强意识形态领域主导权和话语权。"① 在多元社会思潮激荡的背景下,高校要加强马克思主义的指导地位,深化马克思主义理论的研究和建设,不断加强对马克思主义理论的宣传和阐释;应坚持马克思主义主导非主流意识形态的作用,充分发挥其指导作用,用中国特色社会主义共同理想凝聚社会力量,以社会主义荣辱观引领社会风尚。高校应通过思想政治理论课和人文社会科学,开展有关社会主义核心价值观教育。广大师生要对社会主义核心价值观充分理解和吸收,并努力将它作为自身的行为准则。广大师生在面对各种社会思潮的时候,应学会认清、鉴别网络错误思潮的本质并自觉加以抵制。

---

① 习近平. 决胜全面建成小康社会夺取新时代中国特色社会主义伟大胜利:在中国共产党第十九次全国代表大会上的报告 [N]. 人民日报,2017-10-28 (1).

(二) 构建网络思想政治教育新平台，加强思政课建设

高校思想政治教育工作者要紧紧围绕新媒体整合发展的优点来构建网络思政教育新平台，当然应基于大学生的思想特征和心理发展需求等实际情况，便于他们理解和掌握，进而增强思想政治教育的亲和力。高校思想政治教育工作者应充分利用网络平台对党的理论创新成果进行宣传，并通过微信公众号、微博、贴吧、抖音等新媒体，创新党的理论宣传形式，加大运用新媒体的力度，推进思想政治工作。根据时代需要和学生实际特征，通过在新媒体中的互相交流、沟通来对学生进行答疑解惑，学生提出的需求要重视并及时做出回复，促进思想和谐，引导大学生在潜移默化中接受教育，促进他们积极健康发展。要充分利用好新媒体，加强正面舆论传播并自觉抵制错误舆论，营造一个积极健康的网络思政教育空间。另外，高校思想政治教师在进行思想政治理论课讲授时，要善于引领学生从辩证的角度对问题进行分析，并合理解决。思想政治教师应秉着强化主流意识形态这一原则深化自身的思想认识，并进一步传授知识给学生。教师可以通过巩固教材基础、丰富教学内容、结合时政教学、专题讨论、情景体验等方法进行教学，也可以将以往单向传播改为以学生为主体的教学模式，如通过组织课堂讨论、辩论赛等方法实施教学，这样有利于提高学生学习的积极性，增强授课的有效性。高校还可以利用网络传播的优势来建设一些互动教育平台，进一步激发学生的学习热情。

(三) 强化实践养成，提升广大师生的思想政治素质

大学生在学得一定的理论知识后，应积极投身于社会实践，通过自我锻炼和体验加深对国情民意的了解，进而使自身思想道德内涵更加丰富，思想水平更加前卫，对党和国家的认同感和归属感也更加强烈。高校教师及专职科研人员要对蕴含中华优秀传统文化、红色文化等一系列优秀文化主旨的思想政治教育资源进行深层次探究，搭建优秀校园文化新平台，为大学生施展个人才华、实现个人价值提供优秀的教育场所。加大推进学校和社会对学生的联合教育，进一步完善学校之外的企业、村庄等实践教育基地的建设；高校辅导员和思政课教师也可组织大学生参加一些公益性社会实践活动，使他

们切身体会到助人为乐的意义，培养大学生脚踏实地、积极投身实践的优秀品行，提高他们观察、分析和解决问题的能力，增进知识与实践的统一，同时加深他们对社会主义荣辱观的认可。另外，作为培养新时代优秀青年的各所高校肩负着培养大学生、提升其思想政治素质的伟大历史使命。高校在实施教育过程中要始终坚持党的领导，坚持主流意识形态，在宣传理论性时重视运用舆论引导，网络思想政治教育和传统思想政治教育同步进行，进而提高大学生理性思维能力和辨别网络信息的能力，从而真正明白各种社会思潮，做到自觉抵制错误社会思潮，引导大学生在实现中华民族伟大复兴的中国梦路途中实现人生价值。

第四节　提升统筹意识形态工作与教学事务性工作的能力

意识形态工作与教学事务性工作二者是相辅相成、相互促进的，既应在坚持意识形态工作中做好教学事务性工作，也应在开展教学事务性工作进程中抓紧、抓好意识形态工作。教学事务性工作主要围绕高校课堂、辅导员工作、学生学习以及日常生活交流等方面，要提高辅导员工作能力，提升高校意识形态工作感召力；要紧抓学生学习，增强高校意识形态工作渗透力；要注重日常生活交流，提高高校意识形态工作亲和力，努力提升统筹意识形态工作与教学事务性工作能力。

一、紧抓课堂管理，守好高校意识形态工作主阵地

（一）加强对课堂教育教学载体的管理

课堂是高校意识形态工作的主阵地。在课堂教学过程中，需要利用好、管理好两类基本的意识形态教育教学载体。一是教材，即教育教学的载体。一方面选好、用好教材，在教材引入、使用过程中要加强监督和审查；另一方面加强教材体系建设，确保教材体系以马克思主义为指导，强化主流意识形态在不同课程中的附着力和渗透力。二是教师，即人的载体。教师要有严

格的纪律意识,慎言慎行,不利于社会主义制度和马克思主义的话不能讲,不能出现丑化中国、抹黑中国共产党的言行,坚守为师从教的法律底线、政治底线、道德底线,守好课堂这一意识形态主阵地,保持授课内容的纯洁性。

(二) 搭建意识形态认同教育的"虚拟课堂"

"虚拟课堂"与现实课堂不同,其培育方式更加具有灵活性和多样性,所用话语更有创造性、多样性,更生活化,亲和力和凝聚力较强,这样有利于增强主流意识形态传播力、辐射力、影响力。"虚拟课堂"相对比较自由,教育主、客体能够进行多向和双向交流,能够推动大学生对意识形态产生学习兴趣和学习自觉,最终实现对主流意识形态的认知和认同。为此,要整合"虚拟课堂"与传统课堂教学,既要把意识形态认同教育与大学生的理想信念、政治信仰、社会责任感、价值取向结合起来,又要把互联网新媒体同社会环境、家庭教育等方面结合起来,从而精心构筑能够为大学生自觉接受、为社会所共同认可的意识形态教育体系,更好地增强对社会主义优越性的认识和了解。

(三) 加大对思政理论课程建设的重视力度

高校意识形态工作建设,必须要守好课堂"责任田",应加大对高校思想政治理论课的建设力度。当前国家在高校思想政治理论课课程建设方面,投入了巨大的人力、财力、物力,但是从全局看课程建设还是不尽如人意,部分高校存在生多师少、课堂质量不高的现象,在科研制度、经费使用、师资队伍建设、公共资源使用等方面,还需要进一步加大对高校思政课教师的支持力度。高校对学校开办红色网站应给予一定的重视,对思政理论课网络课程建设给予支持,鼓励教师组建网络评论员队伍,推出微博、微信公众号等辅助教学媒介。高校在网络思想政治理论课程建设方面还显薄弱,其方法和手段的创新都有待进一步探究。因此,高校在思政理论课程建设中应坚持科研和教学相统一、现代和传统相统一、形式和内容相统一、开放和规范相统一,做好改进教学手段与方法、更新教学资源、优化网络资源等工作,保证课程建设的质量。

(四) 充实思想政治课堂所讲授的内容

高校思政课教育者在课堂上所讲的内容不能仅仅局限于课本，而且要对学生产生强烈的吸引力和感染力，必须将生硬的理论知识与鲜活形象的例证结合起来，对大学生进行社会主义核心价值观教育、爱国主义教育，把握和引导学生树立正确、积极、健康的意识形态。同时，高校思政课教师是思想政治课堂的主力军、主体力量，具有鲜明的阶级性，要敢于并勇于同各种社会思潮作斗争，做马克思主义理论的坚定支持者和传播者。此外，学校思政课教学提倡集体备课制度，大力助推思政课教学研究发展，进一步改进和完善思政课课堂教学成果。通过课堂教学，引导大学生自觉承担起"守土有责、守土尽责、守土担责"的时代大任。

二、提升辅导员工作能力，增强高校意识形态工作感召力

（一）坚持"立德树人"，发挥辅导员的作用

辅导员工作要充分发挥意识形态教育的价值，需要始终秉着"立德树人"的教育理念，在教育和培养人这一过程中，始终要以培养学生良好的思想道德修养为基础，牢记在心，坚持不懈地努力。"立德"就是立社会主义之大德，"立德树人"指以社会主义核心价值观为辅导员工作的价值准则和目标要求，在具体工作中发挥思政育人、价值导人、文化引人的作用。"德育为先"实际上是突出一个方向，即高等教育是培养中国特色社会主义的时代新人，即树立共产主义的远大理想和社会主义的共同理想，使学生在中国特色社会主义制度上、理论上、文化上、道路上更有自信，这不仅是辅导员"立德树人"的目标要求，也是高校意识形态工作的价值体现。所以，辅导员工作全过程都坚持"立德树人"的理念，即实现其在高校意识形态工作中的作用。

（二）强化职业素养养成，有效提升工作能力

辅导员是高校意识形态工作的主要承担者，其素质水平和工作能力直接影响意识形态工作的有效性，所以必须全面提高其能力素质和工作水平。首先，是要提高高校辅导员的政治理论素质。高校辅导员的工作比较特殊，政

治性较强。在政治原则、政治立场和政治方向的问题上，辅导员必须要与党和国家的路线方针政策保持高度一致，辅导员要做大学生思想的向导，同时，要广泛学习各种与工作有关的知识和理论。其次，要大力培养自身实力、组织管理能力、语言表达能力、教育指导能力、调查研究能力等，提高综合素质。最后，辅导员要树立终身学习的理念，不断学习、善于学习，勤于总结，善于观察，切实提高自身的专业素质和工作能力；并且，高校要为辅导员创建能力提升和学习的平台，通过短期培训、辅导班、学历提升等方式来提升辅导员的专业素质和工作能力。

（三）以规范化管理为基础，切实激发工作活力

高校辅导员是意识形态工作的承担者、推动者，有了学校管理协调机制的支撑，方能在思想政治教育与处理日常事务的关系上实现动态和谐，切实把意识形态工作的有关要求落实到日常工作过程中。首先，规范化管理凸显的是底线思维，就是在教育活动过程中分清方向、纪律与活动自由之间的关系。辅导员在开展各项活动时，必须提高政治站位，有高度的政治责任感和大局意识，牢牢把握主流意识形态的底线。其次，规范化管理蕴含了对每位辅导员义务和责任的制度化要求和规范，使他们在工作过程中以高度的使命感和责任感承担起意识形态教育的重担，坚决捍卫高校网络意识形态阵地。最后，规范化管理也体现了对工作效率的要求，需要用明确的规范目标来激发辅导员工作的活力。一般来说，衡量辅导员工作有效性的重要标准是辅导员所辅导的大学生是否有精神层面的发展变化，是否向学生传播正能量、新思想。所以，高校必须意识到坚持规范化管理的必要性和重要性，切实激发辅导员的工作活力。

（四）完善评价、反馈机制，确保工作真实有效

高校意识形态工作要注重反馈机制和效果评价，确保意识形态工作的有效性和科学性。从意识形态教育活动效果的角度来看，效果评价不仅包括教育活动的预期目的和要求是否达到的评价，还包括对活动过程中的具体评价环节（如方法和内容）的评价。一个健全的意识形态评价和反馈机制，需要从意识形态教育的真实性和长效性入手。意识形态工作是一场"持久战"，

其本身的影响具有很强的内涵性和隐蔽性,在具体的工作过程中,我们不应该仅仅看到眼前效应或短期结果,而应立足长远、注重长效机制,否则就有可能反复发生,尤其是群体活动的影响。在高校意识形态工作过程中,如果缺乏相应的评价和反馈机制,就会很难保证工作的落实和实施效果。因此,必须通过构建完善的反馈机制和效果评价来保证辅导员的意识形态工作真实有效。

三、加强意识形态学习平台建设,增强高校意识形态工作渗透力

(一)培养大学生对主流意识形态的学习兴趣

大学生学习主流意识形态,不但有助于提升自身的政治素养,而且有利于高校意识形态工作的顺利推进。高校要根据大学生思想成长的发展规律,结合网络空间意识形态的新变化,采取行之有效的方法,走进大学生的心里,不断激发他们的学习兴趣。要充分利用网络优势,加大力度建设传播正能量、辐射力大、影响面广的网站;充分利用网络技术,把网络与主流意识形态教育有效结合起来;主流意识形态要形式多样、内容丰富,并传至网络。网络传播的过程中要充分考虑大学生的认知特点、认知方式,丰富大学生的理性认知和价值体验,从而提高大学生的学习兴趣,使之自主自发地学习。同时,可以将主流意识形态教育融入大学生专业课,融入思想政治课的相关章节,结合时事理论和个案课例,使大学生在潜移默化中接受主流意识形态内容。

(二)以"互联网+"为学习平台,促进主流意识形态传播

当下,"互联网+"平台的数字阅读深受中国年轻人的喜爱,高校应呼吁大学生加大对微信公众号、学习强国App、抖音短视频App和微直播等平台的学习力度,推动主流意识形态的传播,加强高校主流意识形态的渗透。首先,高校应充分利用好微信公众号这一被年轻人喜爱的大众阅读媒体,将学校公众号作为传播主流意识形态的重要途径,在上面推送关于社会主义主流意识形态的一系列内容,尤其多推送一些与学习生活密切相关的接地气的原创文章,并积极引导广大师生浏览学习、理解和掌握,也可针对相应的话

题进行留言、讨论，满足他们的表达欲，从而极大地提高他们学习主流意识形态的兴趣和热情，提高他们的思想政治水平。其次，高校应紧紧抓住学习强国 App 是研究中国主流意识形态的互联网平台，并包含着丰富的主流意识形态内容这一特点，大力号召广大师生每日阅读、观看其中的文章、视频，并认真参与答题，对主流意识形态进行一个较为系统的学习。然后，抖音短视频 App 是当下最受广大师生喜爱的一种新媒体，具有很强的自主性、互动性、参与性和共享性，高校应紧紧围绕这些宝贵特性，督促学生多看、多分享一些满满正能量的视频，并尽可能多地在抖音上发布一些蕴含丰富主流意识形态的趣味视频，使学生在观看视频娱乐的过程中潜移默化地被主流意识形态的感染力熏陶。最后，微直播是高校校园文化建设的一种博取广大师生眼球的有益探索和创新，其传播价值日益被高校重视，微直播应以一种易为师生理解和接受且不失创新性的形式进行，提高其受欢迎度，它创作的全过程应体现出社会主义核心价值观的要求，进而巩固壮大高校主流意识形态。综上，大力推进广大师生以"互联网+"为平台学习主流意识形态是较为紧迫的，可促进主流意识形态的传播。

（三）提高大学生自我管理能力和自我控制能力

自媒体的产生，给广大师生的学习、生活带来了便利，同时其网络的自由性和虚拟性在一定程度上也对他们的思想观念和网络行为产生一定的负面效应。在自媒体环境下，大学生应该提高自我管理能力和控制能力，在海量的网络信息前，能明辨是非、站稳政治立场，辩证地对待网络自媒体的问题。大学教育的学习环境相比高中阶段来说要宽松得多，大学生在校期间学习时间充分，借助自媒体平台进行学习时要端正学习态度，认真总结经验教训，增强民族认同感和自身的社会责任感。面对形式多样、复杂变化的媒介形式，大学生应该继续加强自我教育，提高管理能力和自我控制能力，面临良莠并存的信息，大学生要能够识别哪些信息是有害的，哪些信息是有助于身心健康的，对有害信息要进行及时屏蔽，对有利于自己发展和身心健康的信息要及时接纳和认同。当然，提升大学生自我管理和控制能力，还需要意识形态工作者发挥助力，只有他们的思想启发和价值引领，才能使大学生克服一切障碍，进而形成有效的网络信息筛选意识，提高大学生的道德水平和能力。

四、注重日常生活交流，提高高校意识形态工作亲和力

（一）意识形态教育内容要贴近大学生日常生活

高校意识形态教育不应拘泥于形式，应该接近生活、联系实际。众所周知，大学生目前生活在校园里面，对外界一些事物都充满着好奇和憧憬。意识形态教育如果纯粹是理论性的叙事或者是课堂式的灌输，可能不被学生接受。因此，意识形态教育内容必须来源于校园现实生活，来源于当前国内外重要国际形势和时事政治，具有生活化和现实化的时代特点。从实践中来到实践中去，学生在无形之中接受了社会主义意识形态，并将其融入日常生活。教育内容生活化、形象化是提高学生对意识形态的理性认知、提高意识形态教育实效性的重要路径。此外，在全媒体时代，学生日常生活和学习基本上已经网络化、信息化，在网络空间，大学生进行网络交往、网络分享、网络消费购物、网上娱乐游戏、网络学习，这已经成为常态。结合学生网络生活常态化的现状，高校意识形态教育应将重点落在网络安全意识和网络责任意识上，使高校意识形态管理者和广大师生网民对网络意识形态有正确的认识，做好意识形态安全防范，落实好意识形态责任。一句话，意识形态教育内容生活化，既是保持意识形态理论的系统性和科学性的必要要求，也是高校广大师生学习、工作的需要。

（二）注重解决大学生日常生活中的问题及困难

高校在对大学生进行意识形态教育引导的同时，还要在他们日常学习、现实生活中给予及时的关爱和帮助，满足他们的基本需求和维护好他们的根本权益，使他们切身感受到社会主义意识形态科学地、真实地体现了自身的利益和合理要求。目前，我国高等教育由原来的精英教育向大众化教育进行转变，高中毕业生能够考上大学并不困难，但仍有一些学生因为无法支付全部学费而随时面临着辍学的风险，还有一些大学生因为自身的专业不对口或能力的欠缺在毕业后不能顺利找到理想的工作。基于维护大学生长远利益的考虑，高校应该在党和国家政策的大力支持下，在社会各界力量的参与下，不断拓宽资助渠道，加大对民族地区贫困大学生的资助力度，不断加大大学生就业培训力度，开通就业绿色通道，帮助更多大学生能够顺利择业就业，以获得大学生的理解和支持。充满真情地拉近和他们的距离，使他们在需要的时候能够及时地得到优质的服务和关怀，使他们感受到社会主义意识形态的优越性和幸福感，进而有效帮助大学生树立正确的世界观、人生观、价值观。

（三）带领大学生参加丰富的社会实践活动

高校应该多开展丰富多彩的社会实践活动，鼓励大学生多参与、多实践，真正做到理论联系实际。高校应根据大学生自身发展规律，对大学生开展马克思主义理想信仰教育，树立主体意识，以大学生喜闻乐见的形式开展意识形态教育工作，保证其感染力和实效性。确保意识形态教育贴近生活，使大学生对国情及民情有一定的了解，从而使大学生在生活实践中获取教育，并积极贡献于社会。同时，还必须通过科学、合理的方式带领大学生参与社会实践，对大学生及时反馈的在实践活动中的感受，高校要给予鼓励，让他们在社会大熔炉中得到锻炼和提高，进而形成对社会主义制度多角度、全方位的认知，树立马克思主义理想信仰，在实践生活中加深对意识形态理论知识的理解和对主流意识形态的认同。

参考文献

一、中文文献

（一）著作类

1. 马克思，恩格斯．马克思恩格斯选集：第1-4卷［M］．北京：人民出版社，2012.

2. 马克思，恩格斯．马克思恩格斯文集：第1-10卷［M］．北京：人民出版社，2009.

3. 列宁．列宁专题文集：第1-5卷［M］．北京：人民出版社，2009.

4. 毛泽东．毛泽东选集：第1-4卷［M］．北京：人民出版社，1991.

5. 邓小平．邓小平文选：第1-3卷［M］．北京：人民出版社，1993、1994.

6. 江泽民．江泽民文选：第1-3卷［M］．北京：人民出版社，2006.

7. 胡锦涛．胡锦涛文选：第1-3卷［M］．北京：人民出版社，2016.

8. 习近平．习近平谈治国理政：第一、二、三、四卷［M］．北京：外文出版社，2014、2017、2020、2022.

9. 习近平．论党的宣传思想工作［M］．北京：中央文献出版社，2020.

10. 中共中央宣传部．习近平总书记系列重要讲话读本［M］．北京：学习出版社，人民出版社，2016.

11. 习近平．在网络安全和信息化工作座谈会上的讲话［M］．北京：人民出版社，2016.

12. 中共中央文献研究室. 十八大以来重要文献选编：上中下 [M]. 北京：中央文献出版社，2014、2016、2018.

13. 中共中央文献研究室. 十六大以来重要文献选编：中 [M]. 北京：中央文献出版社，2006.

14. 中共中央文献研究室. 习近平关于社会主义政治建设论述摘编 [M]. 北京：中央文献出版社，2017.

15. 本书编写组. 习近平关于社会主义文化建设论述摘编 [M]. 北京：中央文献出版社，2017.

16. 中共中央文献研究室. 习近平关于青少年和共青团工作论述摘编 [M]. 北京：中央文献出版社，2017.

17. 中共中央宣传部理论局. 指导新时期宣传思想文化工作的纲领性文献：学习习近平总书记在全国宣传思想工作会议上的重要讲话文章选 [M]. 北京：学习出版社，2013.

18. 中国社会科学院马克思主义研究院. 马克思恩格斯列宁论意识形态 [M]. 北京：人民出版社，2009.

19. 侯惠勤. 国外马克思主义意识形态研究著作评析 [M]. 北京：中国社会科学出版社，2015.

20. 黄冬霞. 网络意识形态话语权研究 [M]. 北京：中国社会科学出版社，2020.

21. 赵绍荣. 网络文化生态场域治理研究 [M]. 北京：人民出版社，2020.

22. 秦强. 网络空间不是法外之地：网络意识形态工作责任制核心法规导读 [M]. 北京：人民日报出版社，2020.

23. 申文杰. 高校意识形态工作领导权话语权研究 [M]. 北京：光明日报出版社，2020.

24. 教育部高等学校社会科学发展中心. 高校思想政治工作与意识形态建设研究 [M]. 北京：人民出版社，2019.

25. 王爱华. 贵州省情 [M]. 北京：清华大学出版社，2019.

26. 李艳艳. 互联网意识形态建设研究 [M]. 北京：人民出版

社，2019.

27. 敖永春，代金平，魏钢．网络文化建设导向研究［M］．北京：人民出版社，2019.

28. 薛小荣．网络党建能力论：信息时代执政党的网络社会治理能力［M］．北京：时事出版社，2019.

29. 陈中奎．互联网时代中国意识形态安全问题研究［M］．北京：社会科学文献出版社，2019.

30. 罗昕，支庭荣．中国网络社会治理研究报告（2018）［M］．北京：社会科学文献出版社，2019.

31. 李宇，姬凌岩．中国网络社会治理［M］．北京：经济科学出版社，2019.

32. 张衡．网络治理与秩序生成：教育政策变迁中的治理演化［M］．杭州：浙江大学出版社，2019.

33. 闫方洁．自媒体时代意识形态工作研究［M］．北京：人民出版社，2018.

34. 王承哲．意识形态与网络综合治理体系建设［M］．北京：人民出版社，2018.

35. 代金平，辛春．网络党建理论与实践研究［M］．北京：中国社会科学出版社，2016.

36. 卜建华，胡玉宁，王群林．社会思潮的传播与维护高校意识形态安全研究［M］．济南：山东人民出版社，2016.

37. 喻国明，等．移动互联网时代我国城市居民媒介接触与使用［M］．北京：人民日报出版社，2016.

38. 何哲．网络社会时代的挑战、适应与治理转型［M］．北京：国家行政学院出版社，2016.

39. 张梅，董芳芳，徐丽娜．网络文化视域下的意识形态［M］．哈尔滨：东北林业大学出版社，2016.

40. 曾胜泉．网络舆情应对技巧［M］．广州：广东人民出版社，2015.

41. 陈先达，等．坚持马克思主义在意识形态领域指导地位研究［M］．

北京：经济科学出版社，2015.

42. 王永贵，等．意识形态领域新变化与坚持马克思主义指导地位研究[M]．北京：人民出版社，2015.

43. 朱孔军．高校意识形态工作研究[M]．广州：中山大学出版社，2015.

44. 钟瑛．网络传播管理研究[M]．北京：中国社会科学出版社，2014.

45. 王爱玲．中国网络媒介的主流意识形态建设研究[M]．北京：人民出版社，2014.

46. 朱汉国．当代中国社会思潮研究[M]．北京：北京师范大学出版社，2012.

47. 马俊，殷秦，李海英．中国的互联网治理[M]．北京：中国发展出版社，2011.

48. 史达．政府网络与网络政治：多维视角的研究[M]．北京：东北财经大学出版社，2011.

49. 唐子才，梁雄健．互联网规制理论与实践[M]．北京：北京邮电大学出版社，2008.

50. 唐守廉．互联网及其治理[M]．北京：北京邮电大学出版社，2008.

51. 库尔巴里贾．互联网治理：第7版[M]．鲁传颖，等译．北京：清华大学出版社，2019.

52. 施恩伯格，库克耶．大数据时代[M]．盛杨燕，周涛，译．杭州：浙江人民出版社，2013.

53. 马特尔．智能：互联网时代的文化疆域[M]．君瑞图，等译．北京：商务印书馆，2015.

54. 穆勒．网络与国家：互联网治理的全球政治学[M]．周程，等译．上海：上海交通大学出版社，2015.

55. 尼尔森．马克思主义与道德观念：道德、意识形态与历史唯物主义[M]，复旦大学国外马克思主义与国外思潮研究国家创新基地，复旦大学当代国外马克思主义研究中心,译.北京:人民出版社,2014.

56. 汤姆森.意识形态理论研究[M].郭世平,等译.北京:社会科学文献出版社,2013.

57. 拉雷恩.马克思主义与意识形态:马克思主义意识形态论研究[M].张秀琴,译.北京:北京师范大学出版社,2013.

58. 延森.媒介融合:网络传播、大众传播和人际传播的三重维度[M].刘君,译.上海:复旦大学出版社,2012.

59. 韦斯特.下一次浪潮:信息通信技术驱动的社会与政治创新[M].廖毅敏,译.上海:上海远东出版社,2012.

60. 宾伯.信息与美国民主:技术在政治权力演化中的作用[M].刘钢,等译.北京:科学出版社,2011.

61. 本奈特,恩特曼.媒介化政治:政治传播新论[M].董关鹏译.北京:清华大学出版社,2011.

62. 曼海姆.意识形态与乌托邦[M].黎鸣,李书崇,译.上海:上海三联书店,2011.

63. 查德威克.互联网政治学:国家、公民与新传播技术[M].任孟山,译.北京:华夏出版社,2010.

64. 亨廷顿,劳伦斯·哈里森.文明的重要作用:价值观如何影响人类进步[M].程克雄,译.北京:新华出版社,2010.

65. 汤姆森.意识形态与现代化[M].高铦,等译.南京:译林出版社,2005.

66. 桑斯坦.网络共和国:网络社会中的民主问题[M].黄维明,译.上海:上海人民出版社,2003.

67. 卡斯特.网络社会的崛起[M].夏铸九,等译.北京:社会科学文献出版社,2001.

68. 贝尔.意识形态的终结:五十年代政治观念衰微之考察[M].张国清,译.南京:江苏人民出版社,2001.

69. 葛兰西.狱中札记[M].曹雷雨,等译.北京:中国社会科学出版社,2000.

70. 亨特. 意识形态与美国外交政策 [M]. 褚律元, 译. 北京: 世界知识出版社, 1998.

71. 戴森. 2.0 版: 数字化时代的生活设计 [M]. 胡泳, 等译. 海口: 海南出版社, 1998.

72. 布热津斯. 大失败: 二十世纪共产主义的兴亡 [M]. 军事科学院外国军事研究所, 译. 北京: 军事科学出版社, 1989.

73. 卢卡奇. 关于社会存在的本体论: 下卷 [M]. 白锡堃, 等译. 重庆: 重庆出版社, 1983.

(二) 期刊论文类

1. 张林. 智能算法推荐的意识形态风险及其治理 [J]. 探索, 2021 (1).

2. 张翼, 崔华华. 新时代网络意识形态治理体系现代化论析: 学习习近平新时代网络意识形态工作重要论述 [J]. 社会主义研究, 2021 (3).

3. 卢岚. 新时代网络意识形态的风险防范与实践逻辑 [J]. 湖湘论坛, 2021 (1).

4. 刘焕明, 范静. 新时代网络空间意识形态话语表达与建构 [J]. 河南社会科学, 2021 (8).

5. 侯东德, 张丽萍. 算法推荐意识形态风险的法律防范 [J]. 重庆社会科学, 2021 (8).

6. 王林林, 双传学. 新时代意识形态风险的生成机理与边界治理 [J]. 新疆社会科学, 2021 (1).

7. 唐佳海. 网络意识形态危机的科学防范与有效化解 [J]. 思想理论教育导刊, 2020 (9).

8. 刘章仪. 短视频兴起背景下的网络意识形态风险防范 [J]. 领导科学, 2020 (7).

9. 王华彪, 陈丽娜, 陈晓慧. "互联网+"背景下高校意识形态工作"三权"研究 [J]. 学校党建与思想教育, 2020 (6).

10. 程桂龙, 谢俊. 非传统安全视阈下网络意识形态安全治理 [J]. 重庆社会科学, 2020 (4).

11. 徐国民, 胡秋玲. 新时代高校意识形态风险防控能力的内涵与提升路径 [J]. 思想政治教育研究, 2020 (2).

12. 王沛栋. 维护网络意识形态安全的着力点 [J]. 党政干部论坛, 2020 (1).

13. 习近平. 加快推动媒体融合发展构建全媒体传播格局 [J]. 求是, 2019 (6).

14. 刘光林, 刘德安. 打赢高校网络意识形态主动仗 [J]. 中国高等教育, 2019 (24).

15. 马兵. 网络意识形态工作制度的创新与经验 [J]. 红旗文稿, 2019 (24).

16. 王晓会. 守正创新：慕课视域高校思想政治理论课的本土思考 [J]. 黑龙江高教研究, 2019 (9).

17. 胡沈明. 全媒体时代媒介素养理念重构探讨 [J]. 中国编辑, 2019 (8).

18. 段海超, 郑雨. 媒体融合视域下加强高校网络意识形态建设研究 [J]. 思想理论教育导刊, 2019 (7).

19. 杨超. 新时代青年网络意识形态风险的生成理路与化解策略 [J]. 思想教育研究, 2019 (6).

20. 郑洁. 牢牢掌握网络意识形态工作主动权 [J]. 红旗文稿, 2019 (3).

21. 郑敬斌, 孙雅文. 新时代高校意识形态风险与管控路径 [J]. 山东政治青年学院学报, 2019 (2).

22. 孙炳炎. 新时代网络意识形态工作的意义、主要内容和基本策略：学习习近平关于网络意识形态工作的重要论述 [J]. 社会主义研究, 2019 (2).

23. 韩庆祥. 新时代牢牢掌握意识形态工作领导权：做好意识形态"内功" [J]. 中国特色社会主义研究, 2019 (1).

24. 朱佐东. 高校教师意识形态能力的构成与培养 [J]. 思想政治工作研究, 2019 (1).

25. 来向武，赵战花．国际社交媒体传播：基于使用率的信息控制与舆论影响［J］．国际新闻界，2019（12）．

26. 张颖，苑帅民．基层党组织要善用"互联网+"［J］．人民论坛，2018（16）．

27. 韩卉．改革开放以来高校意识形态安全的基本经验［J］．贵州社会科学，2018（12）．

28. 史献芝．网络意识形态的内涵、特征和生成机理［J］．南京邮电大学学报（社会科学版），2018（10）．

29. 罗华丽，王夫营．"信息茧房"对大学生主流意识形态认同的影响及其应对策略［J］．教育评论，2018（8）．

30. 于业成，徐娟．"三三制"模式构筑高校意识形态防线［J］．党政干部论坛，2018（6）．

31. 林于良，刘广登．大数据时代青年意识形态教育技术路径［J］．教育评论，2018（6）．

32. 王云丽，谢俊，谢佳迪．当代大学生网络意识形态安全面临的问题、原因及对策研究［J］．教育与教学研究，2018（6）．

33. 苗国厚．网络意识形态生成机理探究［J］．学校党建与思想教育，2018（4）．

34. 许哲，吴家清．去中介化与再中介化：自媒体语境下意识形态话语权的"脱媒"困境与对策［J］．天津师范大学学报（社会科学版），2018（2）．

35. 侯天佐．网络空间中提升马克思主义意识形态话语权的对策［J］．思想理论教育导刊，2018（1）．

36. 张泽一．低俗文化与网络意识形态治理［J］．海南大学学报（人文社会科学版），2018（1）．

37. 曹建文．警惕自媒体舆论场中非主流意识形态话语表达的"泛自由化"［J］．红旗文稿，2017（20）．

38. 刘永志．西方意识形态网络渗透新态势及我国对策研究［J］．马克思主义研究，2017（12）．

39. 王永友, 史君. 新媒体环境下西方意识形态渗透的实质、方式与应对策略 [J]. 马克思主义研究, 2017 (12).

40. 马福运, 杨晓倩. "90后"大学生主流意识形态现状认同研究：基于河南省10所高校的调查分析 [J]. 思想教育研究, 2017 (11).

41. 张波. 大学治理中意识形态工作的边界、功能及路径 [J]. 教育评论, 2017 (10).

42. 卢黎歌. 当前我国网络意识形态的博弈与引导 [J]. 思想教育研究, 2017 (6).

43. 唐樵, 代浩云. 大数据时代高校领导干部意识形态工作能力研究 [J]. 重庆大学学报（社会科学版）, 2017 (4).

44. 杨宏伟, 王亚妮. 我国主流意识形态安全问题探析 [J]. 山东行政学院学报, 2017 (2).

45. 张志丹. 新媒体时代我国网络意识形态建设：危局、误读与突围 [J]. 河海大学学报（哲学社会科学版）, 2017 (1).

46. 姚东. 掌握意识形态工作话语权的四个着力点 [J]. 红旗文稿, 2017 (3).

47. 刘春波. 网络时代社会主义意识形态教育的话语危机及应对之策：基于意识形态与舆论的话语关联分析 [J]. 湖北社会科学, 2017 (6).

48. 赵欢春. 论网络意识形态话语权的当代挑战 [J]. 河海大学学报（哲学社会科学版）, 2017 (1).

49. 李永智, 耿绍宁. 建设高校网络新平台新高地：高校BBS20年回顾 [J]. 中国高等教育, 2016 (19).

50. 赵金霞. "微时代"高校意识形态认同教育的紧迫性和着力点 [J]. 理论导刊, 2016 (12).

51. 刘世衡. 大数据时代高校意识形态教育的日常生活化研究 [J]. 广西社会科学, 2016 (11).

52. 林燕青. 大数据视域下高校意识形态教育探微 [J]. 教育评论, 2016 (11).

53. 丁俊萍, 谭晓玲. 马克思主义理论研究和建设工程实施情况的研究述评[J]. 理论月刊, 2016（9）.

54. 万欣荣. 基层意识形态工作创新机制分析[J]. 思想教育研究, 2016（8）.

55. 李怀杰, 吴满意, 夏虎. 大数据时代高校网络意识形态建设探究[J]. 思想教育研究, 2016（5）.

56. 申文杰. 当前我国高校意识形态建设的现实性路径[J]. 高校马克思主义理论研究, 2016（4）.

57. 易今科, 徐敏, 钟建宁. 把握高校意识形态工作主动权的路径研究[J]. 学校党建与思想教育, 2016（2）.

58. 李继兵, 刘研. 历史虚无主义思潮对大学生的影响及应对[J]. 学校党建与思想教育, 2016（2）.

59. 黄蓉生. 推进中国特色社会主义理论智库建设的现实路径[J]. 西南大学学报（社会科学版）, 2016（1）.

60. 张建明. 从战略高度认识高校意识形态工作[J]. 求是, 2015（21）.

61. 宋海龙. 当前网络意识形态斗争面临的挑战与对策思考[J]. 理论导刊, 2015（12）.

62. 曹国永. 高校必须积极主动抓好意识形态工作[J]. 中国高等教育, 2015（10）.

63. 郑元景. 当代我国网络意识形态话语权的变迁与重构[J]. 社会科学辑刊, 2015（6）.

64. 曾长秋, 曹挹芬. 网络环境下维护社会主义意识形态话语权的新特点[J]. 学习论坛, 2015（6）.

65. 罗双燕, 陈功江. 多元文化视域下高校意识形态工作策略探究[J]. 学术论坛, 2015（4）.

66. 魏建国. 新媒体环境下马克思主义意识形态话语权的建构[J]. 学习论坛, 2014（3）.

67. 王海棠. 高校领导应不断提高意识形态工作能力[J]. 领导科学论坛, 2013（11）.

68. 许耀桐. 论中国特色社会主义具体政治制度［J］. 科学社会主义，2013（1）.

69. 揭晓. 大学生主流意识形态认同的形成规律及其启示［J］. 教育探索，2012（4）.

70. 黄世虎. 当前高校意识形态教育的困境与出路［J］. 江苏高教，2012（5）.

71. 徐彦伟. 把握课堂主渠道 开展主流意识形态认同教育［J］. 中国高等教育，2010（18）.

二、外文文献

1. Moyer Michael. Internet ideology war［J］. Scientific American，2021.

2. Bauler Clara Vaz. Flipgrid netiquette：unearthing language ideologies in the remote learning era［J］. English in Education，2021.

3. Sara Hillman, Keith M. Graham, Zohreh R. Eslami. EMI and the international branch campus：Examining language ideologies, policies, and practices［J］. Australian Review of Applied Linguistics，2021.

4. Metzger Jonathan, Allmendinger Phil, Kornberger Martin. Ideology in practice：the career of sustainability as an ideological concept in strategic urban planning［M］. International Planning Studies，2021.

5. Paolo Bory. Evolutionary Studies in Imaginative Culture［J］. Evolutionary Studies in Imaginative Culture，2020.

6. Michael Hardt. The Ideology Issue［J］. The South Atlantic Quarterly，2020，119（4）.

7. Raymond, Wesley C. From the field, to the Web, and back again：incorporating Internet methods into language ideology research［J］. Language Awareness，2015.

8. Yang, Guobin. The Return of Ideology and the Future of Chinese Internet Policy［J］. Critical Studies in Media Communication，2014.

9. From ideology to algorithm: the opaque politics of the internet. Snake-Beings [J]. E. Transformations Journal of Media & Culture, 2013.

10. Leung, Genevieve Y. The Internet and Hoisan-wa in the U. S. Counter-Hegemonic Discourses and Shifting Language Ideologies [J]. Journal of Chinese Overseas, 2011.

11. B. B. C. China's Xi Jinping Consolidates Power with New Tdeology [J]. From the section China, 2017 (20).

12. Sarikakis K. Ideology and policy: Notes on the shaping of the Internet [J]. First Monday, 2004.

13. Campbell H. Who's Got the Power? Religious Authority and the Internet [J]. Journal of Computer-Mediated Communication, 2007.

14. Alain Badiou. The Communist Hypothesis [M]. Transl. by David Macey and Steve Corcoran, New York: Verso, 2010.

15. Andrew Vincent. Modern PoliticalIdeologies [M]. A John Wiley & Sons, Ltd, Publication, 2010.

16. Christopher Barnard. Language, Ideology and Japanese History Textbooks [M]. Routledge, 2003.

17. David Mclellan. Marxism after Marx: an Introduction [M]. London: Macmillan Press Ltd., 1998.

18. Ernst Bloch. The Utopian Function of Art and Literatature: Selected Essays [M]. Cambridge, Mass: MIT Press, 1988.

19. Herbert Marcuse. Negations: Essays in Critical Theory [M]. Harmondsworth: Penguin Books, 1972.

20. István Mészáros. Philosopy, Ideology and Social Science [M]. Wheatshesf Books Ltd, Brighton, 1986.

21. Jef Verschueren. Ideology in Language Use: Pragmatic Guidelines for Empirical Research [M]. Cambridge University Press, 2012.

22. John B. Thompson. Ideology and Modern Culture: Critical Social Theory in the Era of Mass Commu [M]. Polity Press, 1990.

23. Minxin Pei. From Reform to Revolution: the Demise of Communism in China and the Soviet Union [M]. Cambridge, Massachusetts: Harvard University Press, 1994.

24. Stanley Pierson. Leaving Marxism: Studies in the Dissolution of an Ideology [M]. California: Stanford University Press, 2001.

25. Tim Kasser. The High Price of Materialism [M]. Cambridge: The MIT Press, 2002.

三、报纸网络文献

1. 习近平. 决胜全面建成小康社会夺取新时代中国特色社会主义伟大胜利: 在中国共产党第十九次全国代表大会上的报告 [N]. 人民日报, 2017-10-28 (1).

2. 习近平. 把思想政治工作贯穿教育教学全过程·开创我国高等教育事业新局面 [N]. 人民日报, 2016-12-09 (1).

3. 习近平. 在网络安全和信息化工作座谈会上的讲话 [N]. 人民日报, 2016-04-26 (2).

4. 习近平. 坚持正确方向创新方法手段 提高新闻舆论传播力引导力 [N]. 人民日报, 2016-02-20 (1).

5. 习近平. 习近平在全国高校思想政治工作会议上的重要讲话 [N]. 人民日报, 2016-12-09 (1).

6. 习近平. 在全国宣传思想工作会议上的讲话 [N]. 人民日报, 2013-08-20 (1).

7. 习近平. 在同各界优秀青年代表座谈时的讲话 [N]. 人民日报, 2013-05-05 (2).

8. 习近平. 在哲学社会科学座谈会上的讲话 [N]. 人民日报, 2016-05-19 (2).

9. 习近平. 加强和改进新形势下高校宣传思想工作 [N]. 人民日报, 2015-01-20 (1).

10. 陈慧娟. 我国治疆方略推动人权事业发展进步：聚焦2021年新疆智库论坛暨人权问题学术研讨会［N］. 光明日报，2021-12-28（3）.

11. 倪邦文. 让青春年华在为国家为人民的奉献中焕发出绚丽光彩：学习习近平总书记关于青年的重要论述［N］. 光明日报，2016-05-04（1）.

12. 习近平. 推动媒体融合向纵深发展 巩固全党全国人民共同思想基础［EB/OL］.（2019-01-25）http：//m. cnr. cn/news/20190125/t20190125_524494294. shtml.

13. 贵州省人民政府. 2021年贵州省政府工作报告［EB/OL］.［2021-09］. https：//www. guizhou. gov. cn/zwgk/zfgzbg/gzsgzbg/202109/t20210913_70131495. html.

14. 中国互联网络信息中心. 第48次《中国互联网络发展状况统计报告》［EB/OL］.［2021-09］. http：//www. cnnic. net. cn/hlwfzyj/hlwxzbg/hlwtjbg/202109/t20210915_71543. htm.

15. 中国互联网络信息中心. 第49次《中国互联网络发展状况统计报告》［EB/OL］.［2022-02］. http：//www. cnnic. net. cn/hlwfzyj/hlwxzbg/hlwtjbg/202202/t20220225_71727. htm.

后 记

这部书稿是笔者2020年贵州省哲学社会科学规划重点课题"全媒体时代贵州高校意识形态面临的新机遇、新挑战及对策研究"（项目编号：20GZZD30）最终成果（结项等级"良好"），贵州师范大学"习近平新时代中国特色社会主义思想进教材建设研究基地"阶段成果，贵州省高校基地"贵州师范大学贵州阳明文化研究院"阶段成果。多年来，笔者一直致力于意识形态领域相关问题研究，主持完成以"意识形态"为主题的项目共7项，其中，含国家社科基金2项（重点项目1项）、教育部人文社科规划课题2项、省厅级课题3项。在研究过程中发现，目前学界对网络意识形态尤其是高校网络意识形态建设方面问题关注不够，而网络是意识形态斗争的最前沿、主战场，高校在网络意识形态斗争中一直是主阵地，牢牢守好高校这一主阵地是当前学者（特别是高校哲学）的一项重要职责。然而，迄今为止，鲜有学者在这方面有较为独特的观点和创新，于是笔者萌发了对这一问题的研究想法。基于这一想法，笔者结合自己多年对意识形态问题的关注以及全媒体时代高校意识形态面临新机遇、新挑战，初步形成了这样一部书稿。

本书具有如下特点。其一，较以往意识形态研究场域、载体的广泛性，受众对象的不确定性，本书将意识形态研究定位在"高校"这一重要阵地，结合近年来高校意识形态领域出现的新情况、新问题，本书认为高校网络意识形态问题研究必须紧密结合全媒体传播给高校意识形态带来的新机遇、新挑战进行研究，这一研究重在化"挑战"为"机遇"，充分利用全媒体这一有利条件，加强高校网络意识形态建设。其二，较以往研究多从"目标、原则、路径"提出高校意识形态建设"宏观"策略不同，本书认为，高校网络意识形态建设要从网络党建、网络德育、舆情引导、思潮引领、校园网络文化培育、网络能力提升等多维度细化，全方位、系统化加强高校意识形态建设。其三，较以往研究多局限于物理世界层面来研究高校意识形态建设不同，本书认为，高校意识形态建设必须做到"线上与线下""虚拟与现实"相结合，特别要注重运用网络化、信息化、媒介化手段，推动媒体融合发展，做强做大高校主流舆论，为高校广大师生提供强大精神力量和舆论支持，巩固高校广大师生的理想信念、价值理念和道德观念，进而巩固高校师生的共同思想基础。

纵观书稿各个章节，笔者通过问卷调查、个案研究、统计分析方法，对全媒体时代高校网络意识形态建设进行多维度实证研究。在理论层面上，深度分析了全媒体时代高校网络意识形态的内涵、本质、存在方式、功能及特质，揭示其内在机理及生成逻辑，丰富和深化了全媒体时代高校网络意识形态工作理论；在实践层面上，立足于高校网络主体、网络受众、网络环境、网络介质、网络宣传、网络管理等方面的状况，全面了解全媒体时代高校网络意识形态现状及问题，面临的机遇及挑战，揭示其影响因素及深层次结构性原因，从网络党建、网络德育、网络舆情引导、网络思潮批判、网络文化培育、网络能力提升等方面，全面推动全媒体时代高校网络意识形态建设。总的来说，该书旨在从互联网视域拓展高校意识形态工作理论，净化高校网络舆论生态环境，为形成"三全"育人格局，确保高校的社会主义办学方向提供学理支撑；同时也为党政机关、宣传管理、网络媒体及研究决策等部门加强各种网络意识形态"疑难杂症"治理提供资政意见。

最后，本书得以顺利出版，需要感谢贵州省哲学学会科学规划办的杜常春主任、杨毅调研员、邹朋调研员及各位匿名评审专家，因为拙著是笔者在贵州省哲学规划课题的基础上认真汲取各位专家的意见后得以成稿，在此表示衷心感谢！书稿得以出版，需要感谢光明日报出版社各位编辑，作为合作伙伴，我已有两本书在该社顺利出版，本书从选题、修改、校稿、终稿成书，均得到贵社各位编辑同志的大力支持，在此表示衷心感谢！在整本书稿的撰写以及出版过程中，得到了贵州师范大学历史与政治学院思想政治教育学科建设经费的资助，得到了陈华森院长、帅永平书记的大力支持，在此，表示衷心感谢！

　　值得一提的是，该书稿可能存在诸多疏漏或偏颇之处，恳请各位专家批评指正！同时，本书也参考了学界部分相关的论著，其中的观点若有分歧或相同的地方，也恳请学界各位同人批评指正！

伍志燕

2022 年 11 月于贵州师范大学龙文苑